김익주를
기억합니다

김익주를 기억합니다

엮은이 | 김익주 추모집 간행위원회

1판 1쇄 펴낸날 | 2017년 9월 1일

펴낸이 | 이주명
편집 | 문나영
인쇄 | 한영문화사
제본 | 한영제책사

펴낸곳 | 필맥
출판등록 | 제300-2003-63호
주소 | 서울시 서대문구 경기대로 58 (충정로2가) 경기빌딩 606호
홈페이지 | www.philmac.co.kr
전화 | 02-392-4491
팩스 | 02-392-4492

ISBN 978-89-97751-89-1 (03800)

* 잘못된 책은 바꿔드립니다.
* 값은 뒤표지에 있습니다.

이 도서의 국립중앙도서관 출판예정도서목록(CIP)은 서지정보유통지원시스템 홈페이지(http://seoji.nl.go.kr)와 국가자료공동목록시스템(http://www.nl.go.kr/kolisnet)에서 이용하실 수 있습니다.(CIP제어번호: CIP2017018982)

김익주를
기억합니다
김익주 추모집 간행위원회 엮음

우리의 벗이고 동료이고 스승이고 제자이고 가족인 김익주의 영전에 이 책을 바칩니다.

헌정의 글

지난 2017년 2월 첫째 날 김익주 국제금융센터 원장이 홀연히 저희 곁을 떠났습니다. 그 충격은 아직도 가시지 않아 그저 꿈이려니 생각도 해봅니다.

김익주 원장은 2년 전의 야속한 어느 날 느닷없이 림프종양 판정과 함께 이미 상당히 진행되었다는 진단을 받았다고 합니다. 이후 닥친 현실을 거부하는 대신 담담하게 받아들이며 항암치료와 함께 남은 기간을 어떻게 보낼지 인생 최대의 결정을 하였습니다. 글로벌 금융위기 당시 기획재정부 국제금융국장으로 역사에 남을 정책적 대응을 디자인한 김익주 원장은 박사학위 논문을 통해 그 내용과 효과를 후세에 기록으로 남겼습니다. 마지막 혼신의 힘을 다해 집필을 마치고 김익주 원장은 다시 일어나지 못하게 될 병석에 누웠다고 합니다.

김익주 원장은 투병 사실을 부인과 딸에게만 알리고 친구들은 물론 부모, 형제에게도 알리지 않은 채 남은 인생을 담담하게 마감하였습니다. 조금 야위었더라, 머리숱이 줄었더라, 감기에 걸려 모임에 못 나온다더라, 이런 식으로 가끔씩 들려온 이야기에도 저희 친구들은 너무나 무심하게 고인이 외로운 투병을 하고 있다는 사실을 모르고 있었습니다. 그저 맡은 업무에 전력을 다하고, 뒤늦은 공부에 열정을 바치느라 그런 것으로 생각했습니다.

김익주 원장이 떠난 뒤 빈소를 찾은 수많은 가족, 친지, 동료 선후배가 진심으로 비통해하던 모습은 고인을 잃은 데 대한 그들의 아쉬운 마음을 넘어 고인의 인품을 웅변하는 것이었습니다.

서울 추모공원에서 김익주 원장을 떠나보낸 날, 그 자리에 있던 대학 동기 몇 명이 편집진으로 나서서 고인을 기리는 추모집을 내기로 뜻을 모았습니다. 기획재정부와 국제금융센터의 동료 선후배, 언론사 기자, 친구 등 고인을 아는 분들에게 우리의 취지를 말씀드리고 글을 주십사 부탁드렸습니다. 시간을 충분히 드리지 못하였음에도 마흔 명이 넘는 지인이 글을 보내 주셨습니다. 받고 보니 김익주 원장 주변에 평소 필력이 대단한 분들이 적지 않았다는 사실을 알 수 있었습니다. 또한 여러 분들이 출판 비용에 보태달라고 적지 않은 후원금을 보내 주셨습니다. 좋은 글과 후원금을 보내 주신 분들께 감사의 말씀 드립니다.

이 책에는 박사논문과 칼럼 등 고인이 남긴 글들을 실었습니다. 고인의 박사논문은 투병생활 중에 작성된 것으로 고인이 얼마나 담담하면서도 치열하게 인생을 대했는가를 느끼게 해 줍니다.

여러 분들이 보내 주신 글과 고인의 유고를 모아 출판사 필맥에 책으로 만들어 달라고 부탁했습니다. 필맥은 경제학과 79학번 동기인 이주명 사장이 운영하는 회사입니다. 몇 번의 교정작업을 꼼꼼하게 주도하면서 이 책에 실린 글들이 세상에 빛을 볼 수 있도록 애써 주신 이주명 사장에게도 감사의 말을 전합니다.

김익주 원장! 여전히 어려운 한국경제는 김 원장의 지혜와 식견을 필요로 한다고 생각하니 김 원장의 빈자리가 더욱 크게 느껴집니다. 비록 몸은 떠나갔지만 김 원장이 남겨 놓은 소중한 기억들과 김 원장이 보여준 삶에 대한 진솔한 태도는 우리 모두의 가슴 속에 영원히 남아 있을 것입니다. 김 원장의 영혼이 가는 길에 하나님의 축복과 무궁한 영광이 있기를 기원합니다.

2017년 8월

김익주 추모집 간행위원회

김익주(金翊柱) 연보

1960.11	서울 출생
1966.3	서울 은평초등학교 입학
1972.2	은평초등학교 졸업
1972.3	수송중학교 입학
1975.2	수송중학교 졸업
1975.3	경동고등학교 입학
1978.2	경동고등학교 졸업
1979.3	서울대 사회과학대학 입학
1980.3	서울대 경제학과 진학
1982.12	제26회 행정고등고시 재경직 합격(재경직 수석)
1983.2	서울대 경제학과 졸업(경제학사)
1983.3	서울대 행정대학원 입학
1983.3~	총무처 행정사무관(시보)
1984.1~1986.3	군 복무(육군 병장 전역)
1986.6~	재무부 국고국 회계제도과, 국고과 행정사무관
1987.6	최효영과 결혼

1989.5	득녀(김윤이)
1990.7~	재무부 이재국 은행과, 중소금융과, 산업금융과
1993.4~	재무부 관세국 관세협력과, 산업관세과
1994.12~	재정경제원 세제실 관세협력과
1996.2~	재정경제원 세제실 산업관세과
1996.7~	서기관 승진(산업관세과)
1997.8~1999.1	영국 버밍엄대 대학원 경제학석사
1999.12~	대통령 비서실 행정관(재정경제)
2001.6~	재정경제부 경제정책국 산업경제과장
2002.9~	재정경제부 국제금융국 외환제도과장
2004.8~	동 외화자금과장
2005.2~	동 국제금융과장
2006.2~	부이사관 승진
2007.2~	경제자유구역기획단 기획국장 (일반직 고위공무원)
2007.2~	국민경제자문회의 사무처 금융물류국 국장
2008.2~	중앙공무원교육원 고위정책과정 파견
2009.2~	기획재정부 국제금융국 국장
2011.4~	기획재정부 무역협정국내대책본부 본부장(가급)
2013.6~2016.6	제7대 국제금융센터 원장
2016.8~	금융연구원 초빙연구위원
2016.11~	산업은행 사외이사
2017.1	경기대 대학원 경제학 박사
2017.2.1	영면(永眠)

차례

제2편 칼럼과 논문 · 209

제1편 추모의 글

제1부 공직생활의 선후배, 동료가

재무부의 젠틀맨 김익주

윤용로 (법무법인 세종 고문, 전 금융위 부위원장)

김익주 후배와 나는 같은 과에서 근무할 기회는 없었다. 물론 바로 옆 사무실에서 일할 때도 있어서 회의에서도 보고 식사도 자주 했지만, 그와 나를 이어준 가장 강한 끈은 역시 축구였다. 1990년대 초반 이재국이 재무부 축구를 제패할 때 우리는 한솥밥을 먹었다. 오후면 책상 위 서류를 깨끗이 치워 캐비닛에 처박아 놓고 연습을 하러 갈 때 우리는 정말 동지였다.

그는 화려한 발재간으로 깔끔하게 상대 지역을 돌파했고, 아주 빨랐다. 축구가 끝난 후 같이 샤워를 할 때면 온 몸이 단단한 그를 나는 늘 부러워했다.

운동을 해보면 사람됨이 다 드러난다는 말이 있듯이 그는 일상생활에서도 축구 할 때와 같았다. 항상 깔끔했고, 남의 신세를 지는 것을 싫어했고, 다른 사람에게 싫은 소리도 별로 하지 않았다. 하지만 축구시합 중 반칙에 대해서는 강하게 항의하듯이 옳지 않다고 생각되는 사안에 대해서는 단호하게 자기의사를 표현했다. 그런 의미에서 김익주 후배는 '재무부의 젠틀맨'이었다고 믿는다.

그런 젠틀맨이 쓰러졌다는 사실은 참으로 받아들이기 힘들다. 우리 곁을 떠나간 방식도 역시 '너무도 김익주 식'이고 '너무나 젠틀맨 식'이다. 어찌 보면 그는 우리도 눈치 못 챌 만큼 빠르게 소리 없이 수비를 뚫고 골을 성공시킨 것이 아닌가 하고도 생각해본다. 이제야 우리는 그의 존재를 깨닫고 그를 그리워하고 있다.

예전에 재무부 축구대회와 관련해 인터뷰하면서 김익주 후배를 언급한 기사가 있어 덧붙여 본다. 고인의 명복을 빌고, 유족에게도 위로의 말씀을 드리고 싶다.

"체육대회를 서너 달 앞두면 재무부 전체가 술렁였다. 한마디로 난리가 났다. 뽑힌 선수들은 족히 2~3개월은 밤낮없이 맹연습을 했다. 축구에서 골을 넣은 선수는 일약 슈퍼스타가 됐고, 승부차기에서 실축한 선수는 몇 달이나 얼굴을 들지 못했다. 그만큼 재무부의 축구 열기는 유별났다.

1990년대 초반 이재국에 근무하면서 3년 연속 우승을 한 것은 아직도 가슴이 뛰는 기억이다. 나는 당시 왼쪽 윙을 맡았다. 키는 작았지만, 돌파력은 최고라고 자부했다. 현재 농협금융지주 회장인 임종룡 사무관이 오른쪽 윙을 맡았고, 센터포워드는 국제금융센터 원장을 하고 있는 김익주 사무관이었다. 우리는 무적함대였다."(2013년 10월 15일, 조선일보)

한결같았던 나의 친구 김익주

임종룡 (전 금융위원장)

김익주를 처음 만난 지 어언 40년이 되어갑니다. 학교 운동장에서 야구를 하고 있는 제게 와서 "재수하고 있는 김익주입니다" 하고 손 내미는 모습을 보며 저는 '재수생이 참 여유도 있다'하고 생각했습니다. 우리는 야구도 모자라 축구까지 했고, 아주 오랜 날을 함께 할 친구가 되었습니다. 그날 집에 간다고 일어선 친구의 뒷모습을 보며 이런 말을 했던 기억이 납니다. "학교 다닐 때 축구선수였냐?"

그날 이후 우리는 가장 빛나는 젊은 시절을 함께한 친구였고, 작은 보람을 기대하며 꿋꿋하게 어려움을 함께한 직장동료였고, 술을 가장 싫어하는 제게 가장 술을 좋아하는 기피인물이었지만 어느 모임에서나 구석에 앉아 "어, 왔냐" 하고 손을 내밀던 붙박이였습니다. 서로에게 빨리 늙는다고 놀림을 했던 인생의 동반자였습니다.

김익주는 한결같은 사람이었습니다. 그에게서 힘들다고 투정하는 모습도 본 적이 없고, 누구나 흔히 하는 어렵다는 하소연을 들어본 적이 없습니다. 그저 덤덤하고 익숙지 않은 농담을 하면서 남에게 부담되는 일을 극도로 싫어하는 그런 사람이었습니다. 죽음조차 그의 삶과 같은 색깔로 한결같은 사람이었습니다.

김익주는 여리고 수줍어하는 사람이었습니다. 치열한 세상이, 무례한 사람들이 여린 그에게 많은 상처를 주었을 것입니다. 그 상처를 그저 가슴 안으로만 담으면서 혼자 감당해냈을 것입니다. 때로는 거친 말투도 쓰고 술에 기대어 딴사람이 되기도 하고 했지만, 그것은 자신의 여림을 감추기 위한 몸짓이었고 스스로 삭이기 위한 아픈 과정이었을 것입니다. 그렇게 여리고 수줍어서, 받은 상처가 이제는 감당이 되지 않아서 먼저 하늘나라에 갔을지 모릅니다.

김익주는 편안한 사람이었습니다. 약속 없는 날 가장 먼저 찾았던 친구이고, 어려운 모임에는 꼭 함께했으면 하였던 동료였습니다. 나쁜 일이 생기면 아무것도 아니라고 해주고, 좋은 일이 있으면 더 많이 웃어주는 편안함이 그에겐 있었습니다. 40년간 한 번도 다투지 않고 시기하지도 않고 결코 경쟁한다는 생각을 갖지 않았던 것은 온전히 그의 편안함 때문이었습니다.

나의 친구가 하늘나라로 갔습니다. 은퇴하면 같이 '자연인(自然人)'이 되어 보자고 하더니, 한마디 상의도 하지 않고 항상 그랬듯이 누구에게도 부담 주지 않고 훌쩍 떠났습니다. 한결같았던 나의 친구가 무척 그립습니다.

"익주야, 거긴 지낼 만하냐? 네가 좋아하는 골프장도 있는 거지? 거기선 건강 지킨다고 뛰어 다니지 말고, 내가 항상 충고했듯이 나이 생각하고 카트 타고 다녀라. 캐디한테 멀리 친다고 삥치지도 말고.

너를 아끼는 사람들이 추모집을 낸다는구나. 너를 기억하는 것이 너무 가슴이 아파서 망설이다 망설이다 나도 몇 자 적어 보낸다.

미안하다. 많이 아팠을 텐데, 혼자 감당하느라 너무 힘들었을 텐데. 친

2016년 9월 3일 필자 임종룡의 생일 축하 자리에서.
왼쪽부터 이상묵, 이언주, 임종룡, 김익주.

구가 위로는커녕 눈치도 못 챘구나. 거기선 그렇게 살지 말고 어려운 일 있으면 다 토해내고 남한테 부담도 주고 도움도 받고 그래라.

편하게 있을 거라 생각할게. 이제 다시는 아프지 말구. 꼭 다시 보자. 나의 아름다운 친구 익주야!"

나의 친구 김익주 원장을 그리워하며

윤태용 (한국저작권보호원장)

김익주 원장은 대학동기이자 재무부에서 함께 근무했기 때문에 많은 시간을 같이할 수 있었습니다. 항상 옆에 있어왔기에 지금 같이 있지 않다는 것이 믿기지도 않고, 그래서 더욱 보고 싶습니다. 모든 면에서 뛰어나면서도 겸손하기에 부러운 친구였습니다. 내가 어려움에 처할 때마다 자기 일보다 먼저 우선적으로 걱정하고 위로를 해주었습니다. 그런 친구를 두었기에 마음속으로 늘 든든했고 어려움이 닥쳐도 걱정이 되지 않을 거라고 생각했습니다. 그런 친구가 어느 날 홀연히 세상을 떠나니 가슴이 많이 아픕니다. 받기만 하고 준 것이 너무 없어서, 아프고 불안한 친구에게 나의 고민만을 이야기한 것 같아 미안하고 슬픕니다.

작년 12월 중순 점심 시간에 김익주 원장을 본 것이 마지막이었습니다. 식사 후 사무실에서 나를 쳐다보는 눈길이 왜 이리 따뜻하고 여유가 있었는지, 도인을 보는 것 같았습니다. "인생 별거 아니라고 너무 스트레스 받지 말라"고 나를 위로하던 말이 생각납니다. 퇴직 후엔 좀 더 여유를 가지고 운동도 함께 하자고 했지요. 내일이라도 다시 볼 것 같았습니다. 금년 1월 초부터 연락이 잘 되지 않아 약간 걱정이 되었습니다. 그래도 오랜만에 가족과 해외여행을 가게 되어 연락이 없는 것으로 생각했습니다. 최소한 이틀 간격으로 전화통화를 하다 연락이 되지 않아 불안하기도 했지만, 항상 건강하고 낙천적인 친구라 오랜만에 가족과 함께 즐겁고 여유로운 시간을 보내는 것으로 생각했습니다. 친구이면서도 친구의 고민과 어려움을 알아채지 못한 제가 부끄럽고 미안합니다.

함께했던 작은 추억들이 나를 미소 짓게 합니다. 지금도 김익주 원장과 대화를 하고 있는 것 같습니다. 내가 이야기를 하면 "맞아 맞아" 하면서 나의 말에 웃음을 띄우면서 공감해주던 김익주 원장이 생각납니다. 종종 나의 와이프 이름을 부르면서 안부를 묻곤 했습니다. 와이프 이름을 기억하고 있는 것이 놀라왔고, 나이 먹어 서로 이름을 불러가며 대학시절 연애담을 이야기하는 것이 즐거웠습니다. 청와대에도 함께 근무했었네요. 퇴근해서 세종문화회관 앞에서 오뎅, 떡볶이, 빈대떡을 함께 먹었던 기억이 납니다. 양복을 근사하게 차려입고 길거리에서 그런 걸 사 먹으며 너무 맛있다고 껄껄 웃던 모습이 생각납니다. 청년들이 주된 손님인 맥줏집에서 나이든 우리가 분위기에 맞지 않게 정장 차림으로 술을 먹다가 주인의 눈총을 받았던 순간도 추억으로 다가옵니다.

김익주 원장은 이상하리만큼 차분한 친구였습니다. 분한 일이 있어도 오죽하면 그랬겠냐고 오히려 상대방을 이해하려 했습니다. 상관으로부터 부당한 꾸지람을 들어도 "본인도 지금쯤은 미안해하고 있을 거라고, 나는 그러지 말아야지" 하는 모습을 보며 인격적으로 수양이 잘된 친구구나 하는 느낌을 받았습니다. 세상은 참 불공평하구나 하는 생각을 했던 때도 있었습니다. 실력이 있으면 인간미가 없는 경우가 많은데 김익주 원장은 실력과 인간미를 골고루 갖춘 친구였습니다. 그런 친구를 닮고 싶었고, 그런 친구가 나의 친구라는 것이 뿌듯했습니다.

골프를 참 좋아했던 것 같습니다. 2009년 초 국장 발령 전 본부에 대기하면서 더 많은 시간을 함께했습니다. 점심을 같이 먹고 스크린 골프도 같이 하고 저녁도 함께 하는 시간을 두어 달 가졌던 기억이 납니다. 뭐든지 잘 되지 않으면 분석하고 연구해서 실력을 향상시키는 모습이 인상적이었습니다.

김익주 원장은 좋은 친구를 많이 가지고 있었습니다. 자기 고교 친구 모임에 자주 저를 초대해주었습니다. 같이 어울리다 보니 경동고교 동창들이 저의 동기 같은 느낌을 받은 적이 많습니다. 김익주 원장은 친구들에게 잔정이 많았고 친구들도 그러한 김익주 원장에게 경의와 사랑을 표하는 것을 보고 참 행복한 사람이라는 생각을 했습니다.

시내에 나가면 자주 김익주 원장 사무실에 들르곤 했습니다. 같이 점심도 하고 차도 먹었는데 이제는 갈 데가 없네요.

참 많은 시간을 함께했는데, 참 많은 이야기를 주고받았는데, 그가 지금 이곳에 없다는 것이 믿기질 않습니다. 지금이라도 전화를 걸어 “할 일 없으면 밥이나 먹자”라고 할 것 같습니다.

그런 친구 김익주 원장이 보고 싶습니다.

닮고 싶었으나 너무도 닮기 힘들었던 선배 익주 형

손병두 (금융위원회 상임위원)

2017년 2월 1일 프랑스 파리 샤를 드골 공항. 열두 시간 비행 동안 꺼져 있던 휴대전화 전원을 켜자마자 일제히 알림음을 뿜어내던 온갖 문자 메시지. 그 순간, 내 눈을 의심하지 않을 수 없었다. 김익주 본인상……. 그 중에는 김익주 선배 본인의 전화에서 날아온 부고도 있었다. '이게 웬일인가. 말도 안 돼!' 애태우며 국제금융국 출신 동료들의 단체 카톡방을 열어 보니 곳곳에 적힌 애도의 메시지들. '오, 하느님, 이럴 수가 있나요!' 나도 모르게 눈물이 볼을 타고 흘러내렸다. 그렇게 건강하시던 분이……. 열심히 운동하고 그토록 쾌활하게 살던 분인데……. 나의 출장 귀국일은 발인 다음 날. 결국 그렇게 익주 형을 빈소의 영정조차 마주하지 못하고 보내고 말았다.

익주 형을 처음 만난 건 2001년 재정경제부 경제정책국에서였다. 대통령 비서실에서 근무하던 익주 형은 산업경제과장으로 부임하셨다. 나는 같은 국의 주무 서기관. 26회 재경직 수석이자 재무부 축구팀 스트라이커라는 명성은 익히 들었으나 얼굴은 한 번도 뵌 적이 없었다. 만나고 보니 두 가지가 의외였다. 우선은 샤프한 인상을 기대하고 있었는데 해맑은 미소와 수더분한 얼굴이 뜻밖이었고, 또 하나는 말끝마다 추임새처럼 이어지는 찰진 욕. 신선한 충격이었다. 같은 국에서 근무한 지 얼마 지나지 않아 나는 대통령 비서실로 파견을 가게 되었다. 익주 형에게 청와대 근무에 대해서 묻자 "응, 별거 없어. 윗분 지시는 부처에 잘 전달하고, 부처에서 해온 보고서는 잘 요약해서 보고하면 끝이야" 하고 대수롭지 않게 내뱉는 것이었다. 그 말만 믿고 쉽게 생각했던 청와대 근무는 물론 그보다 훨씬 복잡했다. 그렇지만 지나고 보니 딱히 틀린 말도 아니었다. 익주 형다운 쿨한 조언이었다.

다시 같은 국에서 근무하게 된 것은 2006년. 내가 국제금융국 국제기구과장으로 부임하게 되었고, 익주 형은 국 총괄인 국제금융과장을 맡고 있었다. 다시 만난 익주 형은 약간은 늙었지만 여전히 쾌활했고, 말끝마다 이어지는 찰진 욕도 여전했다. 두주불사의 모습도 그대로였다. 그때 같이 모신 국장님이 조금은 어려운 분이셨지만, 그래도 늘 친근하고 푸근한 익주 형님이 있어 초임 과장 시절을 재미나게 보낼 수 있었다. 기자들에게 밥을 사게 될 때 업무추진비 카드가 없는 말석 과장인 나의 애로를 잘 헤아리고 자신의 카드를 흔쾌히 빌려주시던 형이었다.

세 번째는 국장으로 모시게 되었다. 리먼브라더스 파산 이후 글로벌 경제위기의 여파가 외환시장을 아직 뒤흔들고 있던 2009년 2월에 익주 형은 국제금융국장으로 부임했다. 나는 1년 전부터 외화자금과장으로서 투기세력들과 치열한 전투를 벌이느라 몸도 마음도 많이 지쳐있었다. 익주 형은 바로 전임 국장님과 시장에 대한 시각이 다소 달랐기에 나로서는 새로 맞춰가는 과정이 필요했지만, 익주 형은 역시 2004년 외화자금과장을 역임하며 쌓은 식견과 노련함이 있었다. 2009년 2월은 〈파이낸셜 타임스〉 등 외신과 HSBC 등 글로벌 은행에서 한국에 대한 비관론을 쏟아내던 때였다. 외화유출이 이어지고 있었고, 'sinking feeling'이라는 표현으로 한국의 상황을 매도하는 분위기였다. 김익주 국장은 내게 "환율이 내려가서 망한 나라는 없다. 위기는 환율 폭등에서 비롯된다"며 외화유출 분위기를 반전시켜야 함을 강조했다. 사실 우리나라에서 외화가 빠져나가는 것은 2009년 3월 초가 마지막 고비였고, 그 뒤로는 외화가 유입되기 시작했다. 사이클이 반대로 바뀌었음을 깨닫게 된 것은 여름으로 접어드는 6월쯤이었던 것으로 기억한다. 외화유입이 가속화되던 9월부터는 무언가 대책을 강구하기 위한 스터디를 시작하자고 익주 형이 제안했다. 그때부터 이런저런 분석자료를 만들며 제도적으로 자본유출입을 제어할 방안을 연구하는 일에 착수했다. 이것이 바로 2010년 하반기부터 잇달아 발표된 '외환건전성 3종세트'의 출발점이었다.

2010년 1월에 내가 국제금융과장으로 옮기면서 3종세트 고안 작업은 후임 외화자금과장이 이어받아 본격 추진했지만, 김익주 국장이 작업의 방향을 잡아주는 중심추 역할을 줄곧 한 것은 물론이다. '외환건전성 3종세트'는 상당히 창의적인 거시건전성 대책으로서, 그 뒤로 오랫동안 극심한 외환유출입 움직임을 제어하며 시장을 안정시키는 데 기여했다. 자본통제에 부정적이던 IMF에서도 그 효용성을 높이 평가할 정도였다. 그러나 김익주 국장과 외환건전성 3종세트를 연결지어 기억하는 이는 많지 않다. 자기 공치사에 서투른 익주 형의 타고난 성품 때문이리라. 언젠가 인터뷰에서 그가 말했듯이 "공을 앞세우면 사심이 들어간다"고 믿는 그런 공직자였다. 축구 게임에서 골을 넣고도 그 흔한 세리머니 하는 것을 잘 보지 못했다. 스트라이커였지만 항상 무덤덤. 겸손과 수더분함이 몸에 배었기 때문일 것이다.

돌이켜보면 국 총괄과장으로서 1년간 김익주 국장 곁에 있으면서 제대로 모시지 못한 점은 두고두고 가슴에 사무치며 후회된다. 익주 형이 지병이던 위궤양 때문에 좋아하던 술을 거의 끊어가며 실내 스크린 골프에 취미를 붙이던 시절이다. 회식 끄트머리면 "스크린이나 한판 하러 가자"고 제안하곤 했는데, 나는 국장 모시고 스크린 골프장에 가기보다는 과 직원들 데리고 노래방에 가는 것을 더 즐겼다. 이제는 보고 싶어도 못 보게 된 익주 형. 그때 스크린 골프나 같이 실컷 칠 것을. 이제 와서 후회한들 무슨 소용이랴. 익주 형을 국장으로 잘 모시지 못한 일화를 또 하나 고백한다. 바깥의 어떤 분이 손병두 과장이 일 잘하냐고 김익주 국장에게 물은 적이 있었는데 "손병두는 내 라이벌이야" 하고 대답하셨단다. 그때는 칭찬으로 들었다. 이제 와 곰곰 생각해보면, 업무와 관련해서 국장에게 공을 돌릴 생각은 하지 않고 아랫것이 너무 나대었기 때문에 그리 대답하셨으리라. 평생 자기 자신을 내세우지 않으면서 사신 분이니 그 분을 모시는 아랫사람으로서 그분이 돋보이도록 각별히 신경 썼어야 했는데, 내가 무심했구나 하고 반성을 하게 된다.

익주 형이 항암치료를 받느라 머리카락이 빠져 가발을 쓰고 다니셨을 작년 늦가을 쯤이었나보다. 본인의 몸 상태에 대해서 아무에게도 얘기를 하지 않으시니 투병 중임을 알 길이 없었던 나는 철없이 이렇게 물었다. "형님, 갑자기 지붕 개량은 왜 하셨대요? 외모에 신경 쓰시나? 설마 어디 아프신 건 아니죠?" 참으로 가볍게도 툭 한마디 던졌던 기억이 난다. "언젠가 스토리 다 얘기해주마" 하며 너털웃음을 흘리던 익주 형님. 아픈 건 왜 얘기 안 했을까. 그로부터 두세 달 남짓 후에 이렇게 떠나시려면 그때 얘기를 해주었어야지. 사람들에게 부담 주기 싫어서 그랬을까. 자존심 때문이었을까. 건강하실 때 좀 더 자주 만나고 더 많은 얘기를 나누지 못한 걸 이렇게 후회스럽게 만드시다니. 평생 남에게 부담 주기 싫어하고 역정 한 번 낸 적이 없는 분. 일이 잘 진척 안 될 때도 부하직원들을 따뜻이 보듬어주던 분. 공동의 적을 향해 그 찰진 솜씨로 "그 비융신 새끼" 하고 욕 한 번 해주고 같이 껄껄 웃으시던 모습. 다시 함께하고 싶어도 이제는 함께할 수 없는 아쉬운 장면들이다. 그렇지만 익주 형을 사랑했던 많은 이들의 추억이 모여 우리의 가슴 속에는 익주 형이 영원히 남을 것을 생각하니, 각기 다른 추억이라도 이렇게 한 곳에 모으자는 이번 시도가 특별히 고맙게 생각된다.

필자의 국제금융과장 근무 중 근속 20년 축하 티타임(2010년 4월 30일).
가운데가 김익주 국장, 바로 왼쪽이 은성수 심의관, 오른쪽이 필자.

익주 형님, 후배들은 늘 형님을 닮고 싶어 했지만 형님을 어떻게 닮을 수 있겠습니까. 족탈불급이지요. 우리의 마음속에 영원한 빅보스로 남아 계실 겁니다. 지금 하늘나라의 어디에서 재밌게 지내고 계신지는 모르겠지만, 멀리 가진 마세요. 언젠가는 꼭 다시 만나 말끝마다 추임새로 넣으시던 '1818' 소리를 들려주셔야죠. 다시 뵐 때까지 좋아하시는 술도 양껏 드시고, 미운 놈들한테 화도 마음껏 내시고, 운동도 실컷 하시고, 속상한 일 마음속에 담아두지 말고 전부 푸세요. 즐겁게, 즐겁게만 지내시기 바랍니다. 언제일지는 몰라도 저세상에서 뵐 그 순간이 꼭 올 거라고 믿고 싶네요. 사랑합니다.

편안함, 그리움, 그리고 아쉬움으로

최지영 (전 기획재정부 국제금융과장)

원장님께서 저희 곁을 떠나시던 2월 첫날, 원장님 핸드폰 번호로 걸려온 전화에서 따님의 목소리가 들려왔을 때 저는 아무런 생각이 나지 않았습니다. '왜 아무런 말씀도 없이, 뵐 수 있는 기회도 주지 않고, 이렇게 빨리 떠나셔야 했는지….' 원망스럽기도 했고, 이런 일이 일어난 게 꿈 같기도 했습니다. 이렇게 글을 쓰며 원장님과 함께 지낸 옛날을 생각하는 것이 제가 할 수 있는 모든 것이라고 생각하니 너무 허탈하기만 합니다.

공직에 계시던 동안 저는 아쉽게도 원장님을 상사로 모실 기회가 없었습니다. 그런데도 원장님은 제게 너무도 편안하고 따뜻한 상사이셨습니다. 아마도 저에게만 그런 분은 아니셨겠지만, 제가 그렇게 기억하는 것은 어느 누구도 흉내 내기 힘든 원장님의 성품 때문이라고 생각됩니다.

기억하시나요? 제가 수습사무관으로 재무부 산업관세과에 처음 배치받았을 때 저녁 술자리를 처음 마련해준 분이 원장님이셨다는 것을. 학연도, 지연도, 그 외 아무런 인연도 없던 저에게 같은 과의 선배 사무관도 아닌, 단지 옆 과의 주무사무관인 분이 회사에 처음 입사해 주눅 들어 있는 신입직원에게 건넨 따뜻한 한마디와 술잔이 얼마나 큰 위안이고 힘이 된다는 것을. 그건 저에게는 잊을 수 없는 중요한 일이었습니다. 그렇게 원장님과의 인연은 시작되었습니다.

또 원장님은 제가 얼마나 의지할 수 있는 분이었는지 모르셨을 겁니다. 유학을 마치고 귀국해서 근무할 곳을 걱정해야 했을 때, 청와대 벙커에서 나와야 했을 때, 그리고 본부에 복귀해서 과장으로 근무하기 시작했을 때……, 원장님은 항상 제 앞일을 걱정해주셨고, 어렵더라도 용기를 내고 지나간 일을 아쉬워하지 말라며 달래주셨습니다.

그래도 과천에서 함께했던 마지막 몇 해 동안이 원장님과 가장 즐겁게 지낸 시간이었던 것 같습니다. 부하직원들과 스크린 골프를 즐기면서 소소한 내기에서 이겼을 때 즐거워하시던 그 모습들, 정말 기억에 선합니다. "코 묻은 과장들 돈 따가신다"며 투덜대기만 하고 더 많은 시간을 함께 보내지 못한 게 정말 아쉽습니다. 세종으로 부서가 옮겨간 후 몇 달 동안에는 아예 그런 기회를 가질 틈도 없었고, 원장님은 얼마 뒤에 서울로 자리를 옮기셨죠.

국제금융센터 원장실로 찾아뵐 때면 항상 내주시던 차 한 잔, 제가 과를 옮길 때마다 고생한다면서 과원들까지 명동으로 불러서 대접해주신 저녁……. 이제는 제가 기억하는 원장님과의 마지막 순간들이네요.

원장님이 힘드셨을 생애 마지막 시간들을 생각하니 너무 아쉽고 죄송합니다. 그렇게 좋아하시던 약주를 입에도 대지 않으실 때 "차관보님, 왜 우리만 먹이세요? 한 잔만이라도 하세요!"하며 투정부린 저를 원장님을 어떻게 생각하셨을지.

2016년 12월 크리스마스 언저리에 통화하면서 건강을 걱정하는 제 질문에 "그냥 다리를 다쳤다"고 하신 원장님 말씀만 믿은 제가 얼마나 부족해 보였을까요. 그때 원장님께서 제게 부탁한 것이 마지막이 될 줄은 정말 상상할 수 없었습니다. 금융연구원에서 하시는 일과 관련된 것으로만 알았는데 그때 부탁하신 영문 교정이 원장님께서 심혈을 기울여 쓴 박사학위 논문의 영문 초록인 줄을 까맣게 몰랐던 제가 너무 못난 놈이라는 것을 아는 데는 한 달밖에 걸리지 않았습니다.

제가 국제금융과장으로 근무한 기간의 끝 무렵에 원장님이 떠나가셨습니다. 그나마 원장님이 그토록 사랑하시던 국제금융국의 일원으로서 마지막 가시는 길에 함께할 수 있었던 게 제겐 위안이 됩니다. 원장님이 가실 때 잘 챙겨달라고 생전에 저에게 그렇게 잘해주셨나요? 저에게 그 많은 도움을 주시고 따뜻하게 대해주신 것에 대해 감사했다는 한마디 말씀조차 드릴 시간도 허락하지 않고 떠나신 것이 너무나 원망스럽습니다.

'국제금융국장님', 'FTA 국내대책본부장이자 차관보님', '국제금융센터 원장님'. 이 세 가지 가운데 어떻게 불러드리는 것이 좋을까요? 아마도 그냥 편하게 '선배님'으로 불러드리는 것을 제일 좋아하실 것 같습니다.

쑥스러워서 모시는 동안 단 한 번도 선배님이라 부르지 못했습니다. 그리고 단 한 번도 존경한다고, 좋아한다고 말씀드리지 못했습니다. 죄송합니다. 선배님! 저에게 그렇듯이 선배님을 알아온 모든 사람들에게 선배님의 이름 세 글자는 편안함, 그리움, 그리고 아쉬움으로, 살아있는 동안 계속 기억될 것입니다. 선배님, 편히 쉬십시오.

김익주 원장님! 보고 싶습니다

민경설 (기획재정부 국제금융과장)

정말 답답했습니다. 원장님!

2월 2일 저는 필리핀에 있는 ADB로 출장을 떠나는 인천공항 출국장에서 원장님이 돌아가셨다는 문자를 받았습니다. 이게 무슨 소리인가 싶었습니다. 아마 원장님 부모님이나 장인·장모님 부고가 잘못 온 것이 아닌가 하는 생각이 컸습니다. 그러면서도 이리저리 연락을 취하다가 확인을 하지 못하고 필리핀으로 가는 비행기가 출발하면서 전화기가 끊어졌습니다. 그날 비행기 안에서의 4시간은 이제까지 그 어떤 비행기 출장보다도 답답하였고 빨리 내렸으면 하는 조바심에 가만히 앉아 있을 수가 없었습니다.

외로웠습니다. 원장님!

두근거리는 가슴과 불안한 마음을 겨우 진정시키면서 마닐라에 도착하였고, 급하게 연락한 몇몇 선후배들은 원장님의 부고 소식을 확인해 주었습니다. 너무나 황망한 소식에 빨리 선후배들을 만나고 싶었습니다. 원장님을 좋아했던 그 많은 사람들을 만나 목 놓아 울고 싶었습니다. 그래야만 이 답답한 마음이 조금은 풀릴 것 같았습니다. 그런데 공무 해외출장 일정은 저에게 그런 기회조차 주지 않는 것 같아서 너무 서운했고, 빨리 돌아가고 싶어서 안달이 났습니다. 그리고 이역만리 타국 땅에서 나 혼자 원장님을 그리워해야 한다는 마음에 너무 외로웠습니다.

참 따뜻하셨습니다. 원장님!

원장님을 처음으로 과장님으로 모셨던 그때가 우선 생각납니다. 2004년부터 2005년으로 기억됩니다. 그때는 한국투자공사 설립이 우리 국을 넘어서 우리 부의 핵심 추진과제 중의 하나였을 때입니다. 그때 담당 사무관이었던 저를 힘들게 하던 것은 토요일, 일요일도 없이 일해야 했던 것도 아니었고, 설립에 반대가 심했던 참여연대나 야당 국회의원들에 대한 설득과 타협도 아니었습니다. 그 무엇보다 저를 힘들게 했던 것은 그때 새롭게 부임한 윗분과 기존 라인 간의 의견 차이였습니다. 보고하러 갈 때마다 저는 이리 혼나고 저리 깨지곤 하였습니다. 참 힘들던 시절이었습니다. 그때마다 저를 다독여 주시고, 끝까지 마무리할 수 있게 해주셨던 것은 바로 당시 과장님의 따뜻한 말씀이었습니다. "경설아! 중요한 일을 하고 있을 때는 이렇게 깨지기도 하는 거야. 지금까지 잘 하고 있으니까 조금만 더 힘내자." 저에게 원장님의 말씀은 정말 큰 힘이 되었습니다. 겨울을 견디게 해준 따뜻한 목도리였습니다. 아직도 따뜻한 온기를 느낄 수 있습니다.

많이 배웠습니다. 원장님!

국장님으로 모시고 있던 2010년도 기억납니다. 그때 주니어 과장이었던 저는 여러 모로 부족했습니다. 그럼에도 불구하고, 그때 메릴린치 투자로 정치권의 관심사였던 한국투자공사 감사 건을 대과없이 마무리 지을 수 있게 한 것도 원장님의 꼼꼼한 가르침 덕분이었습니다. 그리고 거시건전성 3종 세트의 하나인 거시건전성부담금의 도입을 우리 과에서 주도할 수 있었던 것도 당시 국장님의 정확한 상황판단과 방향제시 덕분이었습니다. 외국과 다른 우리나라 외환위기 경험을 고려해서 전체 은행차입이 아닌 외화차입만을 부담금 부과대상으로 해야 된다고 처음 말씀하셨던 분도 바로 원장님이셨습니다.

죄송합니다. 원장님!

IMF 근무를 마치고 국제금융정책국 지역금융과장으로 돌아와서나 국제금융협력국 거시협력과장으로 옮기면서 국제금융센터에서 회의를 많이 가지게 되었습니다. 그때마다 원장님은 항상 따뜻한 말씀과 함께 점심이나 저녁을 사주셨습니다. 그런데 말입니다. 그렇게 자주 뵈면서도 제가 어떻게 원장님 병환을 눈치 채지 못했는지 제 자신을 자꾸 자책하게 됩니다. 조금 야위면서 낯빛도 좋지 않으셨습니다. 당연히 좋아하시던 약주도 멀리하셨습니다. 그런데 무심한 저는 건강 때문에 저러시나보다 하고 더 이상 건강안부 말씀조차 건네지 못했습니다. 이런 한심한 후배가 있습니까? 저를 많이 질책해 주십시오.

기억하겠습니다. 원장님!

며칠 전 우리 국에서는 원장님을 추모하는 행사를 조그맣게 거행하였습니다. 원장님을 존경하고 따르는 후배들이 많이 와주었고, 함께 원장님을 기억하는 소중한 시간이었습니다. 국제금융정책국 사무실은 이제 익실(翊室)이 되었습니다. 원장님의 사진과 축구유니폼은 익실에서 언제까지 원장님을 추억하게 해줄 것입니다. 원장님을 추억하기 위해 기재부 앞 마당에 조그만 나무 한 그루도 심었습니다. 백일홍 나무입니다. 꽃말이 "떠나간 친구를 그리워한다"라고 해서 이 나무로 골랐습니다. 저와 우리 후배들은 원장님을 언제까지 기억할 것입니다.

마지막으로 한 말씀 더 드리고 이만 줄이겠습니다.

사랑합니다. 원장님!

이오회 회원 김익주 형님을 기리며

김대현 (금융위원회)

형님과 인연을 맺은 후 27년의 세월과 이오회 회원으로 함께해온 24년의 시간들을 회상해봅니다.

제가 1990년 9월 이재국 재정융자과에서 처음 뵀을 때 형님은 30대 초반으로 미소년처럼 수줍음을 잘 탔고, 동네 형님처럼 직원들과 격의 없이 지내셨고, 특히 정건용 과장님의 사랑을 많이 받으셨습니다.

저는 형님을 그때 처음 만나 업무와 축구로 인연을 맺었고, 27년의 세월을 함께 해왔습니다. 형님은 체육대회에서 이재국의 축구 우승에 견인차 역할을 하셨고, 우리는 형님 덕분에 우승컵에 술을 부어 전 직원이 돌려가며 맘껏 취하도록 마셨습니다.

1993년 갑작스런 인사이동으로 형님께선 정들었던 이재국을 떠나 관세국으로 옮겨가셨고, 우리는 매일 아침이면 3층 휴게실에 모여 자판기 커피를 마시면서 축구 이야기로 하루를 시작했습니다. 그 당시 우리는 인사이동으로 각자 소속은 달라졌지만 이재국에서 함께 축구를 했던 전우애가 발동하여 이오회를 만들어 매일 아침이면 과천 문원초등학교에서 축구를 하고 목욕탕에서 샤워를 한 후 우리만의 식당에서 아침을 먹고 출근했습니다.

우리 이오회 회원들은 형님을 비롯하여 멤버가 화려해서 전력이 최강이었고, 직장동료의 관계를 넘어 패밀리와 같은 관계로 많은 시간을 같이 보냈던 것 같습니다. 강원도, 수안보 등으로 원정경기를 다녔고, 겨울이면 동계훈련을 명분으로 스키장으로 자동차를 몰고 가서 밤낮 구분 없이 놀았던 기억이 새롭습니다. 그때 형님이 축구장에서 보여주던 뛰어난 기술이나 실력을 스키장에서는 보여주지 못한다며 우리는 형님을 놀렸고, 지금도 우리끼리 만나면 그때 일을 입에 올리고 있답니다.

형님은 후배들과 어울리는 것을 좋아하셨고, 후배 하나하나의 존재를 인정해주고 언제나 후배의 입장에서 승진 등 직장문제에 대하여 자기 일처럼 나서서 도와주는 따스하고 인정 많은 분이셨습니다.

그렇게 오랜 시간을 함께 해왔지만 정작 우리는 형님한테 해준 게 하나

도 없었고, 형님께서 혼자서 병마와 힘들게 싸우고 있을 때에도 아무것도 모르고 형님 앞에서 깔깔거리며 장난쳤던 것이 정말 미안할 따름이고 너무 부끄럽습니다.

누구보다도 축구를 사랑하고, 운동을 열심히 하시고, 성격이 긍정적이어서 우리와 오랫동안 함께할 거라고 생각했는데, 이제는 형님이 우리 곁에 안 계신다는 것이 지금도 믿어지지 않습니다.

우리는 형님을 그리워하며, 앞으로도 많이 보고 싶을 것입니다. 그동안 차마 하지 못했던 말이지만, 형님, 존경하고 감사합니다. 우린 앞으로도 형님을 계속 사랑하고 기억하겠습니다.

우리 모두가 간절히 원한다면 저세상에서 다시 만나 함께 축구도 하고 재미있게 놀 수 있겠죠. 부디 저세상에서는 하고 싶은 거 다 하시길 바랍니다.

나의 든든한 '빽'이었던 욕쟁이 과장님

유병희 (전 기획재정부 외화자금과장)

여느 때와 다를 바 없던 2월의 어느 날 퇴근 무렵에 기재부의 한 과장과 업무 관련 통화를 하였다. 그 과장이 평소와 달리 서둘러 대화를 마치고 던진 한마디에 나는 억장이 무너지는 것만 같았다. "지금 그게 중요한 게 아니야. 김익주 원장님께서 돌아가셨대." 전화는 담담히 끊었지만, 쏟아지는 눈물을 참을 수가 없었다. 그날 하루 종일 원장님을 생각하기만 해도 슬픔이 북받쳐 오르고, 상가에서 영정을 보면서는 끝내 눈물이 앞을 가려 말을 제대로 할 수도 없었다. 누군가의 부음을 듣고 이렇게까지 마음속 깊은 곳에서부터 슬픔이 차오른 적이 있었던가.

김익주. 나에게는 원장님, 차관보님이라는 호칭이 아직도 낯설고 여전히 과장님, 국장님으로 기억하고 싶은 이름이다. 돌이켜보면 내가 국제금융 분야에서 10년 가까이 일을 하고 다소간의 전문성을 쌓은 것도 원장님이 계시지 않았다면 불가능했을 것이다. 군대를 제대하고 기재부로 복귀해서 같은 국 내 다른 과 과장님으로 원장님을 처음 알게 되었다. 사실 그 때는 대부분의 옆 과 과장님들이 그렇듯이 사람 좋은 분이었고, 일을 무리하지 않고 쉽게 하신다고만 알고 있었으며, 일보다는 운동장에서 같이 축구를 하면서 더 가까워졌지만 나와 큰 인연이 있었다고 말하기는 어려웠다. 원장님과의 재회는 예기치 않게 런던에서 이루어졌다. 영국 유학이 끝나기 몇 달 전 한국경제설명회를 위해 런던으로 출장 오신 김익주 당시 국제금융과장님께 인사를 드렸고, 기재부로 복귀하는 나를 원장님은 국제금융과로 불러주셨다. 그 후에 원장님은 내게 별다른 빽도 없이 국제금융국에 온 건 너밖에 없다며, 당신께서 내 빽이라고 농담 삼아 몇 차례 말씀하셨다. 사실인지 확인할 수는 없었으나, 빽도 없는 내가 국제금융국에서 쫓겨나지 않고 원장님을 국제금융과장님으로 약 8개월간, 국제금융국장님으로 약 1년간 모시고 일할 수 있었던 걸 보면 아주 없는 얘기는 아니었던 듯싶다.

다들 알고 있는 얘기지만, 원장님은 워낙에 소탈한 성품에 잰 체하지 않고 겸손해서 주위의 모든 사람이 다 좋아하는 분이었다. 과장님, 국장님으로 모시면서 직급에 관계없이 많은 사람들이 원장님에게 인사하러 오고 때로는 진로나 인생 상담까지 받는 것을 보았고, 외부 민간기업이나 금융기관 사람과 만날 때도 상대방이 원장님을 진정으로 좋아하고 친근하게 느끼는 것을 알 수 있었다. 직원들에게 걸쭉한 욕설을 시도 때도 없이 날리지만 이상하게도 무섭거나 기분 나쁜 게 아니라 정겹게 들렸다. 물론 여자직원들에게는 굉장히 말을 조심하셔서 그런 모습이 오히려 어색하고 재밌기도 했다. 왜 그렇게 따님 흉을 보시던지, 우리는 따님이 공부에는 관심 없는 날라리인 줄로만 알았다. 그런데 그 따님이 의대에 합격했다고 했을 때 원장님한테 속았다고 우리끼리 괜히 억울해하기도 했다. 때때로 점심시간에 조심스럽게 다가와 멋쩍은 표정으로 분식 먹으러 가자고 하시기도 하고, 중국집에서 뭘 시킬까 한참 고민하고 있으면 그냥 탕수육이나 시키라고 깔끔히 정리를 해주시던 소소한 기억들이 지금도 입가에 절로 미소를 짓게 한다.

이렇게 사람 좋고 소탈한 분이지만 업무에서는 꼼꼼한 모습을 보여주셨는데, 특히 보고서에 대한 기준이 엄격해서 간결한 내용과 형식을 중시하시는 것은 물론이고 맞춤법에도 철저하셔서 우리는 보고서 쓰는 법을 제대로 배울 수 있었다. 공무원으로서 국회 업무의 중요성을 알아야 한다고 강조하시기도 했는데, 국제금융과장 시절에 하루는 어느 국회의원이 질문 30여 분 전에 갑자기 질의서를 보내주면서 60여 개의 질문을 쏟아내서 담당 사무관이 당황하고 있는데 10분 만에 일사천리로 답변을 정리해주신 적이 있다. 업무에 대한 깊은 지식과 엄청난 순발력이 없으면 불가능했을 일이라고 생각한다. 업무의 성과에 대한 공은 부하직원들에게 돌리고 힘들고 어려운 일들은 스스로 방패가 되어주셨다. 퇴임하시고 국제금융센터 원장으로 계시는 동안에도 예고 없이 찾아가도 언제나 반갑게 맞아주셨고, 힘든 일이 있을 때 찾아뵈면 소중한 조언으로 버텨나갈 힘을 불어넣어주셨다. 건강이 나빠지면서부터는 술을 안 하셨지만 그래도 기회가 될 때면 후배들을 불러서 저녁 자리를 만들어주고 격려를 아끼지 않으셨다. 언제까지나 그 자리에 계실 것처럼 여겨 좀 더 자주 찾아뵙지 못한 게 너무나도 한이 된다. 지난 연말에 뵙자고 했더니 논문 마무리하고 새해에 보자고 하신 말씀에 그런 줄로만 알았던 게, 그래서 가시기 전에 한 번이라도 더 뵙지 못한 게 두고두고 안타까움으로 남는다.

원장님 장례식장에서 예전에 읽은 어느 수필집에 있었던 글이 생각났다. 도시에 나가 변호사로 성공한 아들이 시골학교 교감으로 은퇴한 아버지의 죽음을 맞아 고향에 돌아왔는데, 조문 행렬이 끊임없이 이어지고 온 마을 사람들이 진심으로 슬퍼하는 모습을 보면서 나약하고 실패한 인생을 살았다고 생각했던 아버지가 사실은 진정으로 성공한 인생을 살았다는 것을 깨달았다는 내용이다. 사회적으로 높은 지위에 오르고 부자가 되는 것이 아니라 주변 사람들의 마음을 얻는 것이 인생을 제대로 사는 길이 아닐까. 지금까지 많은 상가에 가보았지만 그 글에서 느낀 것과 같은 감동을 준 상가는 김익주 원장님의 상가가 처음이었다. 많은 동료, 후배들이 눈물을 흘리고 차마 발걸음을 떼지 못하는 모습을 보면서 원장님이 비록 장관이나 차관에 오르지는 못하셨지만 진정한 인생의 승리자가 아닐까 다시 한 번 생각하게 된다. 선한 얼굴로 밝게 웃으시던 김익주 원장님을 다시 보고 싶다.

제 마음속 '영원한 상사'이자 모든 동료의 '진정한 친구'

박준규 (삼성경제연구소 상무, 전 기획재정부 국제기구과장)

작년 가을 정도였던 것 같습니다. 10여 년 전에 찍은 이 사진을 전해 드리면서 "이 시절에 고생도 참 많았지만 좋은 추억도 많았다"며 안부인사를 드렸습니다.

2006년 유럽지역 한국경제설명회 당시 프랑스에서 영국으로 가는 유로스타 안에서.
왼쪽부터 이세훈, 김익주 국제금융과장, 필자

원장님을 국제금융과장과 국제금융국장으로 모시면서, 그리고 그 이후에도 여러 가지 일을 같이 하면서 많은 추억을 함께 만들 수 있었던 것은 제 인생에서 아주 큰 행운이었습니다.

- 해외 한국경제설명회를 준비하면서 더 참신하고 설득력 있는 프리젠테이션 자료와 연설문을 작성하기 위해 아이디어 회의를 하던 시간들. 우리가 전하는 메시지의 중요성을 고려하여 영어 단어 하나의 선택에도 심혈을 기울이던 시절.

- 국제 신용평가사 연례협의를 앞두고 한국의 신용등급 상향을 유도하는 논리를 개발하기 위해 함께 고민하고 검토하던 시간들. 그리고 그토록 바라고 바라던 국가신용등급 상향을 달성하고 서로 축하하고 기뻐하던 순간.

- 글로벌 금융위기의 여파가 남아있던 시기에 외환시장 관련 정책을 두고 머리를 맞대고 치열한 분석과 검토를 하던 기억.

- 야근이 거의 매일 계속되던 시절에 허름한 식당에서 청국장 한 그릇씩 시켜 놓고 저녁을 먹으면서 스트레스를 풀던 추억.

- 내가 MIT로 유학 떠날 때나 IMF로 근무 떠날 때 누구보다 기뻐하는 모습으로 응원해주시던 모습. 힘든 일이 있을 때마다 “준규야 괜찮다. 다 잘될 거다”라며 다독여주실 때의 따뜻한 표정.

- 국제금융센터에 가셔서 항상 금융시장 안정과 국익 증진을 위해 헌신하면서 후배들에게 격려와 응원을 아끼지 않으시던 모습.

- 내가 몇 달 전 직장을 옮기면서 찾아뵈었을 때 “인생 뭐 있냐? 하고 싶은 거 마음껏 하면서 즐겁게 살아라”라고 활짝 웃으며 말씀해주시던 모습.

- 그리고 지난 연말에 안부 문자메시지 드렸을 때 답장해주신 마지막 문자. "그래, 준규도 즐거운 성탄 맞이하기를……."

원장님께서는 공직자로서의 투철한 사명감과 애국심, 업무에 대한 뜨거운 열정, 거시경제와 국내외 금융시장을 관통하는 뛰어난 Insight, 탁월한 정책 기획과 보고서 작성 능력, 어려운 상황 속에서도 흔들리지 않는 리더십, 동료들에 대한 애정과 관심, 선공후사(先公後私)와 겸손의 자세 등 모든 측면에서 저를 비롯한 많은 동료들의 'Role Model'이셨습니다.

이렇게 훌륭하신 분이기에, 항상 의지하고 싶은 분이기에, 너무 빨리 동료들의 곁을 떠나신 사실이 정말 슬프고 안타깝고 속상합니다.

그래도 굳게 믿습니다. 언제나 많은 동료들의 가슴 속 깊은 곳에 남아 계시리라고. 사진 속의 모습처럼 인자하고 훈훈한 미소를 지으시면서요.

원장님과 인연을 맺고 함께 근무할 수 있어서 너무나도 큰 영광이었고, 나한테 그런 기회가 주어진 것에 대해 감사하게 생각하고 있습니다.

내 공직생활의 어머니와 같았던 김익주 원장님

도종록 (기획재정부)

"종록아, 이러쿵저러쿵해도 공무원 시절이 그립다. 맘 겸손히 먹으면서 차분하게 공부하면서 지내거라. 서울 올 때 연락해라. 승진축하 파티 한번 하자꾸나."

무척이나 보고 싶은 원장님,

원장님께서 2017년 1월 새해 첫날 저에게 주신 문자를 아직도 지우지 못하고 있습니다. 많이 아프셨을 텐데 홀로 병마와 싸우신 시간들을 생각해보면 마지막 생전에 제대로 인사 못 드린 게 가슴이 미어집니다. 서울에 가면 한번 찾아뵌다는 게 전화로 문자로만 안부인사 드린 못난 후배를 용서해주세요.

원장님은 저에게 공직생활의 어머니셨습니다.

막 수습티를 벗은 저에게 중요한 업무를 맡겨주시고 믿어주셨던 원장님은 지금까지 제가 성장할 수 있게 해준 큰 원동력이었습니다. 2009년 말부터 2011년까지 당시 국제금융국장이셨던 원장님과 손발을 맞추며 외환시장을 모니터링하고 굵직한 대책을 세우면서 원장님께 많은 것을 배웠습니다. 환율 10원 등락이 매우 중요했던 그 당시 환율 동향 자료를 만들고 중요한 환율 관련 대책을 만들 때마다 일일이 표현과 편집까지 봐주셨고, 나아가 공직에 대한 가치관까지 많은 것을 가르쳐주셨습니다. 외환시장이 요동칠 때, 환율전쟁이 한창일 때도 원장님은 차분함을 잃지 않으시고 공무원의 역할과 자세를 보여주셨습니다. 그런 원장님을 곁에서 볼 수 있었던 것은 저에게 큰 행운이었습니다.

외유내강의 원장님은 우리에게 든든한 산이었습니다.

2009년 2월 원장님께서 국제금융국장으로 발령 나셨을 때를 기억합니다. 모두가 신임 국장님에게 업무보고를 할 준비를 하면서 긴장하고 있을 때 원장님께서는 자료만 주고 별도 보고는 하지 말라고, 궁금한 사항은 물어보겠다고 하면서 직원들의 부담을 줄여주셨던 모습…….

외화자금시장의 충격을 완화하기 위해 선물환제도, 은행세 등 외화건전성 3종 세트를 준비하시던 시절에 시장을 왜곡하지 않으면서 정책의 효과가 날 수 있도록 하기 위해 누구보다 심각하게 고민하셨던 모습이 기억납니다. 저희보다 더 고민이 많고 위에서의 요구도 많았을 텐데 힘든 내색 한 번 안 하시고 묵묵히 저희를 이끌어주셨던 큰 형님과 같은 모습을 잊을 수가 없습니다. 자기의 공을 높이는 게 모든 사람의 태도임에도 불구하고 원장님은 외화건전성 3종 세트의 모든 공과 성과를 다 선배와 후배에게 돌리셨던 마음을 저희는 기억하고 있습니다.

국제금융국장이라는 화려한 타이틀과 달리 소박하셨던 원장님이 그립습니다. 와인과 스테이크보다는 과천 정부청사 앞 삼보정이라는 식당의 청국장과 바삭이 불고기를 즐겨 들면서 하시던 구수한 욕을 더 이상 들을 수 없는 게 안타깝습니다. 제가 힘들 때마다 "종록아, 욕심 부리지 말고 묵묵히 일해라" 하며 아껴주시던 원장님이 이젠 안 계시다는 사실에 너무나 허전하고 원장님이 그립습니다. 부디 하늘에서는 청국장보다 더 맛있는 음식을 많이 드세요. 그리고 마지막 아팠던 기억도 다 잊으시고 편하시기를 바랍니다.

따님을 무척이나 사랑하셨지만 표현이 서툴렀던 원장님, 하늘에서도 따님을 잘 지켜봐주세요.

원장님 빈소를 찾았을 때 원장님의 따님을 보는 순간 눈물이 쏟아지는 것을 참을 수가 없었네요. 그토록 아끼던 따님이 홀로 서있는 모습을 볼 때 따님에게 원장님의 빈자리가 얼마나 클지 안타까웠습니다. 따님을 부여잡고 원장님이 해주셨던 말을 실성한 사람처럼 했는데, 원장님의 마음을 제 표현으로는 다 대변할 수가 없어 아쉬웠습니다. 업무로 매일 늦게 집에 들어가면 어린 따님이 보행기를 탄 채 문턱까지 달려 나오던 것을 회상하셨고, 따님이 대학 시절에 원룸을 구해 집을 나가려고 하는 게 탐탁지 않으면서도 따님과 같이 원룸을 보러 다니던 이야기도 하셨지요. 따님도 원장님의 사랑을 잘 알 거라고 생각합니다.

불러도 불러도 그리운 원장님. 가슴속에 원장님을 기억하는 사람들이 많습니다. 더 화려하게 승승장구하기에도 충분하였는데 꽃을 다 피우지 못하고 떠나신 게 안타깝습니다. 하지만 원장님을 사랑하고 원장님을 훌륭한 동료로, 선배로 기억하는 사람들이 참으로 많습니다.

그들에게 원장님은 언제나 훌륭하고 따뜻했던 분으로 오래오래 기억될 것입니다. 하늘에서 다시 만나 뵐 때 여기서 제대로 하지 못한 파티와 못다한 얘기를 같이 할 수 있으리라 믿겠습니다. 사랑합니다.

김익주 원장님과의 만남과 추억

이준범 (기획재정부)

2015년 9월 초 무더운 날이었습니다. 은행회관에서 열린 회의에 가서 보고를 마치고 로비에 내려와 음료 한 잔을 마시며 더위를 식히고 있었습니다. 늦은 나이에 쌍둥이 아빠가 된 지 얼마 지나지 않아 밤잠을 설쳐서 그런지 슬슬 졸음도 밀려왔습니다. 그때 누군가 2층에서 계단으로 걸어 내려오는 것을 보았습니다. 낯익은 실루엣이었지만 피곤해서 그랬는지, 아니면 어두워서 그랬는지 그분이 누구인지를 식별하기 어려웠습니다. 그런데 그분께서 먼저 저에게 아는 체를 하셨습니다. 김익주 국제금융센터 원장님이었습니다. 황급한 마음에 다가가 인사를 드렸습니다. 그날 원장님은 예전에 비해 너무 마르고 늙어 보이셨습니다. 그 모습에 제 마음이 괜히 울컥했습니다. "왜 이렇게 마르셨냐"고 묻자 "요새 운동을 많이 해서 그래. 매일 아침 2시간씩 운동해"라며 대수롭지 않게 넘기셨습니다. 그러면서 원장님은 여전히 순화되지는 않았지만 따뜻한 말투로 저를 위로해주셨습니다. "너도 늙은 나이에 애 아빠 돼서 X나게 힘들지? 아무 때나 힘들면 얘기해라. 소주 한잔 받아주마." 원장님과 이런저런 이야기를 나누던 중 원장님이 제게 한 가지 부탁을 하셨습니다. 원장님이 국제금융국장으로 근무하면서 만들었던 정책자료들을 모아달라고 하셨습니다. 원장님의 유난히 빛나는 눈빛을 보면서 저는 그때 '이분이 무엇인가를 준비하시고 계시구나' 하는 느낌을 받았습니다. 제 친구가 원장님과 같이 박사과정을 밟고 있어서 원장님이 박사논문을 준비하고 계시다는 것은 알고 있었습니다. 그런데 왠지 단순히 논문준비를 하는 건 아닌 거 같고 '혹시 어디선가 좋은 자리 오퍼를 받으시고 그걸 준비하는 게 아닐까?' 하는 생각이 들었습니다. 기쁜 마음에 자료를 모아 바로 보내드렸습니다. 그러면서 임기가 얼마 남지 않은 원장님이 좋은 곳으로 영전해서 못 다한 꿈을 펼치시기를 마음속으로 기원했습니다. 매우 유능하고 훌륭한 분이 너무 일찍 공무원을 그만두셨다는 안타까운 마음이 들었기에 더 그랬습니다.

그날 이후 원장님과 친한 선후배 분들과 함께 원장님을 2차례 뵈었습니다. 그러나 국제금융센터 원장 임기가 끝난 이후에는 뵙기가 쉽지 않았습니다. 2016년 말에 찾아뵐 약속을 잡으려고 해도 논문준비가 끝나면 보자는 대답뿐이셨습니다. 설 연휴가 끝나고 바로 다음 날인 2017년 1월 31일 '논문 작성이 끝나지 않았을까?' 하는 생각에 원장님께 문자를 보냈습니다. 평소 곧바로 답장을 주시던 원장님이 그날은 답장을 주시지 않았습니다. 이상하다고 생각하면서도 큰 의미를 부여하지는 않았습니다. 다음날인 2월 1일 저는 도저히 믿을 수 없는 소식을 듣게 되었습니다. 저녁 8시 반 휴대전화에 평소와 다르게 많은 부재중전화와 카톡 숫자가 표시된 것을 보면서 뭔가 불길한 느낌을 받았습니다. 그러나 원장님이 돌아가셨을 거라고는 전혀 생각하지 못했습니다. 그렇기 때문에 원장님이 돌아가셨다는 메시지를 확인하고서 받은 충격은 말로 표현할 수 없습니다. 서둘러 빈소로 가면서, 요새 같이 누구나 장수하는 시대에 왜 그분은 60세도 못 살고 가셔야 했는지 안타깝고 마음이 아팠습니다. 빈소에 도착했을 때 너무나도 환하게 웃고 있는 원장님의 영정사진이 저를 더욱 슬프게 했습니다. 유족들의 표정을 보면서는 '유족들은 어느 정도 마음의 준비를 했구나' 하는 느낌을 받았습니다. 유족들로부터 원장님이 2년여 전에 암 진단을 받았다는 말씀을 들었습니다. 그제야 그분이 그 좋아하던 술을 왜 끊으셨는지를 알 수 있었습니다. 그리고 제가 전날 원장님에게 보낸 문자가 여전히 읽히지 않은 채로 있다는 것도 알게 되었습니다.

그렇게 원장님을 보내드리고 나니 2015년 9월의 원장님 모습이 떠올랐습니다. 그렇게 야위고 늙어 보였던 데는 이유가 있었던 것입니다. 그날 유난히 빛나던 그분의 눈빛을 다시 생각해보았습니다. 그분은 내가 생각했던 것과 같이 좋은 자리 오퍼를 받고 미래를 준비한 것이 아니었습니다. 남은 시간이 많지 않음을 알았기에 끝내야 할 것을 모두 끝내야 한다는 의지를 품었고, 그 의지가 그런 눈빛으로 나타났던 게 아닐까 하는 생각이 들었습니다. 누구보다 책임감이 강한 원장님의 성격을 잘 알기에 이해가 되었습니다. 생의 마지막까지 몸을 던져가면서 논문 작업에 몰두하셔서 결국은 논문을 마무리하셨다는 말을 나중에 전해 듣고 다시 한 번 울컥했습니다. 그러면서 야속한 마음도 들었습니다. 원장님은 내가 참석한 모임에서 단 한 번도 아프다는 말씀을 하지 않으셨습니다. 눈치 없이 원장님께 왜 술을 안 드시냐고 생떼를 부린 적도 있습니다. 그깟 박사논문이 뭐길래 하는 생각이 들기도 했습니다. 남은 생에 좋아하는 운동이나 열심히 하고 즐기면서 사시지 하는 생각이 들었습니다. 그러나 벌여놓은 일을 마무리하지 못하고 가는 것은 당신 스스로 결코 용납하지 못했을 것이라는 생각으로 나 자신을 위로했습니다. 어쩌면 그분께서 그 논문을 마무리하는 과정에서 보다 큰 행복을 느꼈을 수도 있었겠다는 생각마저 들었습니다. 평소처럼 "내가 이걸 왜 시작해가지고 XX!" 하는 찰진 욕을 뱉으면서 말입니다.

원장님을 추모하는 이 글을 준비하면서 원장님은 나에게 참 많은 추억을 주고 떠나셨음을 알게 되었습니다. 원장님이 돌아가셨다는 소식을 들은 순간에는 믿을 수 없었고, 그 뒤에도 한동안 받아들이기 힘들었습니다. 워낙 갑작스럽게 돌아가셔서 그렇기도 하지만, 어쩌면 추억으로 여전히 우리와 함께 살고 계셔서 그런지도 모르겠습니다.

나는 경제정책국에서 근무하던 2007년 가을 어느 날 경제정책국 체육대회를 마치고 목욕탕에서 원장님을 우연히 만난 일이 있습니다. 당시 경제정책국장이었던 원장님의 절친 임종룡 금융위원장님이 "이분이 재경부 최고의 스트라이커이신 전설의 김익주 님이시다. 모두 와서 인사드려라" 하셔서 모두 목욕탕에서 어색한 복장으로 인사했던 기억이 납니다. 2년 후 국제금융국장으로 모시면서 업무에서는 매우 철저한 분이란 것을 알게 되었습니다. 원장님은 보고서의 내용뿐만 아니라 형식에까지도 엄격하셨습니다. 조금이라도 마음에 들지 않으면 날카로운 지적을 하고는 현장에서 바로 수정해주셨습니다. 그런데 생활에서는 은근히 허술한 데가 있었습니다. 비서가 사준 전동칫솔을 7개월 동안이나 수동으로 쓴 후에 "아 XX! 이거 전동칫솔이었어?"라고 외치시던 모습, 인터넷 PC에 새로 깐 프로그램은 전원을 끄면 모두 지워진다는 것을 모르고 "어떤 XX가 맨날 내가 깐 곰플레이어를 지워?"라고 고함치던 모습 등이 기억납니다. 원장님은 나에게 수시로 밥을 사주시면서 좋은 말씀도 많이 해주셨습니다. 그런데 밥을 사주시고 나서는 나를 스크린 골프장에 데리고 가서 탁월한 실력으로 밥값의 일부 또는 그 이상을 현금으로 회수해가셨습니다. 원장님을 통해 나는 '카드깡'의 원리를 쉽게 알 수 있었습니다.

원장님의 발인 날 나를 포함해 후배들은 시덥지 않은 농담으로 원장님을 보내드렸습니다. "원장님이 천당을 예약하신 것은 틀림없는데, 약간 언어순화가 필요하기 때문에 어학연수를 거쳐야 하실 것"이라고. 내가 원장님을 나중에 천국에서 뵙기 위해서는 앞으로 몇 배는 더 착하게 살아야 한다는 것을 알고 있습니다. 그때 원장님께서 천당의 규칙에는 어긋나겠지만 찰진 욕으로 저를 맞아주셨으면 좋겠습니다. "잘 왔다, 이 XX야!" 하고요. 원장님, 보고 싶습니다. 그리고 사랑합니다!

김익주 원장님께

이미숙 (기획재정부)

많이 망설였습니다. 원장님을 그리워하는 많은 사람들 중에서 과연 내가 추도문을 쓸 자격이 있을까, 쓴다 한들 내 마음을 솔직하게 잘 담아낼 수 있을까……. 자신이 없었습니다.

'기-승-전-원장님과의 추억'으로 끝나는 최근의 모든 술자리에서는 '그래 쓰자!'하고 용기를 냈다가 다음날 아침이면 '아, 못 쓰겠다!' 하는 상황을 여러 번 겪고 나서야 이렇게라도 하지 않으면 원장님에 대한 감사와 존경, 함께한 추억을 잊게 될지 모른다는 생각에 큰 용기를 내봅니다.

원장님, 혹시 기억하고 계셨는지요. 2009년 국제금융국장으로 계실 때 원장님은 모두가 존경하고 또 모두가 닮고 싶어하는 국장님이셨고, 저는 아무것도 모르는 국부운용과 소속 주무관이었습니다.

국회 기재위 소위원회 회의 중이었던 걸로 기억합니다. 국장님께 국회 대응용 통계자료를 만들어드리긴 했지만 아직 최신 통계로 업데이트해드리지는 못한 상태였습니다. 그 회의에서 왜 국회에서 가지고 있는 숫자와 기재부에서 말하는 숫자가 다르냐는 질문과 질타가 있었습니다. 당시 해당 업무 담당자였던 저는 배석해 있다가 다급한 마음에 벌떡 일어나서 제가 알고 있는 최신의 통계숫자를 이야기했습니다. 순간 회의장 분위기가 싸늘해졌고, 당시 그 회의장에 있던 한 선배는 저를 밖으로 불러내어 나무라셨습니다. 그제야 나는 그 자리는 내가 나서면 안 되는 자리였던 걸 알고 굉장히 의기소침해 있었습니다.

그렇게 회의가 끝난 뒤 국회의사당 1층 로비에서 원장님께서 저를 부르시더니 "괜찮다. 그렇게 풀죽어 있을 필요 없다. 이따 이태(당시 국부운용과장님)랑 좋은샘 식당으로 와라" 하셨죠. 식당으로 가는 택시 안에서 내가 계속 과장님께 "저 어떡해요. 큰일 났어요" 했던 기억이 납니다.

업무 담당자로서 원장님께 관련 자료를 미리 잘 챙겨드리지 못하고 국회에서 돌발행동을 한 데 대한 죄송함으로 식당에 가서도 금방이라도 울 것 같은 기분이었습니다. 그런데 고개를 숙이고 원장님 맞은편에 앉자 원장님께서는 저에게 간장게장 등딱지를 집어 주시면서 이렇게 말씀하셨죠.

"나는 아까 미숙이 네가 그렇게 나서줬을 때 얼마나 고마웠는지 모른다. 상대가 누구든 상관없이 그 사람이 잘못 알고 있고 네가 알고 있는 것에 확신이 있으면 눈치 보지 않고 말하는 게 중요하다. 이번 일로 주눅 들지 말고, 같은 상황이 오면 오늘처럼 행동해라."

원장님, 그날 정말 많이 감사했습니다.

지금 와서 생각해보니 유경화, 이지연 등과 만든 마라톤단을 핑계로 평일, 주말 가리지 않고 원장님을 참 많이도 귀찮게 했습니다. 명예감독을 맡아주시겠다는 말씀 한마디에 출정식을 해야 한다며 저녁모임을 만들고, 체력훈련이 필요하다며 등산 일정을 잡고, 실전 대회에 감독님이 빠지시면 되겠느냐고 고집하며 주말 마라톤 대회에도 참석하시게 하고……. 그때마다 원장님은 귀찮은 내색 없이 무조건 저희와 함께해주셨습니다.

마라톤단 출정식 때에는 무심하게 차 트렁크에서 고급 양주와 와인을 꺼내오셨고, 청계산 체력훈련 때에는 주행 중 호흡법이나 달리는 자세 등에 대해서는 한마디 언급도 없이 뜬금없이 싸움에서 상대를 이기는 방법을 가르쳐주셨지요.

언젠가는 분명 1시간가량 힘들게 달렸는데 다음날 몸무게를 재보니 마법처럼 2킬로쯤 불어나 있었지요. 전날 달리기를 하고 나서 '하이트광장'에서 가진 뒤풀이 탓이었는데, 거기서 저희가 '핫불닭'을 시키면서 원장님께서 좋아하시는 떡사리를 추가로 주문하니 원장님 얼굴에 참으로 흐뭇한 표정이 떠올랐던 게 기억납니다.

여의도에서 열린 마라톤 대회에 참가했다가 뒤풀이 하러 멀리 과천으로 이동할 때에는 원장님께서는 어디 들렀다가 가겠다면서 저희더러 먼저 가 있으라고 하셨던 적이 있습니다. 그때 저희는 고기를 먹자고 말씀드렸는데 원장님께서는 달리기 하고 나서 너무 무겁게 먹으면 안 된다며 고깃집으로는 가지 말라고 하셨죠. 그런데 과천에 도착한 저희는 원장님께서 오시기 전에 고깃집에 가서 얼른 삼겹살을 먹고는 자리를 옮겼고, 좀 늦게 도착한 원장님께는 고기를 안 먹은 척했던 거 그동안 모르고 계셨겠죠.

어느 한 순간 즐겁지 않은 적이 없었습니다. 요즘도 날씨가 좋으면 원장님과 같이 달리던 그때가 부쩍 생각납니다.

원장님을 보내드리던 날. 마지막으로 인사 한 번 더 드리고 싶어 발인 시간에 맞춰 아침 일찍 다시 찾아간 빈소에서 사모님께서 저희에게 말씀하셨습니다.

"밥 잘 먹고 잘 자고 잘 지내면서 아주 가끔씩만 익주 씨 생각해주라고. 익주 씨도 그걸 더 좋아하실 거야."

저희는 사모님 말씀처럼 밥 잘 먹고 잠도 잘 자고 잘 지내고 있습니다.

그래도 아직은 원장님을 생각하면 가슴이 먹먹해지고 코끝이 찡해지는 건 어쩔 수 없습니다.

원장님, 참 많이 그립습니다. 조만간 인사 드리러 갈게요.

김익주 원장님, 그립습니다

유경화 (기획재정부)

“어, 왔냐? 앉아라.”

무심한 듯 상남자처럼 하지만 애정이 담긴 목소리로, 제가 찾아뵐 때마다 원장님이 하시던 말씀입니다. 2017년 2월 1일 이후로 다시는 들을 수 없지만 너무도 다시 듣고 싶은 말입니다. 원장님을 따르고 존경하는 많은 사람들이 그랬듯이 저도 인생에서 큰 결정을 했을 때 내가 한 결정이 맞는지, 내가 바른 길을 가고 있는지 알고 싶어 원장님을 찾아뵙고 고민상담을 했습니다. 그때마다 원장님은 제가 내린 어떤 결정이든 잘했다고, 잘될 거라고 격려해주셨는데, 들으면 한없이 든든해지는 그 격려의 말씀을 듣고 싶어서 매번 원장님을 찾아뵀던 것 같습니다.

원장님이 기획재정부 국제금융국 국장님으로 계시는 동안 참 많은 사람들이 원장님을 따랐습니다. 저는 그때 원장님을 처음 뵙게 되었습니다. 언젠가 저는 같은 과 사람들에게 이렇게 이야기한 적이 있습니다. “국장님이 딱히 저한테 특별히 잘해주시는 건 없는 것 같은데 왜 저는 국장님이 그냥 엄청 좋죠?” 이랬더니 누군가가 “국장님은 우리에게 욕을 주시잖아”, 이렇게 우스갯소리로 대답했던 기억이 납니다. 원장님은 겉으로는 무뚝뚝하고 무심한 척하시지만 속 깊은 정으로 정말 직원들 한 명 한 명을 알뜰히 챙겨주시고 배려해주셨습니다. 요즘말로 츤데레 스타일이었던 거죠. 그리고 걸쭉한, 촌철살인 같은 욕은 원장님의 매력 포인트였습니다. 어떤 사람에게 상처를 주기 위한 욕이 아니라 어떤 상황에 대한 놀라울 정도로 날카로운 비판과 풍자인 경우가 많았습니다. 그래서 많은 사람들이 원장님의 욕을 들으며 함께 웃으면서 즐거워했습니다.

2012년경 원장님이 국제금융국장을 지낸 후 FTA 본부장으로 계실 때 저를 포함해서 몇몇 원장님을 따르는 사람들이 마라톤단을 급조해서 원장님께 마라톤단 감독을 맡아달라고 졸랐습니다. 대부분 저질체력이고 운동과는 거리가 멀어서 처음에는 5km 완주가 목표였는데, 원장님이 감독을 맡아주시면 왠지 욕을 먹고 등을 떠밀려서라도 그 정도는 완주하게 될 것 같았기 때문입니다. 이렇게 말도 안 되는 아마추어 마라톤단이었지만 창단식이며 체력훈련을 위한 등산이며 할 건 다했는데, 원장님은 관심 없는 척하면서도 못 이기는 체하며 한 번도 빠지지 않고 마라톤단 모임에 참석해주셨습니다. 그리고 우리가 마라톤단 모임을 가질 때마다 본인이 가지고 계시던 비싼 술도 아낌없이 제공해주시고 맛있는 음식도 많이 사주셨구요.

마라톤단 창단 이후로 저는 계속 원장님을 감독님으로만 불렀습니다. 남들이 다들 부르는 호칭보다는 뭔가 더 특별한 호칭으로 부르면서 원장님과 더 친해지고 싶었기 때문입니다. 얼토당토않게 어설픈 마라톤단이었지만 5km를 1번, 10km도 2번이나 같이 완주하고, 같이 등산도 하고, 같이 야구장에도 가고……, 참 많은 것을 함께 했습니다. 마라톤단이 처음으로 10km 마라톤대회에 나갔던 날, 원장님은 저에게 "그냥 쉬엄쉬엄 걷는 것처럼 뛰면 된다"고 조언해주시면서 본인도 정말 천천히 함께 뛰시면서 계속 마라톤단원들을 챙겨주셨습니다. 그날은 정말 원장님 덕분에 저를 포함해서 모든 마라톤단원들이 10km 완주에 성공한 뜻깊은 날이었습니다.

원장님과 같이 등산을 갔을 때는 원장님이 얼마나 다람쥐처럼 산을 빠르게 오르시는지 따라가는 저희는 태릉선수촌 훈련을 받는 느낌이었습니다. 원장님은 늘 저만치 먼저 올라가서는 엄청 지루한 표정을 지으시며, 허덕이며 뒤따라 올라가는 저희를 기다리곤 하셨죠. 2시간 정도 등산에 간식은 지리산 종주급으로 싸오고, 산을 올라가는 시간보다 쉬면서 간식 먹는 시간이 더 긴 저희를 보시며 원장님은 '이런 애들은 처음이야. 앞으로 절대 같이 등산은 안 하겠어'라고 생각하는 것 같은 복잡한 표정을 지으셨습니다. 원장님은 등산을 하면서 저희에게 싸움의 기술도 알려주셨습니다. 어렸을 때 싸움을 정말 잘하셨을 것 같은 아우라를 표출하시며 경험에서 우러나온 듯한 조언을 해주셨습니다. "싸움에 이기기 위해서는 무조건 높은 곳을 먼저 점령하고 밑에서 올라오는 적을 기다리고 있어야 한다"고. 저는 원장님이 알려주신 싸움의 기술이 비단 싸움뿐만 아니라 인생의 모든 도전과제에 적용할 수 있는 가장 기본적이며 최고의 기술이라고 생각합니다.

원장님은 후배들에게 맛있는 음식도 많이 사주셨습니다. 정말 맛있는 것만 골라서 사주셨습니다. 고급 이탈리안 레스토랑부터 허름한 갈빗집까지. '수요미식회'라는 텔레비전 프로그램이 시작되기도 전에 저희는 미식가인 원장님 덕분에 서울에서 웬만한 숨은 맛집은 다 가본 것 같네요. 원장님은 식당에 가면 "뭐 먹을래?"라고 물어보시는 법이 없이 일단 메뉴판을 먼저 보시고 맛있는 것들만 골라 '정말 많이' 시켜주십니다. 그리고 계속 더 먹으라고 하십니다. 원장님도 음식을 정말 많이 드셨는데, 평소에 축구나 달리기 등 운동을 많이 하셔서 늘 체형을 유지하셨습니다. 하지만 딱히 하는 운동 없이, 맛있는 거 사주시는 원장님을 따라다니며 밥만 많이 먹다가 살찐 직원들이 많습니다. 커피에는 무조건 시럽을 2번 이상 펌핑하시고, 해외출장을 다녀올 때마다 제가 선물로 드린 고디바 초콜릿을 유난히 좋아하셨습니다. 그만큼 원장님은 상남자 이미지와 맞지 않게 달달한 것을 좋아하셨지요.

원장님은 영화와 드라마도 많이 보시는 감성적인 분이었습니다. 2016년 초 '응답하라 1988'이 방영되고 있을 때 국제금융센터로 원장님을 찾아뵌 적이 있습니다. 정팔이의 피앙세 반지의 행방은 어떻게 되었는지, 왜 덕선이는 정팔이가 아니라 느닷없이 택이랑 사랑이 이루어진 건지, 원장님과 함께 분노하면서 이야기하던 기억이 납니다. 몇 년간 본 드라마 중에서 최고의 드라마는 '뿌리 깊은 나무'라고 하신 원장님과 꼭 같이 드라마 '도깨비'에 대해 이야기해보고 싶었는데……. 왠지 배우 공유에 대해 기생오래비 같이 생긴 놈이라고, 얼굴 잘생겼다고, 그런 남자 좋아하면 인생 힘들어진다고 말씀하셨을 것 같다는 생각이 드네요.

이렇게 함께한 추억들이 생생한데 원장님이 더 이상 안 계시다는 사실이 생경하기만 합니다. 더 큰 일을 하셔야 할 훌륭한 분이어서 따르는 사람들 모두 원장님이 정부 요직 인사의 하마평에 오를 때마다 간절히 원장님이 더 높은 자리로 가서 나라를 위해 실력을 발휘하시길 바랐는데…….

인디언의 속담 중에 이런 말이 있다고 합니다. "내가 태어날 때 나만 울고 다른 사람들은 모두 웃었는데, 내가 죽을 때는 나만 웃고 다른 사람들은 모두 울게 하라." 원장님의 빈소가 바로 그런 자리였습니다. 영정사진

속에서 활짝 웃고 계시는 원장님 앞에서 많은 사람들이 비통하게 눈물을 흘렸습니다. 특히 태어나서 3번만 운다고 하는 남자들이 원장님 빈소에서는 그렇게 많이 울었습니다. 원장님은 저에게 무척 존경하는 인생의 스승이시지만, 빈소에는 저보다 훨씬 오랜 세월을 원장님과 함께 보낸 친구와 선후배들이 와있었습니다. 저와는 비교가 안 될 만큼 깊은 슬픔과 허망함에 젖어있는 그분들을 보면서 저는 사실 맘껏 슬퍼하기도 죄송한 마음이었습니다. 원장님을 기억하는 모두의 마음속에 원장님은 막연히 고맙고 한없이 그리운 사람일 것 같습니다. 저로서는, 물론 원장님의 발끝에도 못 미치겠지만, 원장님께 받았던 사랑과 배려를 동료와 후배들에게 베푸는 것이야말로 원장님을 아름답게 추억하고 원장님의 사랑에 보답하는 길이라고 생각합니다.

마지막으로 원장님께 말씀드리고 싶습니다. "감독님, 마라톤단 감독님이 되어주셔서 마라톤단 단원들은 너무나 행복하고 감사했습니다! 특히 유경화, 이미숙, 이지연이요."

그립습니다! 김 원장님

송재근 (생명보험협회 전무)

편안히 계시지요? 생명보험협회 송재근입니다. 제가 금융위를 떠나 작년 8월에 이곳에 정착했으니 벌써 7개월째 접어드네요.

원장님께서 세상을 뜨신 것도 엊그제 같은데 시간이 훌쩍 지나가 버렸네요. 세월 참 빨리 지나가는 것 같습니다. 원장님과의 추억은 많지 않지만, 마음속에 있는 작은 추억이라도 잊힐까 두려워 몇 자 남기려 합니다.

요즘 저는 한 가지 후회되는 게 있습니다. 왜 다른 사람의 마음을 읽지 못하고 살아왔을까. 오직 내 기준으로 생각하고 판단하면서 살다 보니 중요하고 꼭 해야만 하는 것을 놓치곤 한다는 것을 반성하면서 오늘도 하루를 보내고 있습니다. 왜 후회하는지 이유는 말미에 적도록 하겠습니다.

원장님과의 만남은 제가 1988년 7월 재무부에 들어가고 나서입니다. 업무로 대면했다기보다는 축구로 원장님과 처음 인연을 맺었습니다. 원장님은 워낙 축구에 천재성이 있어서 거의 초보에 가까운 저로서는 범접하기 어려운 상대였으나, 특유의 쾌활한 성격과 화려한 축구기술로 축구회를 이끌고 계셔서 부담 없이 한수를 배울 수 있었습니다.

이후 저는 기술은 없지만 주전으로 근근이 활동하면서 이재국 우승멤버도 돼보았고, 축구라는 울타리 안에서 정열을 불사르면서도 나름 '양지'로 분류되는 과로 스카웃되는 영광도 맛보았습니다. 이 자리를 빌려 원장님께 감사의 말씀을 드립니다.

그 당시 축구로 맺어진 인연으로 주말이면 전국을 다니면서 각 지역의 내로라하는 축구동호회와 시합을 하고, 저녁 때면 소주 한잔 기울이면서 경제를 논하고 금융을 논하던 모습이 눈에 선합니다.

스키장에서의 일화도 기억나시죠? 박모 이사님의 지도 아래 콘도 방에서 술 한잔 걸치고 단체로 모여 스키를 배웠죠. 특히 쓰러졌을 때 일어나는 방법이 제일 중요하다고 해서 넘어졌다가 일어나는 동작을 반복하던 모습이 새삼 떠오르네요. 원장님은 스키장에서 내려올 때 에이(A) 자가 잘 안 돼 브레이크가 안 걸려서 무서운 직진 하강의 '실력'을 보여주셨죠.

과천에서 저녁모임을 할 때면 단골집인 닭도리탕 전문 소나무집에서 만나 '낑겨 먹기'를 하면서 원장님이 웃으시던 모습도 추억이 됐네요. 가끔 돈을 다 털리면 뒷자리에 앉아 낑겨 먹기의 대가 이모 감사님한테 개평을 뜯어내서 다시 들어가보지만, 얼마 못 가 돈이 다시 바닥나곤 했죠.

그 당시는 야근을 밥 먹듯 하면서 항상 피곤에 절어 있는 시절이었는데 만나기만 하면 즐거웠죠. 서로의 마음을 너무 잘 알고 형제간처럼 지내다 보니 즐거움이 더욱 크지 않았나 싶습니다. 지금 생각해도 얼마 전의 일처럼 느껴지는데 벌써 20년쯤 지난 것 같고요. 원장님께서 이제는 곁에 계시지 않다고 생각하니 지나온 세월의 흐름이 더 서글퍼지는 것 같습니다.

그 시절을 회상하면서 글을 쓰고 있노라니 원장님의 빙그레 웃는 모습이 자꾸 눈앞에 아른거리네요.

원장님의 삶은 항상 남을 배려하고 자기 이익보다는 선후배, 특히 후배를 먼저 생각하고 챙기시면서 사는 인생의 본보기였습니다. 그런 모습을 이제는 더 이상 볼 수 없다고 생각하니 더없는 슬픔이 몰려오지만, 원장님과의 인연을 가슴속에 깊이 묻고 항상 감사하면서 살겠습니다.

저희들과의 좋은 추억을 잊지 말아 주십시오. 저희 이오회 회원들도 원장님과의 30여 년 추억을 결코 잊지 못할 것입니다. 지상에서의 모든 지나온 일들을 함께 해주셔서 고맙고 행복했습니다. 혹시 여기에서 못 다 한 일이 있다면 천국에서 꽃길과 잔디밭을 걸으시면서 시간에 쫓기지 말고 건강한 모습으로 원 없이 다 하시면서 모든 일을 즐기시기 바랍니다.

마지막으로, 모두에 제가 후회되는 일이 있다고 했는데요. 다름 아니고 제가 마음에 걸리는 게 있어서입니다.

2016년 9월쯤 제가 전화해서 저녁 한번 하자고 여쭈었는데 원장님께서 "요즘은 저녁을 바깥에서 잘 안 하니까 나중에 운동이나 한번 합시다" 라고 말씀하셨죠. 그 뒤에 다른 분과 11월 운동 날짜를 잡아놓고 합류가 가능한지 여쭤봤는데 안 된다는 연락을 받았습니다. 그래서 요즘 운동 일정이 꽉 찬 모양이라고 생각하고 꽃 피는 춘삼월에나 한번 모셔야겠다고 작정했는데 그럴 기회를 영영 놓쳐버렸습니다. 좋아하시는 운동 한번 모셨어야 하는데 마음의 짐으로 남아버렸습니다.

원장님! 존경하고 사랑합니다. 원장님을 사랑하는 사람들이 넘치겠지만 저와 이오회 회원들에게도 간간이 눈길을 돌려주시고, 영정사진에서 뵈었던 웃는 모습 그대로 편안하게 쉬십시오.

원장님과 함께한 시간들, 정말 행복했습니다. 다시 한 번 감사드립니다.

타인에게 불평 한마디 없이 일하던 모습

정규돈 (국제금융센터 원장)

고인은 우리의 곁을 떠나시기 전까지 우리에게 어디가 아프다고 말씀하시지 않았다. 심지어 직계가족 외에는 형제남매에게도 말씀하시지 않았다고 들었다. 고인이 떠나시기 약 2달 전인 2016년 11월 중순에 저녁을 같이 먹을 때에 같이 있었던 분이 고인에게 박사학위 논문 심사 결과를 물었다. 최종심사를 통과하였다는 대답이 나왔다. 당시 나는 선배님이 이제부터 대학에도 나가시고 본격적인 활동을 하시겠구나 생각했기에 2달 뒤에 받은 선배님 부고를 믿을 수가 없었다.

고인은 나의 대학 2년 선배이자 공직의 선배인데, 선배님이 2005년경 재정경제부에서 외국환평형기금을 담당하는 과장으로 계실 때 기획예산처 기금운용과장이었던 나와 업무협조를 많이 하면서부터 교류를 자주 하게 되었다. 선배님은 본인이 외국환평형기금을 담당하기 전에 발생한 역외선물환 거래 적자 문제로 국회 등으로부터 압박을 받았으나 타인에게 불평 한마디 없이 일하는 남다른 모습을 보여주셨다.

2008년 재정경제부와 기획예산처가 기획재정부로 통합된 뒤로 나는 선배님과 같은 국에서 근무하지는 않았으나 선배님을 공직 및 인생의 멘

토로 여기며 사무실에서 자주 만나 대화를 나누었다.

특히 나는 2010~11년 통계청 경제통계국장으로 일하던 시절에 매달 기획재정부에 가서 산업활동 동향을 발표한 다음 선배님과 대화를 나누었고, 그때 선배님은 어디에서나 자기 역할을 다하면 당장 보상이 돌아오지 않더라도 업무의 성과는 없어지는 것이 아님을 늘 깨우쳐주셨다.

내가 기획재정부 본부 국장으로 복귀한 2013년부터는 기획재정부가 세종시에 있는 탓에 서울에 있는 국제금융센터에 원장으로 계시는 선배님과 서로 멀어졌으나, 서울 사무실에 찾아갈 때마다 후배를 언제나 따뜻하게 맞아주셨던 것을 잊을 수가 없다. 2016년 5월 국제금융센터 8대 원장으로 내정된 후배에게 잘됐다고 하면서 격려해주셨다.

고인은 국제금융센터를 맡은 2013년 6월부터 2016년 5월까지 이 센터가 국제 금융위험 감시 기능을 훌륭히 수행하도록 하기 위해 365일 24시간 상황점검을 위한 근무 시스템을 확립하고 체계적이고 심층적인 상황분석을 위한 협업 및 통합문서정보 시스템을 설치하여 운영하는 등 많은 일을 하셨다. 그 덕분에 센터의 업무가 훨씬 더 효율적이고 효과적이게 됐다.

이제는 선배님을 다시 만나 대화를 나눌 수 없다. 그러나 나는 늘 고인을 추모하면서 고인이 돌아가시기 직전까지 남들에게 폐를 끼치지 않고 하나라도 도움이 되고자 했던 숭고한 뜻을 이어받고자 한다. 그리고 무엇보다도 고인이 돌아가시기 직전에 근무했던 국제금융센터의 원장으로서의 직무를 부끄럼 없이 훌륭히 마무리하기 위해 고인이 가르쳐주신 지혜와 용기를 잃지 말아야 하겠다고 다시 한번 다짐해본다.

선배님 편히 잠드소서.

직원들 마음속에 살아계신 원장님

강봉주 (국제금융센터)

존경해마지 않는 김익주 원장님을 더 이상 뵙지 못한다는 사실이 아직 믿어지지 않습니다. 하지만 원장님께 마지막으로 인사를 드리고자 이렇게 펜을 듭니다.

지금도 환한 미소를 얼굴에 가득 머금으시고 의자에 앉아 계시다가 일어나면서 "어 그래 들어와, 들어와"라고 말씀하실 것 같은 생각이 듭니다. 원장님은 속어를 즐겨 쓰셨지만 그것이 듣는 상대방을 대상으로 한 게 아니었기에 기분을 나쁘게 하기는커녕 친근감을 갖게 했습니다. 지금도 원장님을 생각하면 그런 표정과 속어의 톤이 자연스레 떠오릅니다. 이제는 뵙고 싶어도 만날 수 없게 되었지만, 원장님을 따르던 직원들 각자의 마음속에 자리 잡고 계실 것이라고 생각하니 그나마 위안이 되는 것 같습니다.

원장님께서는 오랜 공직생활을 뒤로 하시고 저희 센터에 오셔서 3년밖에 안 계셨지만 직원들에게 단지 직장의 '상사'에 그치지 않고 끊임없이 자기계발을 해나가도록 격려해주는 '멘토'였습니다. 보고서를 들고 결재를 받으러 원장실에 들어가면 항상 미소를 지어주셨고, 결재를 하면서 "야, 처음보다 많이 나아졌다. 잘했어"라고 동기부여해주셨습니다. 그 한마디는 저희에게 센터 생활을 잘 해나가도록 힘이 되고 발전의 원동력이 되었습니다. 이제는 그 미소를 사진 속에서만 볼 수 있게 됐구나 하는 상실감에 장례식장에서 한참을 우두커니 서 있을 수밖에 없었습니다.

원장님께서 저희 직원들에게 끊임없는 자기계발의 정신을 항상 말씀하신 것은 당신 자신의 내적 엄격함과 노력을 바탕으로 한 것임을 저희도 모르지 않습니다. 말하기는 쉬워도 실천하기는 어려운 솔선수범의 모습을 원장님은 보여주셨습니다. 개인적인 경험을 말씀드리자면, 원장님은 퇴임하신 후에도 박사논문을 쓰기 위해 끊임없이 정진하면서 타이핑 등 본인이 당장 해결하기 어려운 사소한 부분에 대해 저에게 업무외 시간에 도움을 요청하셨습니다. 박사논문 작성 과정에서 젊은 사람도 어려움을 겪을 수밖에 없는 통계와 계량분석 관련 내용을 원장님께서 연필로 빼곡히 적어놓고 곳곳에 수정을 가한 노트를 보고는 개인적으로 많은 자극을 받았습니다. 게다가 그런 노력이 몸이 예전 같지 않은 상황에서 이루어진 것임을 돌아가신 뒤에야 알게 되었을 때 자기계발 정신에 투철했던 원장님에 대해 존경하는 마음을 금할 길이 없었습니다.

원장님과 함께했던 추억들이 아직도 저희 마음속에 생생히 남아있습니다. 원장님께서는 특히 격의 없는 모습을 많이 보여주셨습니다. 야유회 축구경기 때 드리블하시던 장면, 직원 간담회 자리에서 "피자 먹으면서 이야기해"라며 편하게 대해주시던 모습, 회사 주변을 규칙적으로 꾸준히 산보하시던 모습, 아버지 상을 치르고 인사드리러 간 저에게 "나이 들면 나도 그렇고 누구나 다 아버지를 보내드리는 거야. 기운 내"라고 말씀해주시던 장면, 자본유출입 3종세트 공부를 많이 해놓으라며 A4 뭉치를 주시면서 "내가 만일 은퇴하면 나 대신 네가 이걸 해야 하니 미리 잘 알아놔야지"라고 말씀하시던 모습 등, 돌이켜보면 정말 그리운 시간들입니다. 원장님과 함께했던 그 순간들이 말이죠. 그 모두가 소중한 추억이고, 원장님께서 남겨주신 소중한 가르침입니다.

원장님, 저는 아직도 원장님이 왜 이리 일찍 저희 곁을 떠나셨는지 이해할 수 없고 받아들이기도 힘들지만, 원장님께서 저희 곁을 떠나기 직전까지 보여주신 자기계발의 의미를 가슴속 깊이 간직하고 실천하며 살도록 하겠습니다. 앞으로 원장님의 음성과 모습을 직접 듣고 보지는 못하겠지만, 원장님을 떠올리면 많이 슬플 것 같습니다.

추도문을 작성하는 지금 이 순간까지 한 가지 아쉬운 것은, 마지막으로 얼굴을 뵈었던 작년 12월 초 이후로 제가 먼저 연락을 드리지 못했다는 점입니다. 가끔 타이핑이나 컴퓨터 문제 때문에 YWCA 사무실로 찾아뵐 때에도 원장님께서 재직시절보다 약간 여위었다는 것 외에는 아무것도 느끼지 못했던 제가 너무 무감각했다는 자책을 하게 됩니다. 컴퓨터와 관련한 사소한 것들을 조금 도와드렸을 뿐인데 "고마워. 덕분에 논문 완료했다. 내가 진짜 맛있는 밥 사줄게"라고 하신 것이 제가 기억하는 원장님의 마지막 모습이 되었다는 것이 너무 안타깝습니다.

원장님, 그간 너무 감사했습니다. 그리고 저희 직원들에게 언제나 좋은 모습 보여주셔서 고맙습니다. 저희 모두 원장님을 마음속 깊이 간직하고 살아가도록 하겠습니다. 가끔씩 저희의 추억 속에서 원장님을 뵐게요. 그때도 환하게 웃어주시겠지요. 원장님께서도 그곳에서 편히 쉬시길 진심을 담아 기원합니다.

국제금융 전문가가 되는 길

김성택 (국제금융센터 전략기획실장)

너무나 갑작스러운 부고였습니다. 누구보다도 엄격하게 자기관리를 해오셨기에 충격일 수밖에 없었습니다. 고인의 삶에 누를 끼치지 않을까 하는 염려도 컸습니다만, 고인이 국제금융센터에서 보내신 3년간의 발자취를 회상하는 것이 유가족과 선후배 분들께 작은 위로라도 되기를 바라면서 서툰 글이나마 영전에 올리게 되었습니다.

국제금융센터는 국제금융시장에 대한 24시간 모니터링과 선제적인 위기경보를 통해 외환위기의 재발을 방지하기 위해 설립되었습니다. 2005년 고인께서 국제금융과장으로 부임하신 때부터 고인과 인연을 맺게 되었던 것 같습니다. 자주 뵙지는 못했습니다만, 빈틈없이 업무를 처리하시면서도 넉넉하고 선한 웃음과 함께 애정 어린 조언을 해주시던 모습을 잊을 수가 없습니다.

고인이 2013년 6월에 저희 센터의 제7대 원장으로 부임하셨을 때 많이 놀랐습니다. 국제금융 전문가로서 더 중요한 공직에서 봉사하시게 될 줄 알았기 때문입니다. 공직생활을 마감하시면서 회한도 많으셨을 겁니다. 그럼에도 불구하고 부임하신 이후의 행보에는 한 치의 흔들림도 없으셨습니다. 조직의 사업계획과 발전방안을 멋지게 만드는 것도 중요하지만 각 개인들이 깊은 맛을 가진 뚝배기와 같은 존재로 성장해야만 조직도 발전할 수 있다면서 강조하셨던 점들을 떠올려 봅니다.

먼저, '기본에 충실해야 된다'는 것이었습니다. 호랑이가 토끼를 잡을 때에도 최선을 다하는 것처럼 24시간 모니터링 및 비상대기 체제를 빈틈없이 유지해서 늘 새로운 형태로 찾아오는 금융위기에 대한 선제적 대응에 최선을 다해야 한다는 것입니다. 미국 금리인상, 차이나 리스크, 북한 핵실험 등으로 금융시장이 불안해질 때마다 적시성 있는 보고서 생산 등을 통해 정부대응을 신속하게 지원할 수 있었던 것은 고인의 지휘 아래 국제금융센터가 주말과 공휴일에도 직원들이 순환근무하면서 24시간 시장감시라는 본연의 기능에 충실했기 때문입니다.

두 번째로 자주 말씀하셨던 것은 '소통'이었습니다. 나무 한 그루가 아무리 높고 크더라도 혼자서는 숲을 이룰 수 없는 것처럼 조직이 발전하기 위해서는 구성원들 간의 조화로운 어울림이 필요하다는 것이었습니다. 통합자료시스템(ECM) 운영, '브라운백 미팅' 활성화 등을 통해 조직 내 벽을 허물고 정보교류 및 협업 분위기를 촉진하기 위해 노력하셨습니다. 또한, 담당업무에 매몰되어 보다 넓고 깊게 시장을 보지 못하는 협량한 전문가가 되어서는 안 되기 때문에 보직순환 등을 통해 다른 분야의 지식과 정보를 습득할 수 있는 기회도 늘려야 한다고 강조하셨습니다. 예컨대 외환전문가가 되려면 외환시장만 10년간 분석하는 것이 아니라 주식시장, 채권시장 등 다른 시장에도 정통해야 한다는 것입니다. 정보와 지식의 교류, 보직순환의 활성화를 통한 소통의 확대야말로 건강한 조직의 초석임을 확신을 갖고 말씀하시던 모습이 아직도 눈에 선합니다.

세 번째로는 '자기계발'의 중요성입니다. "국제금융센터는 일하면서 공부할 수 있는 직장"이라는 말씀은 전 직원이 기억할 것입니다. 국내외 교육연수나 해외출장 등을 통해 시시각각으로 급변하는 국제금융시장의 상황을 신속하게 파악해야 한다고 늘 독려해주셨습니다.

센터의 발전을 위한 밑그림을 그리고 센터의 미래를 준비하는 일에도 게을리하지 않으셨습니다. 국제금융시장에 대한 모니터링과 분석은 어느 정도 궤도에 진입했다고 평가하면서 다음 단계로 컨트리리스크 모니터링 체계를 확충해야 한다고 방향을 제시해주셨습니다. 국제금융시장 및 컨트리리스크 모니터링을 종과 횡으로 연계하면 국제금융시장의 위험요인들을 좀 더 촘촘한 그물망으로 감시할 수 있기 때문에 조기경보 기능이 향상되는 것은 당연한 결과일 것입니다. 거시경제금융회의 상시 참석 등을 통해 국제금융센터의 대외적 위상이 높아진 것도 이러한 노력이 있었기에 가능했던 것으로 판단됩니다.

부임 다음 해의 언젠가부터 고인이 직원들과의 소통에 소극적으로 변해가신다는 느낌을 받았습니다. 부고를 받고 나서야 몹쓸 병이 그 이유였음을 알게 되었습니다. 그전에는 말씀하신 부분에 부응하지 못하는 저희에게 실망을 하신 탓이라고만 생각했습니다. 좀 더 세심하게 모시지 못한 점은 두고두고 후회로 남을 것 같습니다. 늘 강조하신 '기본에의 충실', '소통', '자기계발'의 가치를 놓치지 않으면서 국제금융시장의 최전선에서 나라를 지킨다는 자부심을 갖고 업무에 한층 더 충실한 것만이, 진정한 국제금융 전문가가 되는 것만이 고인의 유지를 받드는 길일 것입니다.

국제금융센터에서 보내신 3년 동안의 모습을 부분적으로나마 글로 재현한 것이 고인을 기억하는 많은 분들께 위로가 될 수 있기를 바라면서 이만 마칠까 합니다. 다시 한 번 김익주 원장님의 명복을 빕니다.

닮고 싶었던 고 김익주 원장님

김효진 (국제금융센터 금융시장실 과장)

추운 겨울이 유난히 길게 느껴졌던 지난 2월 1일 김익주 전 원장님의 비보를 들었습니다. 전혀 예상치 못한 충격적인 소식에 마음이 상실감과 슬픔으로 가득 차는 동안 머릿속엔 원장님과의 추억이 하나 둘 스쳤습니다. 왜 이토록 훌륭하신 분을 하늘은 일찍 데려간 걸까. 납득할 수 없는 생사의 이치에 반항심마저 들었습니다.

저는 사회 초년생이었던 2013년에 김익주 원장님을 처음 뵈었습니다. 무엇이 바람직한 '조직의 수장'의 모습인가에 대한 고민도 기준도 없었던 당시에 저는 고인에게서 이상적인 상사의 전형을 보았습니다. 기획재정부 고위직을 두루 거친 데서 뿜어져 나오는 카리스마가 젊은 직원들을 대하실 때에는 한없는 부드러움으로 바뀌었고, 번득이는 통찰력 뒤에서는 어쩐지 정겨움이 묻어났습니다. 고인이 보시기에 한없이 부족했을 서툰 보고서에도 시원스럽게 "자알~ 썼다"고 한마디해주실 때면 원장실을 나오며 두 주먹을 꽉 쥐며 '다음엔 더 잘 써야지'하고 굳은 다짐을 했습니다. 필요한 순간에는 대의를 위해 누구도 거스르지 못하도록 단호한 결단력을 보이면서도 부족한 이들에겐 칭찬과 격려로 잠재력을 끌어올릴 기회를 주셨고, 또한 기다려주셨습니다. 센터 원장으로서 센터 밖 그 누구의 말보다 직원들의 말을 신뢰해주셨고, 그와 동시에 긴장의 끈을 놓지 않도록 직원들을 독려하셨습니다. 큰 결정을 말씀하실 때에는 센터의 미래에 대한 깊은 고민과 마음씀이 느껴졌습니다. 또한 말단 직원인 저에게까지 자기 공치사가 없으셨습니다. 돌이켜보니 고인에게서 자주 들은 말 중 하나가 "나한테 고마워하지 마"였습니다.

제가 입사 첫 해에 'S&P 세미나' 행사를 준비하다가 큰 실수를 한 적이 있었습니다. 행사장에 보도자료 출력물을 구비해놓지 않아 문제가 생겼던 것입니다. 흥분한 일부 기자들이 개회사를 하기 위해 행사장에 도착한 원장님에게까지 항의하였고, 저는 너무 당황하여 어쩔 줄 몰랐습니다. 센터가 정부 관련 업무를 많이 수행하는 만큼 기자들에게 좋은 인상을 주는 것이 정말 중요했고 이를 누구보다 잘 알고 계셨을 고인은 그저 기자들을 달래며 출력물을 서둘러 가져오라고 지시한 것 외에는 저에게 아무 말씀도 없으셨습니다. 서툰 일처리로 한마디쯤 혼을 내도 전혀 이상할 것이 없는 상황이었음에도 고인은 오히려 문제를 수습하고 저의 실수를 덮어주셨습니다. 긴장이 풀리고 나서 원장님께 죄송스럽고 감사한 마음에 화장실에 가서 펑펑 울었던 기억이 납니다. 항상 작은 실수는 눈감아주면서 당사자가 스스로 잘못을 바로잡고 성장할 수 있도록 지켜봐주셨습니다. 고인의 이런 배려는 임기 내내 지속됐고, 원장님과 직원들 간의 신뢰는 갈수록 견고해졌습니다.

위선이나 겉치레를 싫어하고 진솔함과 소박함을 추구하신 고인은 저에게 상사이기 전에 인간적으로 존경하고 좋아할 수밖에 없는 분이었습니다. 누구나 살아가면서 잃기 쉬운 인간다움을 마지막 순간까지도 고이 지키고 사신 분……. 장례식장에서 나이 많은 기재부 후배들까지도 어린아이처럼 목 놓아 울게 만든 고인의 유덕이 가슴을 먹먹하게 합니다. 옅은 미소를 띤 고인의 영정사진과 조문객들의 눈물, 유가족의 슬픈 눈길과 손짓들을 차례로 지켜보며 다시 한 번 서둘러 끝나버린 짧은 생에 대한 안타까움이 마음속에 사무쳤습니다. 유가족 분들의 두 손을 부여잡고 생전 원장님은 정말 훌륭하고 멋진 분이었다고 말씀드리지 못한 점이 못내 아쉽습니다.

장례절차가 마무리된 후 고인의 삶과 죽음을 대하던 태도를 돌이켜보았습니다. 아집에 사로잡혀 나와 다른 삶의 방식에 좀처럼 공감하지 못하는 저조차 그분의 마지막 모습에는 숙연해질 수밖에 없었습니다. 늘 늦은 시간까지 회사에 남아 일에 남다른 열정을 쏟았던 고인이 그때 이미 암투병 중이었다는 사실을 저희는 알 턱이 없었습니다. 센터의 인사이동, 업무정비에서 과감한 조직개편까지, 고인이 자신의 건강이 악화되는 가운데서도 얼마나 센터를 위해 애쓰셨는지, 평소 늘 강조하셨던 사회적 책임 앞에 떳떳하기 위해 얼마나 노력하셨는지를 뒤늦게 알았습니다. 나는 과연 고인처럼 마지막 순간까지 치열할 수 있는가, 죽음이 나를 데려가는 순간까지 그토록 건설적인 무언가를 할 수 있는가, 그럴 용기와 담대함이 있는가 하고 자문하며, 고인이 현생에 쏟아부으신 삶에 대한 애착과 그 의미를 되새겨봅니다.

상남자였던 고인의 다부진 체격이 떠오릅니다. 늘 애국하는 마음으로 일해야 한다는 고인의 강직함을 드러내기에 부족함이 없었습니다. 회사의 첫 체육대회 날 축구화 신발끈을 묶으며 각오를 다지시던 모습도 떠오릅니다. 취임 직후 배달된 수많은 축하란을 정리하면서 축구동호회에서 보내온 것만 책상 위에 남겨두셨던 순수한 모습도 생각납니다. 투병 사실을 가족 외에는 알리지 않으셨던 깊은 뜻을 다시 헤아려봅니다. 지독한 고독과 싸우셨을 것을 생각하면 안타깝고, 그런 만큼 고인이 더욱 그립습니다.

인생에서 쉽게 얻지 못할 고귀한 인연을 짧게나마 얻게 해주신 고인께 감사드립니다. 그리고 제가 감히 추도문을 쓸 수 있도록 배려해주신 고인의 지인들께도 감사의 말씀 드립니다.

김익주 원장님을 추모하며

김경빈 (국제금융센터 대리)

작년 말 퇴근길에 YWCA 건물 근처에서 김익주 원장님을 마지막으로 뵈었습니다. 저는 반가운 마음에 '원장님!' 하고 외치며 한달음에 달려갔고, 원장님께서는 저에게 조만간 동기들도 불러 한번 식사하자고 하시면서 따뜻하게 받아주셨습니다. 그런데 그때 12월의 저녁 하늘과 원장님의 얼굴빛이 잘 분간되지 않아 깜짝 놀랐습니다.

그로부터 얼마 지나지도 않았는데 이제는 김익주 원장님이 이 세상에 계시지 않다는 사실이 믿어지지 않습니다. 병환을 전혀 몰랐기에 부고 소식이 거짓말 같고 충격적이었습니다. 등 뒤에서 너를 응원하고 있다며 발걸음을 재촉하던 어떤 기운이 힘을 잃었습니다. 제 마음 속에 있는 회사에 대한 초심과 자부심의 일부를 누군가 앗아간 느낌을 받았습니다.

김익주 원장님은 제가 첫 직장인 국제금융센터에서 일할 수 있는 기회를 주신 분입니다. 입사한 지 4개월밖에 안 된 신참내기가 지금 돌아보면 참 부끄러운, '금융의 미래'라는 거대한 이슈를 다룬 보고서를 가져갔을 때 원장님은 과분할 만큼 칭찬해주면서 용기를 북돋아주셨습니다. 저의 호기심과 당돌함을 아껴주셨고, 제가 열정을 가졌던 'IT와 금융' 주제를 즉시 업무분장에 포함시켜 주셨으며, 관련 주제로 '브라운백 세미나'를 하는 행운을 주셨습니다. 당시 자발적으로 아이디어를 내고 보고서를 쓴 이유 중 하나는, 결재 표지를 붙인 보고서를 들고 “원장님, 보고 싶었어요!' 하면서 원장실에 들어가면 ”어, 그래 그래” 하면서 맞아들여 “수고했다”고 하시던 원장님의 한마디를 듣고 싶은 것이었습니다.

원장님께서는 저같이 까마득하게 실력과 경험 모든 면에서 부족한 막내 연구원들에게 더 관심을 가져주시는 리더였습니다. 늘상 배움을 강조하셨고, 직장생활의 어려움이 없는지 물어봐주셨습니다. 점심식사 자리에서는 한창 젊음의 진통을 겪어내는 이들에게 옛날 자신의 치열했던 젊음을 이야기해주셨습니다. 중간중간 원장님이 던지는 찰진 욕은 쿨한 리더라면 반드시 겸비해야 하는 미덕의 한 가지인 것처럼 멋지게 느껴졌습니다. 언제 어디에서나 꼭 끊임없이 공부하면서 생각의 근육을 단련하고 항상 더 좋은 기회에 도전하라고 격려해주셨습니다.

존경하고 좋아하던 어른을 이제는 영영 만날 수 없게 되어 참으로 애통합니다. 많은 분들이 장례식장을 가득 채운 걸 보고 원장님의 인품이 이토록 많은 사람들로 하여금 원장님을 사랑하게 했구나 하고 느꼈습니다. 그런 원장님이 국제금융센터에서 근무하시면서 병마와 싸우는 과정에서 얼마나 연약해졌을지 생각하니 더욱 마음이 아팠습니다.

주님의 품 안에서 영원한 안식과 평화를 누리시기를 기원합니다.

소탈하고 겸손했던 분

윤인구 (국제금융센터)

사실 추모문을 쓰려고 보니 김익주 원장님께서 안다면 별로 좋아하지 않으실 것 같다는 생각이 바로 듭니다. 돌아가신 김익주 원장님을 아는 분들은 다들 공감하시겠지만, 워낙 소탈해서 형식적인 일이나 절차를 싫어하셨습니다. 아마 지금 내려다보고 계시다면 생전에 하시던 대로 가벼운 육두문자와 함께 이런 걸 뭐 하러 쓰냐고 하실지 모르겠습니다. 그래도 원장님께서 이해해주실 거라고 생각하면서 몇 마디 보태볼까 합니다.

2013년 6월쯤으로 기억합니다. 기획재정부 분들과 함께 외평채 발행을 위한 로드쇼 때문에 뉴욕에 나가있던 중 원장님이 부임하셨다는 소식을 들었습니다. 같이 계셨던 국제금융국장님, 과장님에게 "김익주 원장님이 새로 오셨다는데 어떻게 모시면 될까요?"하고 여쭤보았습니다. 두 분은 "인품과 능력 모두 너무나 훌륭한 분"이라면서 "욕을 듣게 되더라도 놀라지 말라"고 웃으면서 이야기해주셨습니다. 출장 일정을 마치고 서울에 돌아와 원장님께 인사드리러 갔습니다. 원장님께서는 "원래 모르던 사람도 아닌데 그냥 되었다"며 앉으라고 자리를 권하셨습니다. 출장 갔던 내용을 간단히 보고드린 후 원장실에서 나오면서 "원장님, 편하게 욕하셔도 됩니다"라고 말씀드렸습니다. 그랬더니 "XX, 그래 알았어"하며 활짝 웃으셨던 기억이 납니다. 모셨던 3년 동안 원장님께서 베풀어주신 배려 등 여러 가지 좋은 기억들을 일일이 다 쓰기는 어렵습니다. 다만 소탈함과 겸손함, 그리고 업무적 통찰력이라는 점에서 원장님한테 많이 배우고 느꼈다는 말씀은 얼마든지 드릴 수 있습니다.

마지막으로 뵌 때는 작년 12월 중순이었습니다. 돌이켜보니 돌아가시기 한 달 반 전쯤이었습니다. 해외 파견근무 결정이 나서 인사차 찾아뵈었습니다. 생각하면 그때도 많이 편찮으셨을 텐데 전혀 내색하지 않으셔서 힘드신 상황인 것을 도저히 알 수 없었습니다. 한쪽 다리에 붕대를 감고 계셨는데 단순히 다친 거라고 하셔서 그냥 그런 줄 알았습니다. 돌아가시고 나서야 투병 중에 다리가 부었던 것임을 알게 됐습니다. 대화 중간중간 'XX'라는 육두문자를 섞으시면서 "회사에서 처음 나가는 것이니 힘든 일이 많겠지만 좋은 경험이 될 것"이라고 덕담을 해주셨지요. 힘든 투병 과정에 있으셨을 텐데도 전혀 내색하지 않고 평소와 다름없는 모습을 보여주셨습니다. 파견 나가기 전에 원장님이 좋아하시는 운동에 필요한 모자나 공 같은 선물을 들고 다시 찾아뵈어야겠다고 생각했는데, 그게 마지막 모습이 될 줄은 몰랐습니다. 담백한 평소의 성품을 마지막까지 흐트러짐 없이 유지하신 점을 생각하면 한편으로는 존경스럽고, 다른 한편으로는 원장님이 많이 아프신 것을 알아차리지 못한 것이 너무나 아쉽습니다.

존경하는 원장님! 베풀어 주신 격려와 조언, 털털하고 담백하셨던 성품과 따뜻했던 마음, 모두 마음속 깊이 묻어놓겠습니다. 일과 사람을 소중하게 대하신 삶의 태도도 잊지 않고 살겠습니다. 원장님은 국제금융시장 앞에서는 겸손해야 한다고 강조하셨고, 나이가 많은 사람이든 어린 사람이든, 지위가 높은 사람이든 낮은 사람이든 모두를 소탈하고 성심성의껏 대해주셨습니다. 부디 지금 계신 그곳에서는 좋아하지만 끊었던 약주도 마음껏 즐기시고 좋아하셨던 여러 운동들도 재미있게 하시면서 편안하게 쉬시기를 바랍니다.

존경하는 김익주 원장님의 영면을 빕니다.

제2부

언론계 기자가

익주 형을 그리며

공강아 (블룸버그 기자)

김익주 원장을 처음 만났던 저녁이 아직도 기억에 생생합니다. 당시 저는 기획재정부로 출입처를 배정받은 2년차 기자였습니다. 기재부는 저의 첫 출입처였고, 외환정책이 가장 큰 관심사인 외신사 기자에게 새로 부임한 국제금융국장을 잡는 것은 절실했습니다. 당시 윤증현 장관과 출입기자단의 만찬 자리가 과천의 어느 음식점에서 있었고, 다른 여기자 세 명과 함께 저는 가장 일찍 도착해 저기 안쪽에 홀로 앉아있는 무표정의 한 중년 아저씨와 인사를 나누고 그의 테이블에 마주앉았습니다. 김익주 국제금융국장이었습니다.

비교적 나이가 어린 여기자 네 명이 서툰 질문을 퍼붓고 말을 자꾸 시키는데 김 국장께서는 시선도 피하고 답도 짧았습니다. 여자 네 명이 조금 민망해하며 3초간 침묵했을까요. 김 국장께서 이런 말씀을 하셨습니다.

"(시선은 여전히 발밑을 향한 채)내가 미팅도 한 번 안 해보고, 아무튼 여자랑 얘기하는 걸 좀 쑥쓰러워해서 그러니, 좀 퉁명스럽게 들려도 이해해요." 우리는 박장대소했습니다.

그 모습이 진솔하고 순수해 보여서 단번에 그의 팬이 되었지요. 이후 조금 더 친해졌을 때 알게 된 소탈하고 자상한 그의 모습을 기자들은 그

출입처를 떠난 이후에도 그리워했습니다. 그는 고위직 공무원이지만 권위적인 태도와는 거리가 멀었고, 우리 기자들끼리는 그를 친근하게 '익주 형' 또는 '익주 보'라고 불렀습니다.

이 글을 쓰기 이틀 전 밤에 기재부를 함께 출입했던 동료 기자 세 명과 술 한잔 했습니다. 원장님 빈소에서 만났을 때 "우리 다시 원장님을 추모하는 자리를 갖자"고 얘기해서 만난 것이었습니다. 우리는 원장님과의 추억을 공유하며 또 한 번 웃고 눈물도 글썽였지요. 원장님께서 소천하셨다는 소식을 들었을 때의 제 마음을 어떻게 표현할 수 있을까요. 야근을 하다 듣게 된 청천벽력 같은 이야기에 목이 메었던 그 순간을 어떻게 잊을 수 있을까요.

기자로서 저의 히스토리에는 김익주 국장이, 익주 보가, 김 원장이 항상 있습니다. 제게 정말 특별한 분이셨지요. 모르는 것투성이로 서툰 질문을 던질 때마다, 개인적인 고민이 있어서 털어놓을 때마다, 좋은 일이 있다고 자랑할 때마다 늘 보듬고 격려해주시던 그 따스한 눈빛과 말씀은 제가 힘들고 각박한 사회생활을 버텨내는 데 큰 힘이 되었습니다.

떠나시고 나니 마음에 남아 먹먹한 일화가 몇 개 생각납니다. 무려 두 해를 아프셨다고 하는데 내 일상에 급급해서 알아채지 못하고, 따뜻한 관심을 보여드리지 못하고, 결국 나는 아무것도 몰랐던 상태에서 원장님을 보내드리게 되어 마음이 아픕니다. 타인에게 기대지 않는 그 성품에 얼마나 외로우셨을까요.

모처럼 맑고 따뜻한 날씨에 빈 사무실에 홀로 앉아 잠시 눈을 감고 기도해봅니다. 원장님, 부디 천국에서는 아프지 마세요. 이 땅에서 원장님을 알고 지낸 지난 10여 년간의 시간들이 저에게는 축복이었어요. 그간 정말 감사했습니다.

"공(功)을 앞세우면 사심(私心)이 들어간다"

이심기 (한국경제신문 기자)

"공직에 계시면서 가장 보람 있었던 일이 무엇인가요?"

2012년 12월 기획재정부는 과천 정부청사를 떠나 부랴부랴 세종 정부청사로 이사했다. 대통령 선거를 열흘여 앞두고 여권 후보를 위해 충청도 표심을 잡으려고 무리하게 감행된 이사였다. 공사가 마무리되지 않은 복도는 먼지투성이였고, 페인트 냄새가 빠지지 않은 실내의 환기를 위해 영하의 날씨에도 모든 창문을 열어야 했다. 청사 외곽은 포클레인과 대형 트럭이 내는 소음으로 가득 찼고, 출퇴근 버스는 신호등조차 설치되지 않은 비포장도로를 달렸다.

김익주 차관보(무역협정 국내대책본부 본부장·1급)의 사무실을 찾는데도 한참 걸렸다. 차관보를 포함한 기재부 1급 사무실은 1, 2차관 집무실과 나란히 붙어 있었지만 김 차관보 사무실만 공간이 부족해 멀찌감치 떨어진 곳에 배정됐다. 뱀처럼 휘어진 세종청사 4동의 '난해한' 설계 때문이기도 했다. FTA 대책본부는 그러나 두 달 만에 또 다시 이삿짐을 싸야 했다. 박근혜 대통령이 당선되고 정부조직이 개편돼 통상기능이 산업통상자원부로 넘어가면서 조직 자체가 없어졌다. 김 차관보는 "나야 옷을 벗어도 상관없지만……"이라며 말꼬리를 흐렸다. '친정'을 떠나 부처를 옮겨야 하는 아래 직원들의 처지가 마치 자기 잘못인 것처럼 한동안 마음고생을 했다.

흙먼지가 날리는, 공사판과 다름없는 세종청사 주변 풍경을 물끄러미 쳐다보던 김 차관보는 "별로 내세울 만한 일도 없는데……"라며 화제를 다른 곳으로 돌렸다. 그러면서 한참 후에 "이란 원유 수입을 재개한 게 그나마 기억에 남는다"고 짧게 말했다.

2010년 미 정부와 의회는 이란의 핵 프로그램에 맞서 경제제재(엠바고)에 나섰다. 미국과 교역을 하는 전 세계 모든 나라들도 여기에 동참해야 했다. 하지만 한국으로선 값싸고 품질이 월등한 이란의 원유가 꼭 필요했다. 서슬 퍼런 미국의 기세에 밀려 이란과의 모든 무역거래를 중단할 수밖에 없었지만 포기하기에는 너무나 아까웠다. 인구 1억 명이 넘는 수출시장도 놓칠 수 없었다.

당시 기재부의 김익주 국제금융국장과 임종룡 1차관은 '원유와 생필품 거래만 이란과 할 수 있도록 미국의 허락을 받아내자'는 목표를 정했다. 문제는 이란에 달러를 주지 않아야 한다는 것이었다. 마치 셰익스피어의 작품 '베니스의 상인'에 나오는 것처럼 피를 흘리지 않고 살을 베어내야 하는 상황이었다. 두 사람이 낸 아이디어는 이란 중앙은행의 원화계좌를 국내 은행에 개설해 석유수입 대금과 생필품의 수출 대금을 정산하는 것이었다. 국내 은행에 입금된 이란 중앙은행 자금은 주한 이란 대사관이 인출하지 못하도록 에스크로 계좌로 묶어뒀다. 이란에는 1달러도 흘러가게 하지 않고 원유 수입을 할 수 있을 뿐 아니라 이란시장을 사실상 독점할 수 있는 아이디어였다.

하지만 미 국무부와 의회를 설득해야 한다는 더 큰 난관이 남아 있었다. 외교부는 “말도 안 된다”며 난색과 함께 반대를 표시했다. 자칫 미국과의 관계만 나빠질 수 있다는 것이었다. 결국 기재부가 직접 나서서 국무부와 담판을 짓기로 했다.

“국무부도 처음에는 황당하다고 했죠. 의회를 설득해야 하는데 정치적으로 어렵다고 고개를 저었습니다. 그래도 우방국인 한국의 의견도 들어줘야 하는 것 아니냐고 집요하게 설득했죠. 단 1달러도 이란에 흘러가서 핵 프로그램에 전용되지 않도록 하겠다고 약속하고 허락을 받아냈어요.”

이후 이란 중앙은행과의 협의는 일사천리로 진행됐고, 2010년 9월 국내 은행과 이란 중앙은행 간 원화결제 실시가 공식 합의됐다. 이렇게 이란의 원유 수입은 재개됐고, 혜택은 기업을 통해 한국경제 전체로 스며들었다.

하지만 성과에 비해 언론의 주목은 별로 받지 못했다. “신문에 대서특필할 정도도 아니었고, 무엇보다 공치사를 해서는 안 될 일이었죠. 더구나 미국을 자극하면 안 됐으니……. 하지만 그게 공직자의 자세라고 생각합니다. 공을 앞세우려고 하면 사심(私心)이 들어가거든요.” 자기 공치사에 약한 탓이었을까. 김 차관보는 대선 후 새 정부가 들어서면서 공직을 떠나 국제금융센터 원장으로 자리를 옮겼다.

그의 별명은 ‘영원한 스트라이커’였다. 과천 정부청사 시절 아침 8시쯤에 주차장에 도착하면 땀에 흠뻑 젖은 운동복 차림에 한 손에 축구화를 들고 과천 1동 청사로 들어서는 김 차관보를 가끔 볼 수 있었다. 인근 초등학교 운동장에서 후배들과 조기축구를 하고 출근하는 모습이었다. 세종청사로 옮긴 뒤로는 후배들과 같이 땀 흘리며 호흡을 같이 하기가 어렵게 됐다고 안타까워했다.

도널드 트럼프 미국 대통령의 막무가내식 발언에 전 세계가 전전긍긍하고 있다. 한국도 이달 미국서 열리는 통상회담의 의제와 전략을 짜느라 부심하고 있다. 주형환 산업부 장관은 김 차관보처럼 강단 있는 자세와 창의적인 해법을 갖고 워싱턴을 방문할 필요가 있다. 안팎으로 어려운 시기, 누구보다 열의를 갖고 모범적인 공직 생활을 보낸 김 차관보가 그립다. 삼가 고인의 명복을 빈다. (2017년 2월 3일)

아주 개인적인 부고 기사

박신영 (한국경제신문 금융부 기자)

2009년 3월, 처음 기획재정부를 담당했을 때 느낀 긴장감이란 이루 말할 수가 없었습니다. 연차도 어렸고, 부끄럽지만 경제를 잘 알지도 못했습니다. 기재부 공무원을 만나는 것은 큰 부담이었습니다. 사무실 앞에서 들어가지 못하고 서성였던 적도 많았습니다. 질문을 쪽지에 적어놓고 되새기기도 했고, 때로는 긴장된 분위기를 풀 농담까지 미리 연습하기도 했습니다.

특히 국제금융과 관련해선 더 긴장을 했습니다. 용어가 어려웠기 때문입니다. 게다가 미국발 글로벌 금융위기의 거센 파고가 우리나라를 막 쓸고 지나간 시점이었습니다. 당시 국제금융국장이 'CDS(Credit Default Swap·신용부도스와프) 프리미엄'에 대해 선배 기자와 얘기를 나누던 장면은 아직도 기억에 남아 있습니다.

주니어 기자 입장에선 워낙 전문적인 업무를 하는 그 국장에게 선뜻 다가가기 힘들었지만, 두 번째 방문 땐 의외로 소탈한 모습으로 따뜻하게 대해줬습니다. 특별히 잘해줬다기보다는 정책에 대한 질문을 할 때 아무리 질문 수준이 유치해도 성심성의껏 답변했던 게 기억이 납니다. 언젠가는 외환보유액의 역사에 대한 기사를 쓰기가 어려워 찾아가 하소연한 적도 있습니다. 그때 직접 외환보유액의 역대 수치와 관련 내용을 상세히 설명해주기도 했습니다.

그분이 저에게만 잘해줬던 것은 아닙니다. 특유의 겸손함과 털털함, 소탈한 성격으로 선후배 공무원들과 기자들 사이에서도 인기가 많았습니다. 기자들 표현으로 "딱히 큰 기삿거리를 주는 사람도 아닌데" 말이지요.

유난히 운동을 좋아해서 아침 일찍 사무실에 가보면 땀에 흠뻑 젖은 채 출근해 있던 것도 기억이 납니다. 나름 기재부 안에선 실력 있는 축구선수였습니다. 기재부 체육대회에서 계주 결승에 진출했을 때 중년 나이가 믿기지 않을 만큼 날렵하게 달리던 모습도 생각이 나네요. 기재부에서 퇴임한 뒤 국제금융센터 원장으로 있을 때는 점심시간에 명동, 을지로 인근에서 자주 마주쳤습니다. 버스나 택시보다는 걷기를 좋아한 그의 성품 때문이었습니다.

2일 저녁 그분으로부터 문자가 왔습니다. '본인상'이라고 시작하는 문자였습니다. 그를 아는 지인은 2년간 암으로 투병했다는 소식을 전해주었습니다. 취재원과 기자와의 관계가 가깝고도 멀다는 생각이 들었습니다.

그는 공무원들의 꿈인 '장관'의 자리에 오른 것도 아니었고, 다른 누구처럼 국회 진출을 시도하지도 않았습니다. 말 그대로 업무엔 충실했지만 화려하진 않은 공무원이었습니다. 그와 함께 일했던 분들의 솔직한 평가가 어떤지는 알 수 없으나, 기자의 시선에서는 그랬습니다. 그래서 그의 부고가 더욱 안타까웠습니다.

그의 빈소는 장관과 국회의원을 모두 거친 어느 명망 있는 분의 빈소와 같은 병원에 차려졌습니다. 가시는 날마저 평소 모습처럼 조용히 떠나신 것 같습니다. 그분은 57세에 타계한 김익주 전 국제금융센터 원장입니다. 고인의 명복을 빕니다. (2017년 2월 2일)

마지막 순간까지 담담하고 당당했던 김익주 원장

이신형 (로이터통신 부장)

2016년 11월 11일 명동의 한 일식집에서 김익주 원장과 조촐하게 저녁 식사를 같이 했습니다. 김 원장의 안색이 좋지 않아 보였습니다만 표정은 밝았습니다. 여느 기자와 공무원이 만날 때처럼 다양한 얘기가 오갔습니다. 신변에 대한 얘기도 나눴지만 본인이 암 투병 중이라는 얘기는 없었고, 내색도 없었습니다. 근황을 물으니 "노니까 너무 좋아"라는 답변이 돌아왔습니다. 2시간 남짓한 그와의 마지막 만찬이었습니다.

12월의 어느 날 차를 몰고 은행회관으로 가는 길에 먼발치에서 김 원장이 지나가는 걸 봤습니다. 항암 치료를 받는 것 같다는 얘기가 들릴 때였습니다. 한눈에 보기에도 건강이 좋지 않아 보였습니다. 찰나와 같은 스침이 마지막 만남이 될 줄 몰랐습니다.

그날 느낌이 좋지 않아 전화를 했지만 통화를 할 수 없었습니다. 여기저기 전화를 걸어 물어보기 시작했습니다. 분명하게 알 수는 없었으나, 항암치료를 받는 것 같다는 생각이 점점 커져갔습니다. 걱정도 많아졌지만 거기서 멈췄습니다. 본인이 알리고 싶어 하지 않는 사실을 굳이 알려고 하는 게 예의가 아니라는 생각이 들었습니다.

하지만 내내 마음에 걸렸습니다. 뭘 할 수 있을까 고민하다 홍삼을 사서 비서에게 맡겼습니다. 그날의 조우가 다소나마 마음의 빚을 덜 수 있는 기회를 주었습니다.

며칠 뒤에 전화를 받았습니다. 전과 다름없는 활달한 음성이 들려왔습니다. 건강은 어떤지 물었더니 괜찮다고 했습니다. 오히려 "무슨 일이 있으면 왜 얘길 안 하겠느냐"고 말했습니다. 박사학위 논문을 쓰는 중이라며 1월 초에 마칠 수 있을 것 같다고 했습니다. 논문을 끝내면 파티를 하자고 했습니다. 마지막 통화는 이렇게 곧 만나자는 말로 끝을 맺었습니다.

12월 31일 전화를 받지 않아 문자로 새해 인사를 남겼습니다. 1월 1일 문자로 답이 왔습니다. 짤막하게 주고받은 문자가 마지막 대화가 됐습니다. 마지막 스침도, 대화도 너무 짧아 깊은 아쉬움으로 남아 있습니다.

이후에 소식이 궁금해 몇 차례 전화를 했는데 받지 않았습니다. 금융연구원의 비서도 연락이 안 된다며 궁금해 했습니다. 친구 모임에도 참석하지 않았다는 얘기가 들려왔습니다. 뭔가 안 좋은 일이 일어나고 있는 게 분명해 보였지만 속절없이 다행스러운 소식이 들리기를 기다릴 수밖에 없었습니다.

2월 1일 김 원장의 오랜 벗인 서울대 류근관 교수로부터 김 원장이 의식이 없는 상태라는 소식을 들었습니다. 몇 시간 후 류 교수는 그가 결국 세상을 등졌다는 비보를 전했습니다.

보내기 전에 그를 꼭 한 번 만나고 싶었습니다. 만나서 그동안 베풀었던 넉넉한 마음 씀에 고마움을 표하고 싶었습니다. 하지만 그는 끝내 기회를 주지 않았습니다. 안타깝기도 했고, 야속하기도 했습니다. 그러나 그가 원했던 일이라면 존중해줘야겠지요. 우리가 아끼고 좋아했던 김 원장은 그런 사람이었습니다.

그는 남의 어려움은 잘 들어줬지만 본인의 어려움은 별로 내색하지 않는, 깔끔한 성품의 소유자였습니다. 본인이 애써 이룬 일에 대해서도 생색을 내지 않았습니다. 그래서 거시건전성 3종세트가 도입될 때 그가 중요한 역할을 했다는 사실을 아는 사람도 많지 않았습니다.

그는 한결같은 사람이었습니다. 과장 시절에 그를 처음 만났습니다. 국장과 1급으로 승진한 후에도 그는 과장이었을 때처럼 늘 소탈하면서도 예의 바른 태도로 사람들을 대했습니다. 지위가 높아져도 이런 태도가 달라지지 않았습니다. 그가 장차관이 되고 대통령이 됐어도 그는 여전히 한결같았을 것이라고 확신합니다.

김 원장은 젊은 시절 호탕하게 술을 즐겼고, 서슴없이 육두문자를 섞어 쓰는 언어습관은 나이가 들어서도 이어졌습니다. 이런 일면 때문에 그를 호방한 사람으로 기억하는 사람이 있을지도 모릅니다. 제가 아는 한 김 원장은 죽음을 두려워하지 않을 만큼 호방한 사람은 아니었습니다. 어떻게 보면 여린 면도 있는, 지극히 인간적인 매력을 지닌 인물이었습니다. 남을 배려할 때는 섬세했습니다. 그래서 많은 사람들이 그를 좋아했습니다. 언어습관 정도는 그에 대한 평판에서 결코 흠이 되지 않았습니다. 많은 사람들이, 여기자와 여직원들도 그를 좋아했습니다.

호방함의 이면에 여린 감수성을 갖고 있던 그가 어떻게 그렇게 죽음 앞에 초연할 수 있었을까요? 죽음을 앞에 두고도 김 원장은 위축되는 기색을 보이지 않았습니다. 돌이켜봐도 그의 그런 모습이 결코 허장성세로 보이지 않았습니다. 그는 담담하게 운명을 받아들이고 투병 중이라는 걸 세상에 알리지 않은 채 박사학위 논문을 쓰면서 남은 생을 성실하게 마무리했습니다. 이승에서의 마지막 순간이 다가오고 있다는 것을 알면서도 이렇게 담담하고 당당할 수 있는 사람은 매우 드뭅니다. 깊은 신앙심이나 깨달음, 혹은 강한 신념으로 무장된 성숙한 사람에게만 가능한 일이 아닐까 생각합니다. 김 원장의 마음속에 무엇이 있었는지 알 수 없지만, 그가 성숙한 인물이었던 것은 분명해 보입니다.

기자들을 포함한 많은 사람들이 눈물로 그를 떠나보냈습니다. 그가 살아온 생애가 헛되지 않았다는 얘기겠지요. 류근관 교수는 김 원장을 이대로 보내기가 너무 아쉽다며 친구들과 함께 그가 남긴 자취를 모아 추모집을 만들기로 했습니다. 그의 절친인 임종룡 금융위원장은 빈소를 찾아 대성통곡했고, 바쁜 일정에도 불구하고 3일간의 장례일정 전체를 함께 했습니다. 기재부 국제금융 라인의 후배들은 그를 기리기 위해 세종 청사의 한 회의실을 '익실'로 명명하고, 청사 4동 정원에 그를 위한 식수를 하기로 했습니다.

그를 생각하면 아직도 가슴 한편이 아려옵니다만, 많은 사람들의 진심어린 애도가 위안이 됩니다. 그의 사람됨에 대한 보답으로 그가 가는 길이 외롭지 않기 때문입니다.

원장님! 십수 년간 함께 지내면서 베풀어주신 은혜에 깊이 감사드립니다. 부디 영면하소서.

외환시장이 기억하는 김익주, '신뢰를 준 당국자'

오진우 (연합인포맥스 기자)

'시장에 신뢰를 준 당국자.'

고 김익주 국제금융센터 원장을 기억하는 우리나라 외환시장 딜러들의 평가다.

김 원장은 우리나라 외환시장과 떼려야 뗄 수 없는 인연을 간직한 분이다. 행정고시 26회로 1982년 정부에 발을 들여놓은 이후 공직생활 대부분을 국제금융 외길을 걸으며 외환시장과 동고동락했다.

외환 딜러와 당국자는 애증(愛憎)의 관계일 수밖에 없다. 우리 외환시장을 키우고 발전시켜나가야 할 동지적 입장이고, 환율이 우리 경제를 위협할 정도로 흔들리는 위기의 순간에는 이를 극복하기 위해 서로 머리를 맞대기도 한다. 하지만 변동성을 바탕으로 수익을 노리는 딜러와 시장의 안정을 책임지는 당국자는 때로는 서로 적이 될 수밖에 없다.

이런 관계로 외환시장에서 취재하며 만나는 딜러들은 당국자에 대한 불만을 털어놓을 때도 종종 있다. 하지만 김 원장에 대해서는 누구보다 시장에 신뢰를 준 인물이라는 평가를 한다.

당국자가 공식적인 구두개입으로든 간접적인 인터뷰로든 메시지를 전달하면 시장은 우선 반응하게 마련이다. 당국이 메시지를 내놓고도 실제

행동에 나서지 않으면 이를 믿었던 딜러는 낭패를 보기도 한다. 당국자 중에는 악의는 없지만 전략적으로 말과 행동을 다르게 하는 경우도 적지 않다.

김 원장은 하지만 항상 말과 행동을 일치시키면서 시장을 이끌었던 당국자로 평가된다.

"김 원장의 이름을 단 메시지가 나오면 딜러들이 모두 믿었다. 액션 없이 빈말을 한 경우는 없었다"고 딜러들은 기억했다.

이런 시장과의 신뢰관계를 바탕으로 그는 우리나라 외환시장 위기의 순간을 정면 돌파했다.

그는 정부의 차액결제선물환(NDF) 시장 개입 손실 문제로 국회의 질타를 받으며 이른바 '최중경 라인'이 무너지던 2004년에 외화자금과장 자리에 있었다. 손발이 묶일 수밖에 없는 상황에서도 그는 막대한 선물환 포지션을 시장과의 소통을 통해 무리 없이 소화시켰다. 국제통화기금(IMF) 구제금융 이후 외환시장의 긴장도가 가장 높았던 글로벌 금융위기 당시에는 국제금융국장으로 위기의 한복판에 섰다.

당시 위기 극복의 대명사로 '한미 통화스와프'가 꼽히지만, 외환시장의 딜러들은 김 원장의 배포를 기억하는 경우도 많다.

2008년 말 1,500원 위까지 치솟았던 원·달러 환율은 한미 통화스와프 발표와 함께 1,250원대까지 떨어지기도 했지만, 2009년 재차 급등하기 시작해 1,600원을 위협할 정도로 올랐다.

딜러들은 김 원장이 당시 긴박한 상황 속에서도 외환보유액 2천억 달러 선이라는 보루를 지키기 위해 실탄 낭비를 최소화하며 '올 테면 와보라'라는 스탠스를 보인 것으로 기억한다.

보유액을 헐어 급하게 대응할 만도 한 상황이었지만, 그는 인내심을 보이다 환율이 1,600원 선에 다가서자 본격적인 관리에 나섰다. 이후 환율은 빠른 속도로 하락하게 된다. 심리적 마지노선처럼 여겨지던 외환보유액 2천억 달러가 붕괴됐더라면 환율은 더 급하게 올랐을 수도 있다.

단기적 대응에 급급하기보다 때를 기다리는 김 원장의 담대함과 혜안이 빛난 순간이었다.

김 원장은 이후 2010년에는 국내는 물론 국제기구에서도 모범적인 외환건전성 관리 방안으로 극찬받는 '거시건전성 3종세트'를 도입한다.

은행의 선물환 포지션에 한도를 두고 외화차입금에 부담금을 부과하는 등 은행의 부담을 강화하는 조치였다. 시장의 반발이 적지 않았지만, 김 원장은 당시 수개월간 은행의 딜러들과 대화하고 의견을 나누며 이들을 설득해내기도 했다.

속이는 것 없이 진솔한 김 원장의 정공법식 화법과 이에 대한 시장참가자들의 신뢰가 아니었다면 정부와 시장의 갈등은 더 깊었을 수 있다.

이렇게 도입된 거시건전성 조치의 덕택으로 우리 외환시장은 이후 미국의 금리 인상 등이 신흥국 외환시장을 뒤흔든 위기 상황에도 끄떡없는 안정성을 확보하게 된다.

외환시장을 취재하는 기자로 김 원장을 처음 만난 것은 2010년의 언젠가로 기억한다. 육두문자를 불쑥불쑥 내던지는 말투에 잠시 당황하기도 했지만, 첫 만남에서부터 꾸밈없는 진솔함을 봤다.

김 원장에게서 처음으로 '거짓'을 들은 것은 지난해 연말이었다. 국제금융센터 원장 임기를 마치고 나면 홀로 전국의 골프장 투어를 다니겠다던 말이 기억나 연말 인사차 전화를 했다. 정말로 지방 어디 골프장이냐는 물음에 "어, 여기저기 다니고 있어. 조만간 밥 한번 먹어야지"라고 했다. 목소리는 평소와 다름없이 경쾌했지만, 그의 말은 사실이 아니었을 게다.

다른 무엇보다 진솔함으로 쌓은 신뢰를 바탕으로 우리나라 외환시장을 이끌어온 그였다. 그에게서 들은 마지막 말도 이전처럼 오롯이 사실이었다면 하는 생각이 가시지 않는다.

참 괜찮은 공무원이었는데

이성규 (국민일보 기자)

10여 년 전 기획재정부를 처음 출입하게 됐을 때 취재한 것을 공유·전수하기 위해 비공개 정책팀 카페를 만들었다. 김익주 국장님이 돌아가셨다는 말을 듣고 카페 내 검색란에 '김익주'를 쳤다. 26건의 글이 검색됐다. 주로 2009~10년 국제금융국장을 맡고 계실 때 나를 비롯한 우리 팀원들과 점심·저녁을 함께 하거나 티타임을 하면서 나눈 대화를 기록한 글들이었다. 김 국장님이 기재부를 떠난 뒤에는 함께 일했던 기재부 선후배들의 그에 대한 '인물평'을 전하는 글도 눈에 들어왔다.

26건의 글을 하나하나 읽으며 김 국장님을 떠올렸다. 2009~10년 국제금융국장 시절에 올린 글들을 보니 그는 나를 포함한 우리 팀원들의 어리석은(?) 질문에 논리정연하게 똑 부러지는 답을 주었다. 당시 국민일보 팀에는 4명의 젊은 기자들이 배치돼 있었는데, 모두 기재부 출입이 처음이었다. 세종생활 만 4년을 포함해 기재부 출입을 7년 정도 한 지금 그 시절 글들을 읽어보니 당시 우리 초짜 기자들의 질문이 얼마나 우문(愚問)이었고, 김 국장님이 얼마나 현답(賢答)을 주셨는지 알 것 같다.

개인적으로는 오후 5시 전후 기사 마감을 마치고 김 국장님 방을 찾아가 담배 한두 개피 피우며 궁금한 점을 물어보았던 기억이 새록새록하다.

그때는 바쁜 와중에도 담배 한두 개피 피우며 이런저런 얘기를 나눌 여유가 지금보다 많았고, 그 시절 김 국장님은 그런 면에서 낭만주의자이기도 했다.

기재부 선후배들의 김 국장님에 대한 평들은 호평 일색이었다. 지금은 공공기관 수장으로 가 계신 한 OB 분이 기재부 1진 기자들과 저녁을 같이 하면서 김 국장님의 국제금융국장 선임 배경을 설명한 것을 기록한 글도 찾을 수 있었다. 그 OB 분은 당시 경쟁자였던 모 국장에 비해 그가 백배 천 배 낫다고, 나라나 조직을 위해 정말 잘된 일이라고 했다. 김 국장의 축구실력과 승부욕에 대한 선후배들의 칭찬도 보인다.

김 국장님이 기재부를 떠나고 나 역시 정치부로 자리를 옮기고 나서는 얼굴을 뵌 적이 없다. 내가 세종에 내려와서 다시 기재부를 맡았을 때 국제금융센터 원장으로 계신 국장님께 전화를 걸었다. 국장님은 특유의 쾌활한 웃음과 함께 "언제 서울 오면 꼭 연락하라"고 했지만, 시골 생활에 적응하느라 얼굴을 뵐 기회를 만들지 못했다.

국장님이 기재부를 떠난 뒤에 나보다 훨씬 자주 국장님과 소통하고 만났던 기자들을 알고 있다. 그들에 비하면 나는 김 국장님과 기자와 취재원의 관계 그 이상은 아니었던 것 같기도 하다. 그래도 로이터통신 이신형 선배의 부탁에 선뜻 추모의 글을 쓰겠다고 나선 것은, 경제부처를 출입하면서 만난 분들 가운데 참 괜찮은 공무원을 다섯 손가락에 꼽으라면 주저 없이 김 국장님을 꼽을 만큼 그에 대해 호감을 갖고 있기 때문이었다.

김 국장님은 하늘나라로 가셨지만, 10년이 지나고 20년이 지나도 국민일보 정책팀 후배들은 '김익주'란 이름을 팀 카페에서 보고 그의 체취를 느낄 것이다. 나처럼 그에게 깊은 호감을 느끼며 말이다.

인간적인, 너무나 인간적인

최대수 (KBS 경제부 기자)

'서울대 경제학과 졸업, 행시 26회, 재무부 이재국, 재정경제부 외화자금과장, 국제금융과장, 국제금융국장, 기재부 무역협정 국내대책본부장, 국제금융센터 원장.' 엘리트 국제금융 관료의 전형적인 프로필이다. 그런데 활자화된 무미건조한 스펙만으론 그를 설명하기에 역부족이다.

'기획재정부 국제금융과장 김익주.' 2006년 봄 아직 사회부 기자 티를 벗지 못한 채 과천 재정경제부 청사를 찾았을 때 처음 받아든 명함에 그렇게 적혀 있었다. 당시 고평가된 원화 탓에 수출기업들은 비상이었다. 데스크로부터 환율 대책 관련 아이템을 발제하라는 지시가 떨어졌다. '눈앞이 캄캄, 머리는 텅텅.' 총체적 난국이었다. 그날 오후 물어물어 찾아간 사무실 문을 열자 '날카로운 눈매에 차가운 인상'과는 거리가 아주 먼 '푸근한 미소'를 머금은 그가 앉아 있었다. 바쁜 업무시간을 쪼개 초짜 출입기자인 나에게 성심성의껏 설명을 해줬다. 처음 듣는 생경한 전문용어와 복잡한 경제상황, 그가 말하는 모든 내용을 다 이해할 순 없었지만 한 가지만은 분명했다. '인간적이신데, 자주 찾아와야겠다.'

사실 방송기자, 그것도 지상파 기자가 9시 뉴스에 국제금융 관련 리포트를 할 일은 1년에 많아야 2~3번 정도. 리포트할 거리로만 보면 국제금융과는 '영양가 없는' 부서다. 그래도 기삿거리가 없는 날이면 그를 만나러 갔다. 그저 '인간적으로' 그가 좋았다. 당시 재경부를 괴롭히던 정치인 뒷담화부터 맞벌이 부모님 슬하에서 자란 어릴 적 이야기, 당시 나에겐 이름조차 낯설었던 재경부 선후배들과 축구를 했던 이야기까지 딱히 정해진 주제는 없었다. 생각해보면 출입기자로서는 빵점인 만남을 가졌던 셈인데, 상관없었다. 정말 '인간적인' 대화를 나눴다.

그와 오랫동안 함께 일했던 후배 분과 통화를 했다. 답변은 내 예상을 빗나가지 않았다. "일도 일이지만 '인간적인' 추억이 많다." 축구 얘기도 역시 빠지지 않았다. 국 대항 축구대회에서 어렵게 골을 넣었는데 심판은 오프사이드 판정. 후배들이 들고 일어났다. "심판은 원래 그런 거다. 그런 거 신경 쓰지 말고 시합에 집중하자." 그가 후배들을 다독이며 했다는 말이다.

그런데 웬걸, 시합이 끝나자 가장 먼저 심판에게 득달같이 달려가 강하게 항의했단다. 후배들은 뜯어말리고. 시합에 져 의기소침해질 후배들의 마음을 헤아렸다는 게 후배의 전언이다.

유독 엘리트 의식이 강한 기재부 안에서 비고시 출신 후배들에게 따뜻한 말을 먼저 건네고 사무실로 데려가 따뜻한 차 한잔 주던 사람이 그였단다. 생각했던 대로다. 직원들이 뽑은 '가장 닮고 싶은 상사'에 그가 단골손님이 된 건 다 이유가 있어서였다. 그 후배는 이렇게 통화를 마쳤다. "추모글을 쓰려면 업무도 업무이지만, 형님의 인간적인 면에 초점을 맞춰주었으면 좋겠다."

기자생활 17년 동안 재정경제부를 거쳐 기획재정부까지 같은 부처를 3번이나 출입할 기회를 얻었다. 덕분에 훌륭한 공무원 분들과 소중한 만남을 이어갈 수 있는 행운도 덤으로 얻었다. 그런데 가장 기억에 남는 공무원을 꼽으라면 나는 단연 그를 1순위에 올린다. 그 이유에 그의 화려한 스펙과 업무능력도 포함될지 모르지만, 제일 중요한 건 '인간적인, 너무나 인간적인' 그의 소탈한 매력이다. 나를 처음 만날 때 그가 건넸던 따뜻한 말 한마디가 더욱 그리워진다, "어서 오소!"

늘 푸근한 형님 같았던 김익주 선배님

김영진 (조선일보 경제부 차장)

늘 담백한 사람이었다. 그래서 좋았다.

기획재정부가 과천청사에 있던 시절, 방에 찾아가면 반갑게 맞아주던 그의 모습이 지금도 선하다. 뭔가 바쁜 일이 있는 듯 소매를 걷어붙인 와이셔츠 차림인데도 물리치는 일이 거의 없었다. "차 한 잔은 해야지"라며 소파에 앉히곤 했다. 새로운 뉴스를 던져주진 않았지만, 글로벌 금융가에서 벌어지는 일과 정부의 입장, 그리고 앞으로 일어날 일들에 대해 얘기했다. 그를 만나면 취재원이라기보다는 선배가 후배에게 자신이 사는 동네 얘기를 들려주는 것 같았다. 그 선배에게서 복잡한 세계 금융타운 사람들을 조금은 이해할 수 있었다.

미국발 금융위기가 터지고 몇 달 뒤인 2009년 초. 세 번째 과천 출입기자 생활을 시작했을 때 고인도 기재부 국제금융국장으로 막 부임했다. 물 만난 고기처럼 그는 글로벌 외환시장을 넘나들며 국제금융 실무를 총괄했다. 외환시장이 그의 입만 바라보고 있을 때 그는 숨죽인 시장 플레이어들에게 무게감 있는 메시지를 툭툭 던져나갔다. 그런 그를 지켜보면서 참 어울린다는 생각을 많이 했다. 기자들은 사람 만나는 직업이라 얼굴을 보면 그 사람의 심리도 조금은 읽을 줄 알게 된다. 그때 그는 혈색이 참 좋았다.

야근을 한 듯 피곤해 보였을 때도 생기는 넘쳤다. 자기 자리에 앉아 있기(적임) 때문이라고 생각했다.

한번은 후배와 함께 인덕원 인근에 있는 밥집에서 그와 점심식사를 같이 했다. 취재를 위해 만났다. 근데 일 얘기보다는 운동 얘기를 많이 나눈 기억이 난다. 승용차에 운동용품을 갖고 다닌다는 자랑 섞인 운동 마니아의 얘기를 듣다가 취재는 뒷전이 되고 말았다. 막걸리에 얼근하게 취해 뭔가 재미난 일을 만난 어린아이처럼 신나게 말씀을 하시던 게 엊그제 일처럼 떠오른다.

그가 기재부 후배 공무원들로부터 닮고 싶은 상사, 존경하는 상사로 평가받았을 때 기자들은 "뭐 새로울 것도 없는 당연한 일인데……"라면서도 모두가 축하했다. 공사(公私) 구분이 확실하고 솔선수범하는 선배라고 후배 공무원들이 평가했다는 얘기가 들렸다. 사실 기자나 상사한테 잘하는 공무원들은 많다. 하지만 후배 공무원들로부터도 존경받고 인정받는 선배 공무원은 그만큼 되지는 않는 듯하다. 어느 조직이나 그렇다. 10년 전쯤 기재부 모 과장 밑에서 일하는 공무원과 얘기를 나누다가 깜짝 놀란 일이 있다. 자기 상사를 "일 잘하는 좋은 사람"이라고 평가하는 나에게 그는 "직접 우리 과장 밑에서 일해 보면 그런 말이 안 나올 것"이라고 핀잔을 주었다. 나중에 알고 보니 그 후배 공무원 말이 맞았다. 위와 아래, 그리고 동료들로부터 제대로 인정받는 '선수'가 되기는 그렇게 어렵다. 우리는 그 선수를 얼마 전 저세상으로 보냈다.

그는 참 겸손했다. 앞에 나서는 일이 없었다. 나설 만한 위치에 있어도 그냥 그 자리에만 있었다. 힘이 있었는데도 가진 힘을 쓰려 하지 않았다. 있어도 없는 듯, 없어도 있는 듯……. 이번에도 그래서였는지, 자신이 아프다는 사실을 아무에게도 알리지 않았다. 고인의 절친인 임종룡 금융위원장이 그렇게 서러워하는 걸 처음 봤다. "대학원 졸업식 때 꽃다발 선물해주려 했는데……." 곁에서 자신을 애틋하게 지켜보는 사람들이 많다는 사실을 본인만 몰랐던 것일까. 아님, 늘 그대로이고 싶어서였을까.

끝까지 치열하게 살았던 그였기에 더욱 더 아쉽다. 아직 할 일이 많이 남아 있는데…….

그래, 훌훌 털고 떠났으리라. 이제 보내드려야지.

삼가 고인의 명복을 빕니다.

2017년 2월 11일 명동에서

김형곤 (㈜헤럴드 기획조정실장)

명동길을 걸어봅니다.

점심 짬에 소소한 즐거움을 느끼셨다는 그 길입니다.

지금도 길모퉁이 어디엔가 서 계실 것 같은 바로 그 길입니다.

가슴속 한 켠의 고통을 부여잡은 채였음을 생각하면 가슴이 미어집니다.

핸드폰 문자에 잠시 정신을 잃었습니다.

선배들이 목 놓아 울었고, 후배들은 넋을 놓았습니다.

사모님은 의연하셨습니다.

과천 당시 동고동락하던 출입기자들이 많이 와준 것에 너무 고마워하셨습니다.

불과 엊그제 아닙니까, 반갑게 "김 부장" 하시던 때가.

늘 심플하셨습니다.

군더더기 하나 없었고, 미련 또한 보이지 않으셨습니다.

의리가 남달랐고, 누구보다 다정다감하셨습니다.

윗사람에겐 직언을 하셨고, 아랫사람은 꼭 챙기셨지요.

불의는 참지 않으셨습니다.

약한 모습 보이지 않으셨고, 욕심내지도 않으셨습니다.

순리를 따를 뿐이셨죠.

오히려 조바심 내는 주변을 다독이곤 하셨습니다.

다시 한 번 검색해봅니다, 이름 석 자를.

여전히 싱긋 웃고 계시는 그 모습에 또다시 눈시울이 붉어집니다.

김 선배, 하늘나라 골목길 풍경은 어떤가요?

서경호 (중앙일보 기자)

2016년 어느 따뜻한 봄날이었을 거다. 김익주 선배가 계시는 서울 명동 은행회관 3층의 국제금융센터에 놀러갔다.

"아니, 무슨 사무실 출입 보안이 이렇게 세요?" 센터가 국가보안시설로 분류돼 있기 때문이라고 김 선배가 설명했다. 요즘 도시와 골목을 '재발견'하는 재미에 푹 빠져 산다는 말씀도 하셨다. 시간이 날 때마다 도심 어느 거리와 골목을 홀로 걷고 또 걸었단다. 모르는 거리를 탐험하듯 걷는 것은 이제까지와는 다른 느낌이고, 보이지 않았던 것을 보는 맛도 쏠쏠하다고 했다.

"술도 안 하시고 무슨 재미로 사세요?" 그때까지도 나는 김 선배의 다른 지인들과 마찬가지로 그의 건강 문제를 제대로 알지 못했다. 김 선배가 말한 '골목과 거리의 재발견'은 금주한 이후의 사는 재미를 묻는 질문에 대한 대답이었던 것 같다. 돋보기안경을 쓰고 국제금융센터에서 발간할 보고서를 미리 읽는 재미도 괜찮다는 얘기도 하셨던 것 같다.

술을 끊고 나서야 제대로 보게 된 것은 골목과 거리 풍경뿐만이 아니었다고 했다. 사람관계도 그랬단다. "서로 친하다고 생각했는데, 그게 아니었어. 사람이 아니라 술자리와 친한 거였나 봐. 하하~." 술이 없어도 어색하지 않고, 그래서 만남이 이어지는 이들과는 즐겁게 교유했단다. 술이 아닌 사람과 만난 셈이다. 아마 이 글을 읽고 계신 김 선배의 지인들이 다 그런 분들이겠다.

국제금융센터 원장 사무실에는 공무원 후배들의 발길이 끊이지 않았다. 언제나 넉넉하고 사람 좋은 웃음을 보여주는 김 선배를 따르고 좋아하는 사람이 나 말고도 많았나 보다. "며칠 전 기재부 후배 K가 왔다 갔지. 사표 쓰는 문제로 상의하러 왔더군. 결국 내 자리 컴퓨터 앞에 앉아 사표를 쓰고 갔지." K에 대한 김 선배의 조언은 "지금 민간행을 선택하더라도 훗날 공직에서 봉사할 기회는 또 있을 수 있다"는 것이었다. 잘나가는 기재부 국제금융통이었던 K는 결국 대기업으로 이직했다. 김 선배와 그날 '공무원의 길'에 대해 한참 얘기를 나눴다. 그는 후배 관료들이 옮겨간 세종시의 업무상 비효율을 많이 걱정하고 있었다. 공무원들을 갈라파고스의 섬에 따로 떨어뜨려 놓았다는 것이다.

도시의 거리와 골목을 걷는 김 선배의 모습은 기재부 무역협정 국내대책본부장 시절의 그를 떠올리게 했다. 정신없이 바쁜 국제금융국장을 지내고 1급 본부장을 맡았을 때였다. 과천정부청사 뒤편의 산책로에서 김 선배와 자주 조우했다. 댐에서 흘러내리는 물을 물끄러미 바라보던 그가 생각난다. 여유 있어 보이기도 했고, 왠지 쓸쓸해 보이기도 했다. 그때는 일 얘기보다는 그냥 사는 얘기를 많이 나눴던 것 같다. 김 선배의 부고 기사를 쓸 때 최근 그의 직함인 '국제금융센터 원장'이나 가장 높았던 '본부장' 직함이 아니라 '전 기획재정부 국제금융국장'이라고 쓴 것도 김 선배가 그 시절에 가장 빛났다고 생각했기 때문이다. 물론 이는 온전히 내 주관적인 판단이다. 김 선배가 본부장과 원장으로 일하시면서 거둔 성취도 국제금융국장 시절에 못지않을 것이다.

국제금융센터 원장을 지낸 뒤에도 국제금융에 대한 안목과 관료의 경험을 살려서 김 선배가 좀 더 오랫동안 사회에서 의미 있는 역할을 하셨으면 하고 바랐다. 사람을 푸근하게 하는 각시탈 같은 미소를 오래오래 보고 싶었다. 세상 얘기, 골목 풍경 얘기, 관료 선후배들 얘기를 더 나누고 싶었다. 너무 아쉽다. 가슴이 아프다.

종로의 후미진 골목길을 나도 한번 걸어볼까 한다. 거리를 걷다 보면 어느 골목에서 그가 툭 튀어나와 "서 형~" 하고 살갑게 말을 걸어올 것만 같다.

인자하지만 입이 거친 츤데레

김주연 (로이터통신 기자)

원장님이 떠나셨다는 소식을 듣고 원장님의 부모, 형제, 그리고 많은 친구 분들이 충격 속에 비통한 마음으로 지내실 것을 알기에 제가 느끼는 허전함은 아무것도 아닐 수 있겠다는 생각도 들지만, 저 또한 원장님을 자주 뵈었던 식당과 버스 정류소에서 원장님 생각이 많이 나 지난 몇 주간 슬프고 허전했습니다.

류근관 교수님께서 친구 분들과 함께 추모 문집을 내신다고 하셨을 때 원장님께서 저에게 좋은 모습을 보여주셨던 기억이 떠올라 늦게라도 고마움을 표현하고 싶었습니다. 여러 관료 분들로부터 원장님이 뭔가 고민이 많으시다는 얘기를 들었을 때도 속으로 걱정만 하고 연락 한 번 하지 못했던 게 후회되고, 10년 전부터 '위에 빵구가 나서' 술을 자제하시는 줄만 알고 한 번도 달리 살펴보려 한 적이 없었던 게 더 많이 후회됩니다.

저의 수습기자 시절에 원장님은 제게 열심히 하라며 다른 이를 통해 책을 전해주시기도 했고, 사무관들과의 민망하고도 유쾌한 자리를 만들어주시기도 했지요. 다가가기가 어려워 한참을 망설이다 찾아가 질문을 했을 때 제 마음을 다 아시는 듯 크게 웃어주시며 아주 오랫동안 설명을 해주시기도 했고요. 그때는 제가 지금보다 모든 것이 어렵고 마음이 어리숙했는데, 그런 원장님의 도움이 제게 얼마나 큰 힘이 되었는지 모릅니다.

어쩌면 당시 '기자와 취재원의 관계는 이러이러해야 한다'는 관계설정에 대해 아직 모르는 상태에서 '인자하지만 입이 거친 츤데레 선생님' 같은 원장님을 만났기에 더 정이 들었던 것 같아요.

처음에는 금융시장에 관련된 이야기만 여쭙고 배우다가, 다음에는 '이놈', '저년' 운운하는 구수한 욕이 섞인 농으로 대화가 발전했고, 나중에는 찾아뵐 때마다 직장인으로서, 결혼을 앞둔 청년으로서의 고민을 자꾸 털어놓게 되었네요.

일 년 전 즈음이었던 것 같아요. 지금 생각하면 원장님이 누구보다 외롭게 투병을 하고 계실 때였을 텐데 하필 왜 그때 제가 시답잖게 우울하다, 고민이 많다, 이렇게 털어놓았는지……, 돌이킬수록 창피하고 너무나 슬픈 기억입니다.

홀연히 떠나셨다는 비보를 접한 뒤로 그날 원장님이 제게 해주신 위로의 말들이 자꾸자꾸 떠올라 가슴이 아픕니다. 마음속에만 품고 직접 전해드리지 못한 응원의 말들이 여전히 마음속을 맴돌아 괴롭고, 원장님을 찾아가 상담을 하거나 질문을 할 기회가 다시는 없게 됐다고 생각하니 슬프기만 합니다.

원장님, 지난해 마지막 모임에 나가지 못했을 때 제 수첩에는 'Thank Ikjubo'라는 리마인더가 적혔습니다. 그때 못 뵌 것이 가슴 깊이 아쉽고, 또 오래오래 뵐 줄 알고 말과 표현을 아꼈던 것이 한이 됩니다.

늦었지만 지금이라도 그때 너무 감사하고 많이 감동했다고, 그냥 지나치실 수도 있었는데 기억하고 챙겨주셔서 나중에 도움을 드릴 기회가 있으면 꼭 그러고 싶었다고, 이렇게나마 적어봅니다.

정부부처 회의장에서든, 청사 복도에서든, 식사 자리에서든 뵐 때마다 머리를 쓸어 올리며 웃음으로 환하게 반겨주시던 원장님의 모습이 눈에 선합니다.

보고 싶습니다. 편안히 잠드소서.

안경줄의 스타일리스트

이상훈 (동아일보 경제부 차장)

"안경줄 있는 안경 쓰시니 좀 나이 들어 보이세요."

2009년 가을 어느 날이었습니다. 정부과천청사 기자실에서 김익주 국장님이 밝은 표정으로 기자들과 간담회를 가졌습니다. 리먼브라더스발 글로벌 금융위기의 먹구름이 채 가시지 않았던 그때 글로벌 신용평가사들이 한국의 국가신용등급을 상향 조정했다는 소식은 듣던 중 반가운 소식이었습니다.

간담회가 끝나고 1층 복도에서 국장님께서 "간담회 괜찮았나요?"라고 물었을 때 저는 뜬금없이 안경줄 얘기를 꺼냈습니다. 까만 안경줄이 달린 돋보기안경은 기자들 사이에서 그분의 트레이드마크로 통했지요. 꽤 중후하고 스타일리시한 안경이었는데 "나이 들어 보인다"는 말을 제가 왜 했는지 도통 기억에 없습니다. 젊은 기자들이 한바탕 웃은 뒤에야 국장님은 "안경이 뭐 어때서……"라면서 같이 웃고 넘겼습니다. 불과 8년 전 일인데, 화기애애했던 그날의 간담회가 낡은 책장 속 추억처럼 느껴져 서글프고 슬픕니다.

제 기억 속의 국장님은 늘 소탈하고 시원한 분이셨습니다. 아침 일찍 축구를 마치고 맨발에 땀을 뚝뚝 흘리며 흙 묻은 축구화를 들고 과천청사지하1층 샤워실로 향하던 모습이 엊그제 같네요. 어쩌다 점심식사라도 같이 할 때면 칼칼한 복국 한 그릇을 앞에 놓고 소주잔을 주거니 받거니 했지요. 전기가 모자랄 정도로 유난히 무더웠던 어느 해 여름에는 "이렇게 더운 날에 청사는 에어컨도 안 틀어주는데 일이고 기사고 다 그만두고 같이 벽산탕 냉탕에나 들어가자"는 농담으로 더위를 쫓았었죠.

명동 은행회관에 있는 국제금융센터로 자리를 옮기신 뒤에도 저와 좋은 인연은 계속됐습니다. "놀러 가겠다"는 전화 한 통 없이 불쑥 센터 원장실을 방문해도 활짝 웃으시며 "어서 오소"라는 말로 반기던 모습이 아직도 생생합니다. 가끔씩 선물로 주셨던 스타벅스 커피 상품권으로 후배들에게 "좋은 분이 준 선물"이라며 생색도 냈지요. 몇 달에 한 번씩 잠깐 들러 10여 분 차 한잔 마신 게 저로서는 전부인데, 그 짧은 시간에도 많은 선후배들이 국장님을 찾아와 인사를 드리더군요. 국장님이 쌓은 인덕이 새삼 높게 느껴졌습니다.

명색이 기획재정부 국장님과 중앙일간지 기자 사이인데 남은 거라곤 이런 기억밖에 없습니다. 그래서 더 원통하고 애석합니다. 누구보다도 인간미가 넘치셨던 분이라서 더 그렇습니다. 대이란 제재, 신용등급 조정, G20 등 중요한 이슈가 많아 그 어떤 취재원보다도 자주 만나고 통화도 했는데 고작 이런 기억만 간직하게 됐습니다. '남는 건 결국 사람'이라는 평범한 말이 오늘따라 유난히 머리속을 맴돕니다.

요즘처럼 나라가 어지러울 때는 국장님 생각이 더 많이 납니다. 예의 담백한 목소리로 "이런 때일수록 다들 기본에 충실해야 한다"고 하시는 말씀을 들으며 허름한 밥집에서 술 한잔 나누지 않았을까요. 사람을 아끼고 나라를 걱정하던 대인배 김익주 국장님이 그리워지는 시절입니다. 국장님 같은 분과 연을 맺고 이렇게 하늘나라에 편지를 띄울 수 있으니 십수년의 제 기자생활도 헛되지 않았나 봅니다. 오랫동안 기억 속에 좋은 분으로 간직하겠습니다.

김익주 선배를 추억하며

김태균 (서울신문 경제정책부장)

김익주 원장은 나에게 고등학교 9년 선배다. 김 선배가 경동고 34회이고, 내가 43회다. 고등학교 9년 차이이니 그야말로 하늘 같은 선배다. 김 선배와의 관계가 일반적인 기자와 취재원의 그것보다 조금 더 각별했던 데는 학연이 지대한 영향을 끼쳤음을 부인할 수 없다. 단순히 공사석에서 만남의 횟수가 많았기 때문만은 아니다. 선배와의 관계는 연락이 서로 뜸했을 때 외려 분명하게 확인되곤 했다. 오랫동안 전화 한 통 없었어도 “잘 지내시죠?” 한마디면 바로 엊그제 보았던 사이처럼 편안해지는 무언가가 있었다. 그것은 관계의 출발점을 30대나 40대가 아니라 10대 시절로 끌어올리는 일종의 공동체 의식 같은 것 때문이 아니었을까 한다.

선배를 처음 만난 건 2001년 10월 초였다. 회사에서 인사가 나서 과천청사 재정경제부를 담당하게 되면서였다. 나는 기자실에 출입기자 등록을 마친 그날 당시 산업경제과장이었던 선배의 방을 찾아갔다. 동문 선배라는 사실을 알고서 다소 전략적으로 찾아갔음은 물론이다.

첫인사를 하고 며칠 뒤 점심을 함께 했다. 청사에서 비교적 거리가 있는 복집으로 가기 위해 주차장에서 선배의 차를 타게 됐다. 차문을 여는데 내가 앉을 조수석 바닥에 검정색 축구화가 눈에 들어왔다. 언뜻 봐도 신발

등과 스파이크에 붙은 붉은 흙이 완전히 마르지 않은 상태였다. 선배는 축구화를 집어 들어 뒷좌석 쪽으로 휙 던지면서 "특별한 일 없으면 아침에 축구를 한다"고 했다. 그가 재무부 사무관 시절부터 최전방 공격수로 이름을 날렸음은 나중에 알게 됐다.

그날 점심 자리는 차분했다. 큰 유쾌함 같은 것은 없었다. 갓 만난 동문 선후배 둘이 공유할 수 있는 대화 주제가 별로 없기도 했거니와 둘 다 이런저런 화제를 끄집어내어 말을 만드는 재주가 탁월한 스타일이 아닌 탓이었다. 특히 나는 고교 9년 선배 앞에서 다소간의 위축을 느끼고 있었고, 선배는 후배를 반가워하기는 했지만 특유의 낯가림은 극복하지 못하고 있었다. 하지만 그런 모습이 김 선배를 구성하는 진실됨과 따뜻함의 밑바탕이라는 사실을 알기까지는 그리 오랜 시간이 걸리지 않았다.

무심결에 흘려보낸 일이 나중에 일어나는 일(주로 불행한 일)의 암시나 복선이 되는 경우가 있다. 선배가 돌아가셨다는 소식을 접하고 곧바로 든 생각이 그랬다. 작년 10월 점심을 같이 할 때 "오후에 병원에 들러야 하니 미안하지만 자리를 일찍 마치자"고 선배가 말했다. 식당을 나와 헤어질 때 "어디가 안 좋으시냐"고 묻는 나에게 선배는 "가볍게 검사받을 곳이 있는데 아무것도 아니야"라고만 했다. 그렇게 돌아선 선배의 뒷모습이 생전의 마지막이 되리라고는 상상하지 못했다.

마지막 통화는 작년 말이었다. 국회에서 대통령 탄핵 소추안이 가결되고 얼마 안 돼서였다. 이런 시국에 관료사회는 어떻게 대처해야 하는지, 경제정책은 어떻게 꾸려가야 하는지 따위를 취재하려고 내가 전화를 했다. 그런데 평소와 달리 그날은 나의 물음에 대한 답은 없이 앞으로 행복하게 잘 살아야 한다는 말을 여러 차례 반복했다. 신년을 앞둔 덕담 정도로 생각하고 전화를 끊었는데, 지금 생각하면 그것은 선배의 방식대로 나에게 전한 작별인사였던 듯하다. 선배는 눈물 없는 담백한 이별을 선택했지만, 그것이 남은 사람에겐 더욱 진한 아쉬움으로 다가오는 것은 어쩔 수 없다.

자상한 남편이자 유명한 '딸 바보', 다정한 선배, 그리고 인간미에 가려져 오히려 덜 부각됐던 경제관료로서의 탁월한 능력과 식견. 그런 김 선배를 다시는 볼 수가 없다. 그러나 때로는 정겨움으로, 때로는 그리움으로, 자신이 남긴 훈훈한 인간미와 함께 선배는 나의 마음에 오래오래 살아있을 것이다. 평안하십시오, 김 선배.

원장님이 주신 노트와 초콜릿

이유경 (TV조선 기자)

원장님과 처음 마주 앉아 차를 마신 건 2010년 여름으로 넘어가는 늦은 봄이었습니다. 기획재정부를 막 출입하기 시작한 '초짜 기자'는 이른바 '뻗치기'를 하기 위해 당시 국제금융국장이었던 원장님 댁 근처에서 무작정 기다렸습니다. 밤 12시까지 기다려도 전화를 받지 않으셨던 원장님은 다음날 못내 미안하셨던지 먼저 전화를 걸어와 차 한잔 하자고 하셨고, 그렇게 어렵게 원장님을 따로 뵈었죠. 서툴고 어수룩한 어린 기자의 질문에 원장님은 최대한 성의껏 답해주셨습니다. 그러고는 필요하면 쓰라며 들고 오신 녹색 노트 한 권을 툭 건네셨습니다. 그 노트에 금융 관련 용어들을 하나씩 써가며 그렇게 저는 기재부에 적응했습니다. 한없이 시원하고 호탕하셨지만 마음을 겉으로 표현하는 데는 어색해 하셨던 원장님에겐 낯선 기자의 방문이 풀어내기 어려운 숙제였다는 것을 세월이 지나 원장님의 성품을 좀 더 겪고 나서야 막연하게 알게 됐습니다.

기재부가 세종시로 피난 가듯 옮겨갈 때 저도 허허벌판인 세종시로 내려갔습니다. 아직 채워야 할 게 많은 초짜 기자로 기재부를 출입하며 허전하고 답답할 때 FTA 본부장이셨던 원장님 방 문을 두드렸습니다. 회사의 막무가내 지시에 지쳐있을 때, 기자라는 직업에 대한 고민이 깊어질 때 원장님을 찾아뵈면 인생 뭐 있냐고, 힘내라며 초콜릿을 주셨습니다. 그 힘내라는 말과 달달한 초콜릿은 제게 또 하루를 견디고 버티게 하는 힘이 됐던 것 같습니다. 그렇게 원장님이 주신 노트로, 초콜릿으로 저는 무럭무럭 자라 어느새 8년차 기자로 살고 있습니다.

마지막으로 원장님을 뵌 게 지난해 겨울이네요. 아직도 가슴이 저미는 건 그때 아프신 줄도 모르고 “얼굴이 좋아지셨다”고 했던 거예요. 치료를 받느라 부으셨던 거라는 걸, 뭔가 이상했다는 걸 원장님이 떠나신 뒤에 알았습니다. 늘 저에게 좋은 말씀과 함께 위로를 해주셨는데, 정작 원장님이 힘드실 때 저는 어떤 위로도, 얘기도 해드린 게 없어서 아쉽기만 합니다. 원장님의 빈자리를 허전해하고, 또다시 고민에 빠지면 원장님을 떠올리고, 이렇게 짧은 글을 남기는 게 고작 제가 할 수 있는 일입니다. 원장님을 좋아하고 그리워하는 사람들이 많다는 것을 잊지 마시고 그곳에서 평안히 지내시길 기도할게요. 뵙고 싶습니다.

제3부 학창시절 친구, 친지, 친족이

익주와 나

류근관 (서울대 경제학부 교수)

우리는 한국이 전쟁의 폐허 속에서 정치적 안정을 위해 몸부림치던 1960년 같은 해에 태어났고, 경제적으로 먹고 살기 위해 안간힘을 쓰던 1970년대의 마지막 해에 대학에 들어갔다. 〈수학의 정석〉 문제를 풀고 〈성문종합영어〉로 영어 문법지식과 독해력을 키워 전국적 예비고사와 대학별 본고사를 치르고 서울대학교 사회과학대학에 신입생으로 들어갔다. 이어 2학년으로 올라가면서 경제학과를 선택했다. 서울대 경제학과 재학 시절 너는 유독 축구를 많이 했고, 나는 농구를 많이 했다. 그렇게 종목은 달랐어도 블루칼라 노동자 같이 몸으로 열심히 뛰는 스타일은 우리가 비슷했던 것으로 기억한다. 졸업 전 너는 재경직 행정고시를 수석으로 합격했고, 나는 졸업 후 미국으로 유학을 떠났다. 이후 한동안 우리는 서로 만나지 못했다. 내가 4년간은 학생으로, 뒤이은 5년간은 교수로 보낸 총 9년의 미국생활을 마치고 1995년 모교로 부임하고 나서야 우리는 가끔씩이나마 다시 볼 수 있게 되었다. 네가 공무원 생활 도중 영국으로 유학 연수를 떠났던 1990년대 후반 2년간은 서로 처지가 바뀌어 다시 국내외로 헤어지게 되었지.

최근에 와서야 서로 오십 중반을 넘은 나이 탓인지 옛것이 좋고 옛친구가 그립고 그나마 생활의 여유가 생겨 부담 없이 만날 수 있었다. 어느 비 오던 날, 우리는 대학 친구들을 만나기로 한 시내 고깃집을 향해 걷다가 우연히 길에서 조우하기도 했지. 세종로에서 만나 삼청동을 향해 빗길을 함께 걸으며 편하게 대화했던 느낌은 아직도 풋풋하다. 이후 지난 몇 년간 우리는 특정한 주제 없이 아무런 이야기나 주고받을 수 있어 좋았다. 오랜 기다림 속에 찾아온 그 여유가 이렇게 짧게 끝날 줄은 몰랐다. 네가 속한 기획재정부 공무원 축구팀과 내가 속한 서울대 교수 축구팀 간 친선경기 한번 하자, 대학 동기들과 1박2일로 국내 여행이라도 한번 다녀오자, 이런 약속도 이제는 영영 지킬 수 없게 되어 버렸다.

가난한 시절에 태어난 우리는 자라면서 한국 경제의 성장을 보았고 한국 사회의 민주화를 경험했다. 똑같이 스포츠를 즐긴 우리는 라디오 중계를 통해 마닐라에서 열린 아시아 농구대회에서 신동파 선수가 연속으로 슛을 성공시키는 것을 들었고, 차범근 선수가 후반 종료 직전 5분 만에 기적의 세 골을 성공시켜 우리나라가 말레이시아와 극적으로 비겼던 축구경기 소식도 음성으로 공유했다. 1976년 몬트리올 올림픽에서 레슬링의 양정모 선수가 베를린 올림픽의 손기정 선수 이후 한국 국적 선수로는 처음 올림픽 금메달을 딴 소식을 들었고 김기수, 홍수환, 염동균 선수가 차례로 권투 세계 챔피언이 되는 순간들에 기뻐했다. 물론 더 이전에는 프로레슬링의 김일, 장영철, 천규덕 선수에 열광했었다. 이제는 모두 아련한 추억이 되어 버렸다.

물질적으론 부족했지만 우리의 어린 시절이 눈부신 경제성장을 이룬 오늘날 우리 아이들이 보내는 어린 시절보다 불행하지 않았다. 대학 1, 2학년 때 우리는 출신 배경이나 지역을 떠나 같이 밥 먹고 같이 여학생들과 미팅했는데 지금은 꼭 그렇지 않은 것 같다. 요즈음 우리 학생들 행태를 보면 끼리끼리 어울리고 끼리끼리 데이트한다. 우리가 밥 먹던 서울대 구내식당만 해도 학생들에게 천 원짜리 식사부터 그 삼십 배가 넘는 식사까지 다양한 메뉴의 음식이 제공되고 있다. 경제학자로서 선택의 폭이 넓어졌다고, 다양성이 증대되었다고, 구성원의 후생 수준이 높아졌다고 말해야 할까?

토마 피케티의 책으로 새삼 많은 일반인과 경제학자의 주목을 끌게 된 빈부격차의 문제, 양극화의 문제에 대해 과연 어떤 대책을 마련해야 하는지, 한반도의 남북문제와 관련하여 “퍼주기” 대 “보수 골통”으로 서로 비난하는 양분법적 대립은 언제 생산적 논쟁으로 바뀔 것인지, 언제까지나 우리 아들들의 빛나는 청춘 2년을 군에 묶어 둘 것인지, ‘숨겨진 축복(blessing in disguise)’이라고도 볼 수 있는 생태의 보고 비무장지대는 언제까지나 지금 상태로 숨겨만 둘 것인지, 전 세계의 양식에 호소하여 냉전의 최대 피해자이자 최후까지의 피해자인 한반도를 전세계 평화의 상징 지역으로 만들 수 있을지, 언제쯤 안중근 의사와 헤이그 특사가 탔던 대륙 열차 노선을 서울역에서 출발하여 따라가 볼 수 있을지……. 우리의 후손들에게 보다 나은 세상을 물려주려면 우리에겐 여전히 할 일이 많이 남아 있다. 우리가 흘려보낸 세월에 대한 추억도 그립지만, 이제는 우리의 후세를 위한 담론도 너와 나누고 싶은데 네가 떠나고 나니 이렇게 홀로 적는 넋두리가 되고 마는구나.

내 아픔보다 남의 아픔을 더 아프게 느껴주고, 내 즐거움보다 남의 즐거움을 더 기뻐하던 너는 너와는 전혀 다른 기준을 적용하는 이 세상에 그다지 오래 어울리기 힘들었나 보다. 예전에 나를 포함한 대부분의 대학 친구들이 이른바 석사장교 제도의 혜택으로 6개월 만에 군복무를 마칠 때 너는 그보다 네 배나 긴 정상적 군복무를 하면서도 친구들에게 단 한 번 불평한 적이 없다. 잘 알려진 것처럼 너는 욕을 자주 했는데 그렇다고 구체적 대상을 염두에 두고 비난한 적은 없었다.

네가 없는 지금 평소 무관심하게 흘려듣던 너에 대한 이야기가 새삼 네가 없다는 사실을 안타깝게 상기시켜 준다. 정부 기획재정부 내에서 몇 년간이나 연속으로 후배들이 가장 닮고 싶은 선배로 선정된 일, 어릴 때 귀국하여 국내에 친구가 없었던 조카를 위해 함께 축구를 하며 친구가 되어 주었던 일, 외화 변동성 위험을 축소하기 위해 정부에서 취한 이른바 외환위기 대응 '거시 3종세트'의 기본 골격을 짠 설계자가 바로 너였다는 사실, 그런 사실을 전혀 내세우지 않아 나처럼 그걸 아는 이가 별로 없었다는 더 놀라운 사실, 고인이 되기 전 마지막 혼신의 힘을 불태워 외화 변동성 위험에 대한 거시경제 처방 경험을 박사학위 논문으로 정리해 둔 일, 너의 장례식장에 찾아온 공무원 선후배, 경제부 기자, 친지 등 모든 조문객이 진심으로 너의 죽음을 슬퍼했던 일 등 새로이 알게 되는 사실 하나하나는 그간 내가 너에 대해 가졌던 우정과 존경심도 너의 일부밖에 반영하지 못하고 있었음을 깨닫게 해준다. 너는 생각이 깊고 그릇이 넓었다. 요즈음 너나 할 것 없이 요란스럽게 빅데이터, 빅데이터 하는데 너야말로 내가 아는 조용한 빅맨이었다.

살아생전 너는 유쾌한 삶의 향기를 뿜어내듯 잘 웃었다. 장례식장에서도 여전히 환히 웃으며 조문객을 맞이하던 너의 영정 사진은 지난 수십 년간 내가 알아온 네 모습 그대로였다. 그래서 더욱 네가 홀연히 떠난 게 믿을 수 없다. 가족, 친구, 동료 모두 그대로이고 익숙한 네 얼굴도 그대로인데 정작 너는 떠나 버렸구나. 익주야, 너무 갑자기 떠난 네가 보고 싶다. 새로운 곳에서 편히 지내라. 힘들면 가끔은 욕도 하고…….

그가 남겨놓은 그윽한 향기

이기영 (경기대 경제학과 교수)

고 김익주 군은 대학 동기이지만 나와는 다른 길을 걸어 온 터라 먼발치에서만 공직을 매우 훌륭하게 수행하고 있다는 소식을 가끔씩 접했고, 그러면서 자랑스러운 친구로 내 마음속에 각인되어 있었다. 그러다가 그를 자주 만나게 된 것은 쉰이 훌쩍 넘은 나이에 그가 경기대학교 경제학과 박사과정에 입학하고부터다. 적지 않은 나이에 국제금융센터 원장으로서 바쁜 나날을 보내면서 책과 논문을 읽고 논문을 써야 하는 학위과정을 과연 잘 해낼 수 있을지 하는 우려와 함께 그와의 정기적인 만남이 시작되었다. 그러나 그러한 걱정이 그야말로 기우였다는 것을 확인하는 데는 그다지 많은 시간이 필요하지 않았다. 특유의 성실성과 진지함을 가지고 수업 준비를 하고 과제물을 제출하였을 뿐만 아니라, 논문을 이해하고 작성하는 데 필요한 통계이론까지도 혼자 열심히 익히면서 코스워크를 무난하게 마쳤다. 2016년도 봄학기에는 코스워크 중 틈틈이 작성한 논문을 경제학과 전체 교수가 참여하는 세미나에서 2번 발표하면서 다듬어갔다.

이렇게 학위논문의 90% 정도가 완성된 상태에서 가을학기에 등록을 하지 않았다는 얘기를 듣고 깜짝 놀랐다. 그때 알았어야 했다. 그가 이미 2년 가까이 암투병 중이었다는 사실을. 그렇게 자주 만나고서도 어찌 눈치 채지 못했던가? 아무리 본인이 전혀 내색을 하지 않았다 하더라도…… (나중에 알게 되었지만, 그의 투병 사실을 알고 있었던 사람은 오로지 세 명, 본인과 부인, 그리고 딸이었다고 한다). 나는 아무것도 모르고 "조금 늦었지만 등록을 하고 논문을 마무리하자"고 권유했다. 절차는 진행되어 그는 성공적으로 학위논문을 완성하였고, 교외의 전문가들까지 모시고 공식적인 논문심사도 모두 마쳤다. 논문 지도교수로서 내가 해준 어드바이스는 정책결정자로서 본인이 고민했던 내용을 논문에 녹여주면 좋겠다는 것이 전부였다. 이런 아이디어를 받아들여 그가 논문에서 분석한 것은 자신이 2008년 글로벌 금융위기 발발 직후 기획재정부 국제금융국장으로 재임하면서 당시 불안정했던 거시경제의 안정성을 확보하기 위해 자신의 주도로 도입한 소위 거시건전성 3종세트(선물환 포지션 한도 규제, 외환건전성 부담금 부과 제도, 외국인 채권투자 과세)의 효과에 관한 것이었다. 자신이 주도하여 만든 정책의 효과를 계량경제학적으로 살펴보는 과정에서 전혀 과장됨이 없이 객관적인 자세를 유지하려고 노력했다. 이렇게 완성된 그의 박사학위 논문이 〈외환부문 거시건전성 정책이 차입구조 및 환율변동성에 미치는 효과 분석〉이다.

2016년 12월 22일 연구실에서 그와 만나 논문의 최종본에 사인을 하고 논문 인쇄 및 나머지 행정절차에 대한 이야기를 나누고 헤어졌다. 그것이 마지막 만남이 될 줄이야. 한 달쯤 지나 전화를 해보았지만 연결이 되지 않아 나 혼자 생각에 학위논문을 마치고 어디 멀리 여행이라도 다니는가 했다. 그리고 바로 그 다음 날 날아온 청천벽력 같은 부고. 그는 돌아올 수 없는 여행을 준비하고 있었던 것이다. 당시 부고를 접하고 먹먹하지 않았던 사람이 없겠지만, 그의 건강상태도 모른 채 스트레스를 수반할 수밖에 없는 논문 완성을 권유했던 나로서는 그의 명을 재촉한 것이 아닌가 하는 죄책감이 들어 괴로웠다. 장례식장에서 만난 그의 절친한 친구 임종룡 씨에게 이런 나의 심정을 이야기했다. 그는 고인이 대학원 과정을 즐겁게 보내고 있다고 말한 적이 있다고 하면서, 유작(遺作)을 완성하고 간 것이니 마무리를 서두른 것이 오히려 잘 되었다고 위로해 주었다. 다음날 나는 연구실에서 그와 마지막으로 만났던 날에 그가 놓고 간 메모지를 보게 되었다. 거기에는 "늦었지만 등록을 하게 되어 ㄱㅅ(감사)합니다"라는 문장이 있었다. 마치 나의 죄책감에 대한 그의 위로편지처럼 느껴졌다.

그는 돌아올 수 없는 여행을 떠났다. 그러나 그가 남겨 놓은 그윽한 향기는 혼탁하기만 한 세상에서 갈수록 진해져만 간다. 공직자로서 뿐만 아니라 늦깎이 대학원생으로서 매사에 성실하고 진지한 태도로 삶을 깔끔하게 마무리한 행적을 남긴 점에서 그는 어떻게 살아야 하는가를 보여주는 사표(師表)와도 같다. 부디 이승에서의 모든 근심 내려놓고 편안하게 영면하길 간절하게 기도한다. 그립다, 친구여!

미국발 금융위기 당시의 일화

이영훈 (포스코켐텍 대표)

2009년 초 리먼 사태로 인한 미국발 금융위기가 우리나라 외환시장을 뒤흔들 무렵 당시 기재부 국제금융국장이었던 고인으로부터 전화를 받았다. 외평채 발행마저도 여의치 않으니 포스코가 해외사채 발행을 검토해주기를 바란다는 내용이었다.

국가경제의 위기상황을 외면할 수 없어 국제금융시장 여건을 점검해 보았다. 7억 달러 정도는 물량소화가 가능하지만 문제는 상상을 초월하는 금리를 부담해야 한다는 것이었다. 평상시 같으면 미 국채 금리에 1%p 미만의 가산금리로 발행이 가능했을 터이나 한국경제와 기업에 대한 위험도 평가치가 급상승한 탓에 가산금리만도 7~8%p 수준으로 올라 있었다. 총금리가 9% 이상이라면 발행을 포기하고 돌아오겠다는 양해를 구하고 아시아, 미주, 유럽으로 세 팀을 구성하여 Road show에 나섰지만, Pricing 전일까지도 금리 협상은 9%대 초반에서 요지부동으로 진전이 없었다.

참으로 난감한 상황에 김 국장은 회사의 입장을 이해해주었다. 아무리 나라가 위중한 처지에 있다고 하더라도 기업에 과도한 부담을 주어서야 되겠느냐고 하면서 오히려 수고에 감사하다는 위로의 말까지 남겨주었다. 하지만 노심초사하며 기대했던 고인의 심정은 어떠했을까? 다음날 아침 참으로 기적 같은 일이 벌어졌다. 미국 정부의 신규 국채발행 계획 발표로 기준 국채금리가 하락하여 8.75%의 표면금리로 5년 만기 7억 달러의 해외사채 발행을 마무리할 수 있었다. 귀국하여 고인으로부터 받은 한마디 코멘트는 아직도 기억에 생생하다. "포스코가 애국을 했다." 그 후 회사는 5년간 굴욕적인 고금리를 감내해야 했지만, 채권 발행 시 달러당 1,384원이었던 환율이 상환 시에는 1,080원으로 하락하여 결과적으로 크게 남는 장사를 했다. 고인은 포스코에 애국도 하고 이문도 남길 일거양득의 기회를 준 은인인 셈이다.

고인을 회상하면 늘 떠오르는 한자성어가 있다. '재관여빈(在官如賓).' 관직에 머무르되 손님처럼 있다가 떠난다는 의미이리라. 2008년 포스코 입사 20년 만에 임원이 된 친구에게 그는 스치듯 말 한마디를 던져주었다. "영훈아, 이제부터 어디까지 갈 수 있을지는 운이라고 생각해라. 애써 무리하다가 오히려 자신을 망치는 사람이 너무 많더라." 오랜 공직생활에서 체득한 고인의 좌우명이랄까? 참으로 고 김익주 원장은 자리에 연연하지 않고 맡은 바 직무에만 충실했던 공인의 표상임에 의문의 여지가 없다. 아직 이 못난 친구는 이생에 남아 있는데 어찌 그리도 일찍 떠나야 했는지? '재천여주(在天如主).' 이생에서는 손님처럼 살았지만 천국에서는 주인으로 영생을 누리소서.

친구 익주를 기억하며

이원재 (재 뉴욕, Businessman)

지난 2월 어느 날인가 익주가 세상을 등졌다는 소식을 접한 저는 너무 놀랐습니다. 그 친구가 그렇게 보이지 않았는데 하느님의 뜻은 언제나 인간의 좁은 생각을 비켜 가신다는 생각이 들면서 '우리가 벌써 이럴 나이인가'하는 당혹감이 엄습했기 때문이었습니다.

저는 익주에 대해 추억할 것도, 아는 것도 사실은 많지 않습니다. 익주와 저는 서로가 얘기를 죽 늘어놓은 스타일이 아니었습니다. 전 말주변이 없고, 익주는 과묵하고……. 하지만 그럼에도 그가 제게 크게 다가왔던 인물이란 점은 분명합니다.

그가 대단한 인물이란 것은 한눈에도 알 수 있었습니다. 일반적으로 서울대 경제학과 학생들은 그냥 공부만 아주 잘하는 보통사람인데, 그는 공부도 잘하는 보통 아닌 사람으로 생각되었습니다. 그는 공부도 잘하고, 뚝심도 있고, 리더십도 상당하고, 만능 스포츠맨이고, 또한 야심도 상당했던 걸로 기억합니다. 거기다가 약간의 파격도 즐길 줄 아는, 경제학과 학생치고는 좋은 의미로 특별한 존재였습니다.

경제학과 지진아 그룹에서도 우리 같은, 아니 저 같은 보통(ordinary) 지진아들은, 그 당시를 회고하자면, 관심의 일순위는 농구였습니다. 아마도 매일 농구를 했을 거예요. 그 다음에는 주로 술집 아니면 당구장으로 가고, 그럴 시간도 없고 돈도 없게 되어야 겨우 도서관으로 기어들어가는, 그런 스타일의 생활을 하는 자들이었던 반면에 익주는 좀 extra-ordinary하지 않았나 생각됩니다. 그래서인지 그와 같이 농구를 한 기억도, 술을 같이 마신 기억도 저에게는 별로 없습니다. 항상 진지하고, 과묵하고, 뭘 하든 열심히 하는 익주였습니다.

저와 작고하신 제 부친의 관계가 어쩌면 저와 익주의 관계와 비슷할지도 모르겠습니다.

제가 서울대에 합격한 날에도 제 부친은 여느 때처럼 술을 드시고 집으로 돌아오셨고, 아무 말도 없으셨습니다. 그때 저는 아버지가 제 대학등록금 걱정부터 하시는가 보다 하고 생각했습니다. 제가 그때로부터 30년을 더 살아 보니 그런 건 아니었겠다 싶습니다만. 저와 익주의 관계도 이와 비슷해서 서로 살가운 대화를 한 기억은 별로 없지만, 마음으로는 언제나 그리 멀지도 않았습니다.

제가 익주를 마지막으로 본 것은 2009년 10월 초순입니다. 날씨가 너무 좋은 날이었습니다. 과천이 온통 노란빛 단풍으로 뒤덮인 진짜 시월의 어느 화창한 날이었습니다. 공직에 있던 대학 동기 (윤)태용과 과천에서 점심을 같이 먹었는데, 익주가 꼭 자기를 보고 가라고 해서 정부청사로 익주를 만나러 갔습니다. 반투명 유리로 된 멋진 사무실이었던 것으로 기억납니다. 대화 시간은 약 30분가량이었는데 무슨 말을 했는지는 전혀 기억에 없습니다. 다만 그의 트레이드마크인 환한 웃음, 간결한 말투, 그리고 엘리베이터까지 배웅을 나와서 건네던 손길, 그리고 미소. 특히 그 마지막 미소는 여전히 스틸 사진처럼 제 기억에 남아 있습니다.

또 생각이 나는 것 하나만 더 말하겠습니다. 1980년대 초의 어느 화창한 봄날로 기억됩니다. 익주가 행시를 수석으로 합격한 다음 날 드디어 학교에 나타났습니다. 청바지에 청재킷을 입고 말입니다. 그때 저도 그렇고 다른 친구들도 다 걸레 같은 옷만 입고 다녔는데, 무슨 '한광수(LB2반, 무역학과) 패션'을 하고 나타났나 하고 생각했습니다. 그런 Fashionable한 옷차림으로 도서관 남쪽 난간에 걸터앉아 있던 그의 모습이 지금도 눈에 선합니다. 그가 즐겨 입던 남방셔츠와 함께.

대충 이런 것들이 익주와 가졌던 제 기억의 조각들입니다.

누구를 기억하는 이런 회상의 글은 되도록 많이 쓰고, 정작 나를 기억하는 사람은 없어질 때까지 삽시다. 그게 익주가 우리에게 전해주고픈 얘기일지도 모릅니다. 그러는 것이 그의 떠남으로 대한민국이 입은 큰 손실을 조금이나마 보전하는 길이 될지도 모르겠다는 생각이 듭니다.

마지막으로 익주에게.

이 친구야!

뭐가 그리도 급해서 이리도 황망히 갔는가?

한번 가면 다시 돌아오지 못할 길을…….

아무튼 극락왕생을 간절히 빌고,

가서도 세상을 널리 비추는 북극성 같은 존재가 되기를 또 빈다.

친구야, 언제 다시 만나자.

수줍은 욕쟁이, 멋진 내 친구 익주야

이종훈 (명지대 경영학과 교수)

너를 추모하는 글, 내가 제일 늦게 쓰는가 보다. 네가 우리 곁에 없다는 사실이 영 받아들여지지 않아서인지 글쓰기가 쉽지 않았다.

영탁이와 보바스 병원을 찾았을 때 초췌한 모습으로 의식도 없이 잠만 자는 너를 보고 얼마나 마음이 아팠던지. 그래도 나한테 연락하라고 했다는 말을 듣고 마지막까지 나를 배려하는 것 같아서 친구로서 너무 고마웠다. 마지막 모습 대신 나한테 씩씩하게 욕도 하고 항상 밝게 웃던 익주 그대로 기억하려 한다.

너를 생각하면 항상 나를 특별하게 대해준 것 같아서 늘 고마웠다. 제일 먼저 생각나는 것은 대학에 입학하자마자 나한테 행시공부 같이 하자고 한 말. 나한테 너와 같은 길을 가자고 한 것 같아서 그때도 참 고마웠다. 같이 했다면 같은 직장에서 너와 더 많은 시간을 보냈을 것이고, 더 많은 추억을 갖게 되었겠지?

대학 3학년 때 행시 2차에서 떨어진 후 속이 많이 상했는지 나를 조용히 불러냈던 것 기억하니? 술을 많이 마시고는, 시험 점수를 알아보니 1~2점 정도의 차이로 아깝게 떨어져서 많이 속상하다고 했었지. 그때 나는 이렇게 말했지. "야 인마, 내년에 수석합격하면 되겠네. 문 닫고 들어가면 뭐 하냐, 문 열고 폼 나게 들어가야지." 그 말 그대로 보란 듯이 수석합격한 너를 보고 "이런 독한 놈"이라고 말하면서도 내가 너를 얼마나 자랑스러워했는지 모른다.

익주야, 네가 힘들 때마다 나를 찾아준 것이 지금 돌아보면 새삼스럽게 친구로서 고마우면서도 내 마음을 더 아프게 한다. 군에 가서는 예상치 못하게 거여동 공수부대에서 훈련을 받고 있다고 해서 내가 면회 간 날의 기억도 생생하다. 또 네가 군 복무 중에 갑자기 나한테 마장동 버스터미널로 오라고 해서 갔더니 그제야 "부친상 당했는데 미처 연락도 못했다. 지금 부대에 복귀한다"고 했었지? 그런 너를 보고 왜 연락도 안 했느냐고 섭섭하다고 해야 할지, 이제라도 나를 불러주어 고맙다고 해야 할지, 내가 어이없어서 멍했던 기억이 난다.

'소리 없이 강하다.' 이것은 너를 두고 한 말이라는 생각을 항상 했다. 너는 참 여러 모로 능력이 있는 놈이었다. 4학년 1학기 때까지 서울대 사회과학대 전체 수석을 하다가 마지막 2학기 때 고시공부 때문에 학점관리를 좀 소홀히 해서 아깝게 수석을 놓쳤을 때 내가 다 속상했다. 학점관리를 조금만 더 했으면 서울대 수석으로 대통령상 수상에 행시 수석까지 스토리 짱이었을 거다.

공부 잘하는 익주 덕분에 친구들이 신났던 에피소드 한 가지. 익주 네가 군대 가기 바로 전날에 환송식 해준다고 친구들이 많이 모였지. 그날 서울대 행정대학원에 등록금을 대신 내달라고 나에게 조용히 돈을 맡겼지. 익주 네가 큰 실수를 한 거였어. 나는 바로 친구들을 조용히 불러내서 "돈 있으니 일단 쓰고 보자. 익주를 화끈하게 보내주자. 절대 잊지 못하게." 그러고는 정말 그날 광란의 밤을 보내면서 그 돈을 다 썼다. 등록금은

10명이 넘는 친구들이 나중에 다시 모아 주기로 하고.

그런데 나중에 돈을 걷을 때 얼마나 힘들던지. 욕지거리까지 해가며 돈을 걷어 등록금을 마련해 너 대신 등록을 하러 갔더니 네가 수석인가 뭔가를 해 장학금을 받아서 등록금을 안 내도 된다더라. 우리가 완전히 땡 잡은 거지. 역시 우리가 친구 하나는 잘 뒀다면서 그 돈을 다시 신나게 썼던 기억이 선명하다. 나중에 이런 사실을 알려주었더니 네가 쌍욕을 하면서 껄껄 웃던 기억도 난다.

내 친구 익주는 능력이 뛰어나면서도 속이 깊고 참으로 진중했다. 경제 현안에 대해 책상머리 교수인 내가 뭐라 뭐라 씨불일 때 너는 항상 현실에 맞게 진단을 하고 현실에 맞는 대안을 말했다. 내가 말로는 공무원 티낸다고 너를 구박했지만, 속으로는 네 말이 항상 옳다고 생각했다. 내가 아는 많은 관료들이 정치적으로 놀 때에도 너는 안 그랬다. 그 시간에 나라와 조직을 우선하는 처신을 하는 것도 참 멋있었다. 네가 세상을 뜨고 많은 선후배 동료뿐만 아니라 기자들까지 매우 안타까워하는 것을 보고 '역시'라고 생각했어.

그런 내 친구 익주가 나에게 이런저런 어드바이스를 했는데도 나는 네 말을 잘 안 들은 것 같아. 그래서 살면서 손해도 많이 본 듯해. 신갈 저수지로 밤낚시 가서 김치찌개 끓일 때 생선 통조림은 넣지 말라는 네 말을 안 들었다가 친구들한테 욕먹은 것부터, 1986년에 내가 유학 갈 때 주식 투자해 놓고 가면 좋을 것 같다는 네 말을 안 들은 것까지.

이렇게 멋진 추억을 남겨준 내 친구 익주야! 지금도 속이 상하고 화가 난다. 왜 그리 외롭게 투병했는지, 마음 아파 죽겠다. 속이 깊어서 더 멋졌지만, 우리 앞에서 껄껄대고 거침없던 네가 너무 그립다. 자기는 여자 친구가 없으면서 맨날 친구들의 여자 친구에게 이름을 마구 부르고 반말까지 하던 익주야, 네 욕이 듣고 싶어서 미치겠다.

자주 찾아가마. 우리 친구들 늙는 모습 보면서 맘껏 약 올려라.

못난 익주를 떠올리며

이진우 (법무법인 세아 대표변호사)

내가 세상사에 무심한 듯하고 다소 냉소적인 듯한 너의 표정을 보기 시작한 것은 고등학교 시절이었다. 다른 친구들에 비해 어른스러워 보이려는 다소 과장스런 몸짓이라고 그때는 느꼈다. 다른 사람의 말은 경청해 들으면서도 자신의 주장은 툭 던지며 남 얘기하듯 한 너였다. 대학을 다니며 다른 전공을 가지게 되어 간간히 만날 때도, 졸업 후 각자의 길을 가며 일 년에 한두 번 만날 때도 너는 좀처럼 네 속마음을 드러내지 않았다. 내가 덜 가까워서 그럴 수도 있었겠지만 더 자주 만나고, 술자리도 자주 갖는 친구들도 너를 두고 솔직하지 않다고들 했다. 남의 힘든 얘기는 잘 들어주고 아파도 하면서 정작 자신의 아픈 부분이나 힘든 일은 내색하지 않았다고 해야겠지. 그런 면에서 넌 이기적이라고 해도 할 말이 없을 거야. 직장 동료와 부하직원들이 너를 가장 좋아하는 상사로 뽑았다는 얘기를 들으면서도 난 네가 여전히 그리 살고 있구나 했다. 좀처럼 가족 얘기를 안 하던 네가 딸아이와 대화가 잘 안 된다고 투덜대다가 나중에는 딸아이를 대견해 하며 흐뭇한 표정을 얼굴에 띄우는 것을 보고 네 속마음이 참 따뜻하단 걸 느꼈다. 하지만 넌 왜 좀 솔직히 네 속마음을 내비치지 않을까 하는 안타까움이 들었다. 그러던 네가 어느 해 망년회 자리에 낯선 헤어스타일로 나타나 "이거 가발이야"라며 지나치듯 말했지. 그때 '머리숱이 많던 익주도 머리카락이 빠질 때가 되었구나'하고 무신경하게 지나쳤던 나 자신이 못나게 생각되고 부끄럽다. 하지만 네 식구 말고는 어느 누구도 네 부고를 받을 때까지 네가 병환 중이라는 사실을 모르게 했다니 화가 난다. 게다가 조문할 때 네 아내 얘기를 들으니 넌 딸에 대해 우리에게 드러냈던 네 사랑하는 마음을 딸에겐 제대로 얘기한 적이 없었던 것 같더구나. 왜 그랬니 이 못난 친구야!

박사논문을 공들여 잘 썼다는 채 교수의 얘기를 듣고도, 좋은 논문 쓰기보다 가족이나 친구랑 더 많은 시간을 보내고 네 마음도 전하며 살지 하는 아쉬움이 먼저 든다. 공직생활을 마칠 무렵 그동안 현업에서 일한 내용과 네 정책 제언을 글로 남겨 너를 알려야 한다고 조언했던 내게도 책임이 있겠지.

나 자신에게 제일 화가 나는 것은 명색이 친구라며 네가 기독교인으로 신앙생활을 해온 것도 모르고 지내온 부분이다. 함께 기도하고 찬송하며 함께 나눌 수 있는 것들이 많았을 텐데 정말 안타깝다. 네가 가고 난 뒤 요즘 마음에 특히 와 닿는 CCM이 있다. 트루바가 부른 〈길을 걷는다〉와 〈그날을 위해〉가 그런 노래다.

"길을 걷는다. 끝이 보이지 않는 길. 혼자 걷기엔 너무 멀어만 보인다. 잠시 멈춘다. …… 다시 묵묵히 가던 길을 밟는다. 앞서 놓인 발자국 따라. …… 내 침묵 속에 묻힌 수많은 기도들, 내 눈물 속에 덮인 수많은 기도들, 내 고독 속에 던진 수많은 외침들, 내 아픔 속에 맺힌 수많은 기도들. 나 그대 앞에 설 때에 다 내려놓으리. 이 길 저 끝에서."

친구야, 이제 네 오랜 길에 혼자 가지고 있었던 고독과 아픔 모두 그분

앞에 내려놓고 그분이 주시는 평안을 누리렴. 남은 식구들은 염려 말거라. 네가 다 표현하지 못한 사랑도 그분의 능력으로 전해지고 나누어질 테니.

우리도 네가 간 길을 네 발자국 따라 가마. 우리가 다시 만날 것을 알기에, 함께 할 수 있는 순간이 있을 것을 믿기에 때론 두려워도, 잠시 넘어져도 네게 부끄럽지 않게 나의 길을 가마. 언젠가는 함께 나눌 그날을 위해. 그날 못난 너와 나를 서로 나무라자꾸나.

그리움, 아쉬움, 그리고 미안함: 익주가 남긴 '감정의 3종세트'

조영탁 (한밭대 경제학과 교수)

우리는 친구나 지인을 세상에서 떠나보낼 때 여러 가지 방식으로 다양한 감정을 느끼게 된다. 이때 감정을 느끼는 주체는 우리이지만, 어떤 형태의 감정을 어떻게 느끼는가는 떠난 사람, 특히 그 사람이 살았던 삶과 그것이 우리에게 각인된 모습이 좌우한다.

우리 곁을 떠난 김익주 원장은 늘 소탈한 웃음으로 주변을 대하는 따뜻한 사람이었고, 실력과 인품을 겸비한 훌륭한 관료였다. 그래서 우리 모두가 익주의 하회탈 같은 웃음을 그리워하고, 익주의 탁월한 능력에 더 많은 역할이 주어지지 않은 것을 아쉬워한다. 익주의 성품상 어떤 형태로든 그의 신세를 지지 않은 지인은 없을 거란 내 짐작이 맞는다면, 이제 그 신세를 갚을 기회가 없어졌다는 점에서 미안함도 더해질 것이다. 익주가 한국경제에 관료로서 '거시건전성 3종세트'를 남겼다면, 우리에게는 친구 및 지인으로서 '그리움, 아쉬움, 그리고 미안함'이란 '감정의 3종세트'를 남긴 셈이다.

이런 추모의 감정을 각자의 마음에 담아두는 것만으로는 부족하다는 생각이 익주가 몸담았던 부처 내 추모의 공간으로 구체화되고(지난 4월 초 기획재정부 청사 내에 김익주 원장의 이름 중간 글자를 딴 '익실'이란 추모의 공간이 만들어졌고, 기획재정부 앞마당에서 추모의 식수가 있었다. 친구의 한 사람으로서 무척이나 고맙고 감사하다.) 이와 같은 추모 문집으로 이어지게 되었을 것이다. 이 글은 내 나름의 추모의 공간이자 익주가 내게 남긴 '감정의 3종세트'를 담은 글이다. 추모의 마음을 제대로 담기 위해 젊은 시절 익주와 주고받았던 편지글 중 일부를 인용하려고 한다. 익주가 군에 입대하기 전(1983년)부터 제대할 때(1986년)까지 3년 남짓 동안 주고받은 십여 통의 편지인데, 개인적인 편지도 있지만 내용상 우리 친구 모두에게 보낸 편지도 적지 않다. 익주가 쓴 편지글을 허락 없이 인용하는 것이 결례일 수도 있지만, 허락을 받으려야 받을 수도 없고 또 익주에 대한 추모의 감정은 익주가 편지를 통해 나와 우리 친구들에게 보내준 우정에 좌우된다는 점에서 양해가 되리라고 생각한다.

막상 30여 년이 지난 편지들을 다시 꺼내 읽어보니 '감정의 3종세트'가 더해지는 느낌이다. 빛바랜 편지 위에 빼곡히 적힌 글자는 눈에 익은 필체이고, 사이사이에 내질러 놓은 거친 농담 역시 오랜 시간에도 여전히 정겹다. 익주가 만든 '거시건전성 3종세트'에는 상황을 진정시키는 효과가 있지만, 익주가 남긴 '감정의 3종세트'에는 그런 효과가 없는 탓일 것이다.

오랜 추억 속의 그리운 장면들

익주와 우리 친구들의 인연은 1979년도 서울대학교 사회계열 입학에서 시작한다. 학과 구분 없이 계열로 입학한 까닭에 우리는 고등학교처럼 LB란 약자로 시작하는 4개 반으로 편성되었고, 익주와 우리 친구들은 상당수가 LB 2반이었다. 그런 이유에서인지 대학생이지만 분위기는 까까머리에 새까만 교복을 입은 고딩 친구들 같았다.

다시 돌아갈 수 없는 그 푸르른 날들의 기억을 되살리면 그 언저리에 남아 있는 익주의 모습이 하나 떠오른다. 지금의 '자하연' 연못 위쪽의 벤치였던 것으로 기억된다. 쌀쌀한 초겨울의 어느 날 익주가 특이한 검은색 바바리코트를 입고 우리 앞에 나타났다. 우리 친구들이 요즘 말로 '웬 열?'이라고 물었다. 대답이 엉뚱했다. "짜슥들아, 오늘이 바로 뜻깊은 성탄절이다." 순간 "X랄 하네, 니가 무슨 예수님이냐"라는 비난과 야유가 쏟아졌다. 하지만 그 비난과 야유는 신림동 골목의 막걸리와 파전이 곁들여지면서 젓가락 장단에 맞춘 노래와 축하로 바뀌었다.

익주를 포함해서 우리 친구들은 방학 때면 지방 출신 친구들의 집을 거점으로 '전국여행'에 나서곤 했다. 신림동에서 늦은 시각까지 술을 마시다 집에 갈 택시비가 없으면 여관의 좁은 방에서 같이 자고 뒹굴었다. 시계나 학생증을 맡기고 들어간 여관의 방값을 아침에 긴급하게 조달하는 일은 신림동 근처에 하숙하던 이태헌 교수의 몫이었다. 그렇게 익주와 우리 친구들은 청운의 꿈을 안고 캠퍼스 추억을 만들어갔고, 그 철없던 대학 1학년부터 시작된 우정은 거의 40여 년의 세월을 이어왔다.

당시 서슬이 퍼런 군사독재 상황에서 대다수 대학생들의 분위기가 그랬듯이 우리 친구들도 운동권 성향의 '정치적 문제아'들이었고, 딴짓들(?)을 하느라 대부분 공부에는 별로 신경을 쓰지 않는 '공부의 지진아'들이었다. 사실 지금은 모임 명칭 '지진아'를 '지혜롭고 진보적인 아이들'로 그럴듯하게 해석하지만, 실제로는 진짜 공부를 제대로 안 해서 생긴 이름이었다. 졸업을 몇 개월 앞두고 당시 제법 치열했던 대학원 진학시험을 준비하느라 뒤늦게 책을 펴 드는 바람에 '지진아' 모임이 된 것이다.

반면에 익주는 행정고시 준비를 하였고, 4학년 졸업반이었던 1982년 제26회 행정고시에 수석으로 합격하였다. 당시 고시공부를 한 친구들은 대부분 자기와 유사한 길을 택한 친구들과 모이거나, 아니면 시험에 집중하기 위해 학과 친구들과는 불가피하게 거리를 두는 경우가 많았다. 하지만 익주는 그런 스타일과 전혀 거리가 멀었고, '정치적 문제아'이자 '공부의 지진아'였던 우리들과 스스럼없이 지냈다.

졸업 이후에 익주는 사무관으로 임용되어 학교를 떠났고, 대부분의 친구들은 대학원에 진학하여 학교에 남았다. 그럼에도 학부시절 만큼은 아니지만 정기적 모임은 이어졌다. 사무관 임용 후 익주가 서울대 행정대학원에 합격하여 다시 학교 캠퍼스에서 의기투합하나 싶었는데 갑자기 익주가 자진해서 군에 입대했다. 당시 주고받은 편지에서 익주가 어떤 괴로운 일이 있다고 한 것으로 보아 그 괴로운 일이 갑작스러운 군 입대를 결정한 원인은 아니었을까 짐작만 할 뿐이다.

그때 입대하는 익주를 보내기가 아쉬워 우리 지진아 친구들은 허름한 술집 하나를 통째로 전세 내어 밤샘 환송회를 벌였다. 주머니 사정이 빤한 학생들이 그런 대규모 환송행사를 할 수 있었던 것은 우리가 익주의 행정대학원 등록금을 갖고 있기 때문이었다. 겁 없이 익주의 대학원 등록금을 밤샘 환송회로 하룻밤에 날린 것이다.

문제는 익주의 대학원 등록일은 다가오는데 그 돈을 마련할 방법이 마땅치 않은 것이었다. 비상이 걸렸다. 여기저기서 돈을 빌리고, 갖고 있던 비상금도 동원하고, 그조차 여의치 않아, 지금 생각하면 송구하기 이를 데 없지만, 나는 부모님께 공부할 책을 좀 많이 사야 한다는 명목으로 '삥땅'까지 쳤다. 백 원짜리 동전까지 동원된 모금 결과를 놓고 친구들이 한바탕

웃었던 기억이 난다.

그렇게 요란스럽게 입대한 익주도 밤샘 환송회가 기억에 남았는지 입대 후 편지를 보내왔다. “술자리 자주 하는지 모르겠구나. 지도자를 군대에 보내고 단합대회하는 데 좀 애로사항이 있겠지? 군대 와서 보니 그래도 친

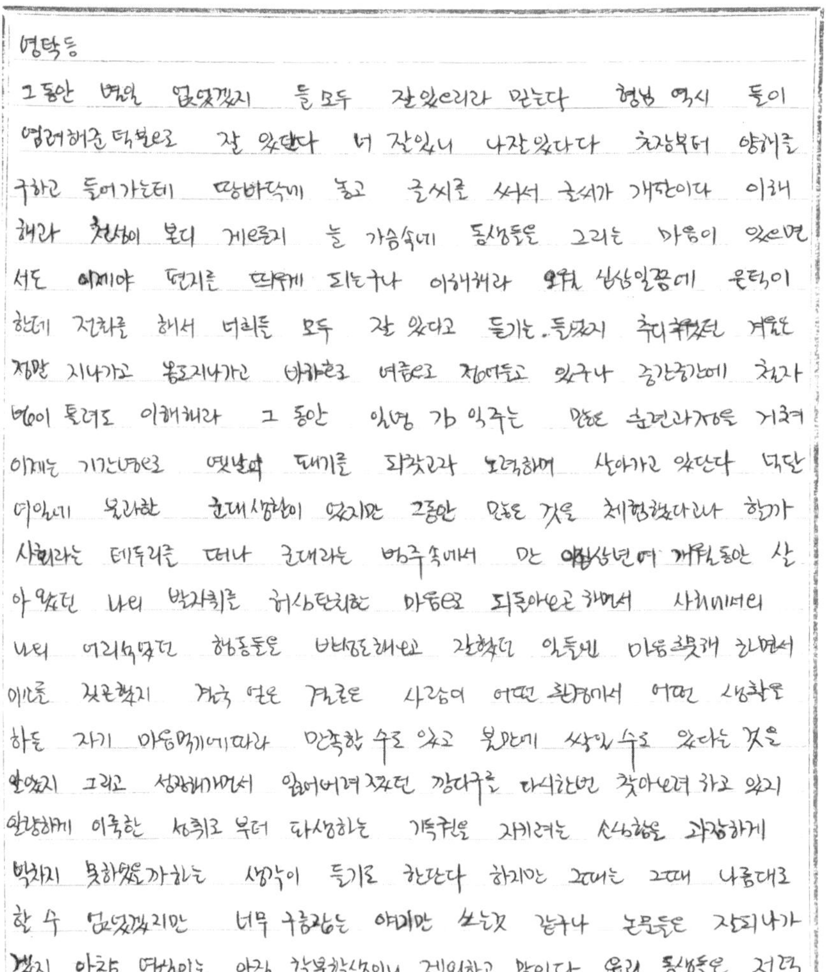
영탁등
그동안 별일 없었겠지 들 모두 잘 있으리라 믿는다 형님 역시 동이 염려해준 덕분으로 잘 있단다 너 잘있니 나 잘 있다다 처음부터 양해를 구하고 들어가는데 땅바닥에 놓고 글씨를 써서 글씨가 개판이다 이해 해라 처음에 보니 게으름지 늘 가슴속에 동생들을 그리는 마음이 있으면 서도 이제야 편지를 띄우게 되는구나 이해해라 오월 십삼일쯤에 윤탁이 한테 전화를 해서 너희들 모두 잘 있다고 듣기는 들었지 추워했던 겨울도 정말 지나가고 봄도 지나가고 바야흐로 여름으로 접어들고 있구나 중간중간에 철자 법이 틀려도 이해해라 그 동안 입영 76 익주는 많은 훈련과정을 거쳐 이제는 기간병으로 옛날의 때를 되찾고자 노력하며 살아가고 있단다 너 말 대로 복잡한 군대생활이 였지만 그동안 많은 것을 체험했다라나 할까 사회라는 테두리를 떠나 군대라는 범주속에서 만 개월동안 살 아왔던 나의 발자취를 허심탄회한 마음으로 되돌아보곤 하면서 사회에서의 나의 어리석었던 행동들을 반성도해보고 잘했던 일들에 마음 흐뭇해 하면서 이런 저런 생각했지 결국 얻은 결론은 사람이 어떤 환경에서 어떤 생활을 하든 자기 마음먹기에 따라 만족할 수도 있고 불만에 싸일 수도 있다는 것을 알았지 그리고 생활해가면서 잃어버려 졌던 깡다구를 다시한번 찾아보려 하고 있지 안락하게 이룩한 성취로 부터 파생하는 기득권을 지키려는 소심함을 과감하게 벗어나지 못하였을까하는 생각이 들기도 한단다 하지만 그때는 그때 나름대로 할 수 없었겠지만 너무 구름잡는 얘기만 쓰는것 같구나 논문들은 잘되나가 겠지 아참 영선이는 아직 학부학생이니 제외하고 말이다 우리 동생들은 저력

구들끼리 같이 술 마시고 얘기하던 기억밖에 안 나더라. 니들 좌우를 둘러봐도 나만한 바람잡이가 없으니 술자리 준비하고 있다가 이 형님이 휴가 나가면 신림동 바닥이 떠나가도록 한잔 먹어야 하지 않겠냐?"(1984년 6월 5일자 편지(아래) 중에서.)

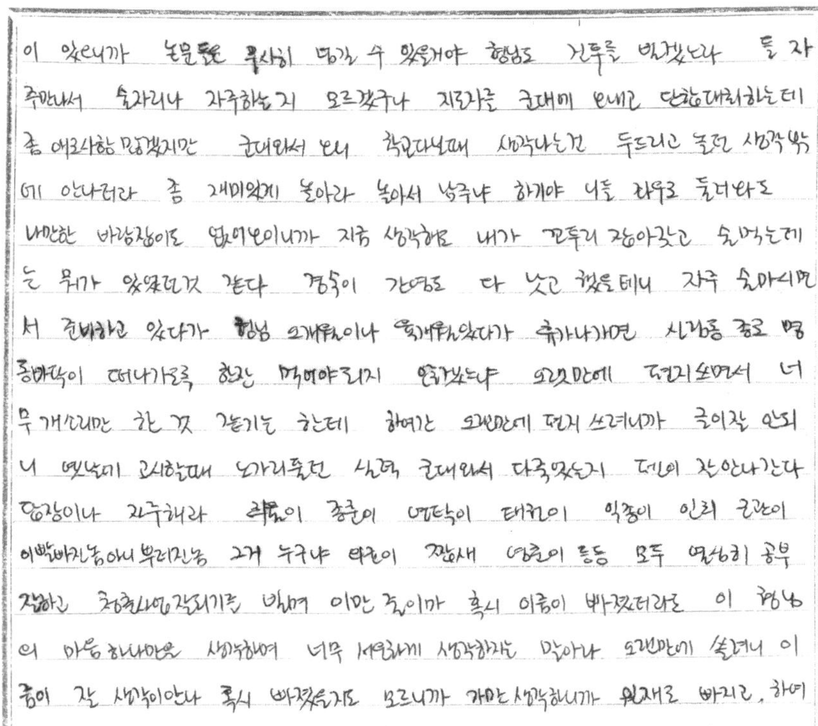

이 있으니까 논문도 무사히 딸 수 있을거야 형님도 건투를 빌겠노라 들 자
주만나서 술자리나 자주하는지 모르겠구나 지로라도 군대에 보내고 단합대회하는데
좀 애로사항 많겠지만 군대와서 보니 학교다닐때 생각나는건 두드리고 놀던 생각밖
에 안나더라 좀 재미있게 놀아라 놀아서 남주냐 하기야 니들 좌우로 둘러봐도
나만한 바람잡이도 없어보이니까 지금 생각해도 내가 고두리 잡아갖고 술먹는데
는 뭐가 있었던것 같다 경숙이 [illegible] 다 낫고 했을테니 자주 술마시면
서 준비하고 있다가 형님 오개월있으니 육개월있다가 휴가나가면 신림동 종로 명
동바닥이 떠나가도록 한잔 먹어야 하지 않겠느냐 오랫만에 편지쓰면서 너
무 개소리만 한 것 같기는 한데 하여간 오랜만에 편지 쓰려니까 글이잘 안되
니 옛날에 고시할때 노가리 풀던 실력 군대와서 다죽었는지 편지 잘안나간다
[illegible] 자주해라 [illegible] 종춘이 영탁이 태권이 익종이 인희 근관이
이빠빠진놈 아니 부러진놈 그게 누구냐 태권이 짱새 영훈이 등등 모두 열심히 공부
잘하고 [illegible] 잘되기를 빌며 이만 줄이마 혹시 이름이 빠졌더라도 이 형님
의 마음 하나만은 생각하며 너무 서운하게 생각하지는 말아라 오랜만에 쓰려니 이
름이 잘 생각이안나 혹시 빠졌을지도 모르니까 가만 생각하니까 원재도 빠지고, 하여
간 이런저 모두 잘 있어라 [illegible] 이만줄인다 안녕
6월 5일 익주 씀 내 편지 버리지 말고 모아두기를 바란다

1984년 6월 5일자 편지.
지진아 친구들의 이름이 모두 적힌 이 편지는 친구들의 안부에 대한 걱정을
친구들의 여친 이름으로 익살스럽게 쓴 편지다.
그 여친이 부인이 된 경우도 있고 그렇지 않은 경우도 있다.

물론 편지에 적힌 '지도자이자 바람잡이'의 제안은 익주가 휴가 나왔을 때 그대로 이루어졌다. 그리고 부대로 복귀한 익주로부터 다시 편지가 왔다.

"별고 없었겠지? 한여름 대낮의 오수 같던 첫 번째 정기휴가를 뒤로 하고 부대에 들어와 다시 예전과 같은 생활을 하고 있다. 서울에서 우리 지진아 친구들이 베풀어준 후의는 정말 고맙고, 신림동에서의 행가래는 평생 잊지 못할 것 같다."(1984년 11월 26일자 편지 중에서.)

이처럼 익주는 다재다능한 친구, 요즘 말로는 '멀티태스킹'이 가능한 친구였다. 멀티태스킹에서 어느 것 하나 빠지지 않았다. 공부도 잘하고, 운동도 잘하고, 분위기를 주도하고, 모임까지 즐겁게 만드는 재주가 있었다. 육두문자에 가까운 거칠고 강한 표현으로 오히려 친구들의 마음을 부드럽고 훈훈하게 만드는, 자타가 공인하는 우리 모임의 '지도자이자 바람잡이'였다.

그러면서도 우리 친구들이 6개월 장교로 입대하여 훈련을 받을 때는 공부하느라 몸이 약해진 친구들이 훈련을 잘 받고 있는지 걱정과 우정이 듬뿍 담긴 위문편지를 보내주기도 했다. '거여동 특전사' 출신의 익주로서는 특전단 훈련의 십분의 일도 되지 않을 친구들의 6개월 장교 훈련조차 걱정이 되었던 것이다.

"니들 공부만 하다가 군대 가서 걱정인데 너, 종훈이, 근관이, 영훈이, 원재 등 훈련 잘 받고 있나? 어떻게 얼굴 시커먼 놈들끼리 같은 막사에 지내게 되었는지 모르겠다. (지진아 친구 중 5명이 같이 입대했는데 지진아의 끈끈한 인연 때문인지 류근관 교수만 다른 중대였고 나를 포함해서 4명은 같은 중대에 편성되었다. 이영훈, 이원재, 그리고 필자의 얼굴이 검은 편이다.) 유유상종이라고 하더니 옛말 틀린 것 하나 없네. …… 내가 국가에 매인 몸만 아니면 여친들 데리고 면회 갈 텐데 이해해라. …… 앞으로 어떤 훈련이 남아 있는지 모르겠다만 걱정하지 마라. 내가 군대생활하면서 느낀 건데 닥치면 다 할 수 있다."(1985년 10월 6일자 편지 중에서.)

겉으로는 거친 육두문자와 직설적인 농담을 곧잘 하지만 익주는 내적으로 자신의 삶의 자세에 대해 늘 진지하게 고민하는 친구였다. 주고받은 편지에는 자기 인생과 인격수양에 대한 고민이 많았다.

"입대하기 전에는 내 성격상 마음이 넓고 이해심이 많은 것 같았는데 군대 와서 보니 그런 것 같지 않다는 생각이 든다. 군대생활이 어렵고 힘들 때 더 그런 것 같다. 입대 전에도 그랬는데, 단지 철저하게 깨닫지 못했던 나의 숨겨진 단점인 것 같다. …… 인간적인 수양이 되어야 하는데 걱정이다. 항상 넓은 이해심과 너그러움, 부지런함, 강한 인내심을 가질 수 있게 해달라고 늘 기도해야겠다."(1985년 6월 17일자 편지 중에서.)

우리가 알고 있듯이 익주는 이해심이 많고 남을 배려하는 겸손한 친구다. 이는 익주의 타고난 바탕이 그렇기도 하지만, 편지에서 알 수 있듯이 젊은 시절부터 신앙과 자기수양으로 끊임없이 노력한 결과다. 사람이 타고난 품성만으로 평생 그렇게 한결같을 수는 없기 때문이다. 어떨 때는 내가 보기에 너무 혹독하다는 느낌이 들 정도로 스스로를 심하게 독려하고 다그쳤다. 그러면서도 신앙을 통해 자신이 더 나아질 것이라는 희망과 믿음을 강하게 갖고 있었다.

"자기 자신을 다독거려가면서 조금씩 조금씩 진리에 접근해 간다면 먼 훗날 아무렇지도 않게 생활의 어려움이 불편하게 느껴지지 않는 나 자신에 감사할 수 있을 거야."(1985년 5월 27일자 편지 중에서.)

지면상 익주의 많은 고민과 각오, 그리고 희망이 담긴 편지의 내용을 다 옮길 수는 없지만, 익주는 늘 스스로 문제를 던지고 이를 신앙과 믿음으로 극복하는 친구였다. 우리가 그리워하는 익주의 품성과 포용력은 오랜 기간의 철저한 담금질에 그 원천이 있었다고 생각된다. 우리 곁을 떠나기 전까지 자신의 투병을 숨겼던 것도 이와 같은 철저한 자기 담금질과 무관하지 않을 것이다.

되돌리고 싶은 아쉬운 순간들

우리와 어울릴 때면 한없이 쾌활하고 짓궂은 익주였지만 한동안은 아주 힘든 시간을 보냈던 적이 있다.

"삶을 살아감에 있어서 사람은 누구나 다 고통이 있고, 또 시련에 직면한다. 대학 4학년 때부터 이어졌던 일련의 시련의 연속은 철없던 나에게 너무나 큰 고통이었고, 지금도 심각한 고민이 있음을 부인할 수 없지만, 나를 생각해주는 친구들이 있음을 가슴속에 깊이 새기고 이를 감내하려고 한다"면서 이를 계속 신앙의 힘으로 이겨나가고 있다고 했다. "끊임없이 이어지는 고통과 불안의 연속으로 내가 기도하고 그리스도를 찾게 된 것은 어쩌면 우리 할머니 말씀대로 어린 시절 열심히 교회를 다녔던 것 때문인 것 같다."(1983년 7월 9일자 편지 중에서.)

익주가 대학 4학년 때부터 겪었던 시련의 연속이 무엇이었는지는 기억이 나지 않는다. 아마도 익주가 얘기를 하지 않았을 것이다. 당시의 시련과 고통도 자신의 철저한 담금질에만 사용했을 뿐 밖으로 내색하지 않았고, 이런 그의 태도는 그때나 세상을 떠나기 직전에나 마찬가지였다. 그럼에도 그때 좀 더 익주에게 다가가서 큰 힘이 되어 주지 못한 것이 아쉽다.

친구 익주는 사석에서는 소탈하고 직설적인 친구이지만 정치나 공직 관련 문제에는 엄격함과 신중함 그 자체였다. 나를 포함한 일부 친구들이 사회에 나가서도 젊은 시절에 서로 만나면 간혹 정부나 국내정치에 비판적인 입장을 취하는 경우가 있었다. 하지만 익주는 공무원임에도 한 번도 이를 언짢아하거나 언짢다는 내색조차 한 적이 없다. 누구도 인정할 수 있는 정부의 문제점을 얘기하면 익주는 그냥 듣기만 했다. 어떤 경우에는 차분하게 우리가 오해하고 있는 점을 설명해주기도 했다. 그럴 때는 '짓궂은 바람잡이' 익주가 아니라 '진지한 관료' 익주였다.

그러던 익주에게서 내가 딱 한 번 진지함 속에 감추어진 어두움 같은 것을 느낀 적이 있다. 2012년 대선 이후 새 정부가 출범한 지 몇 개월 되지 않았을 때였다. 과천 청사에 회의를 하러 갔다가 익주를 만나 소주 한 잔을 곁들여 이른 저녁을 같이 한 후 진한 노을이 지는 노천카페에서 차 한잔을 나누었다.

소주의 취기를 빌어 내가 2012년 대선 과정에서 정치개혁 열망이 무위로 돌아간 것을 아쉬워하고 한탄한 적이 있다. 가만히 듣고 있던 익주가 "실망하지 말고 희망을 가지고 열심히 해보라"고 위로해주었다. 그때는 새 정부에서 부처개편 논란이 있을 때여서 익주도 여러 모로 심적으로 편하지 않았을 것이다. 그럼에도 내게 많은 위로와 격려의 말을 해주었다. 나의 오해일 수도 있지만 그때 내 느낌은 그 말이 단순히 나를 위로하는 의미 이상으로 와 닿았다. 돌이켜 보면 그 위로와 격려는 나에게만이 아니라 자기 스스로에게도 한 것이 아니었을까? 워낙 생각이 깊고 힘든 감정은 잘 드러내지 않는 친구라 물어보지는 않았지만, 그때 익주의 얼굴에는 무언가 다른 느낌이 묻어 있었다. 지금도 눈에 선하다. 노천카페의 진한 노을 속에 한동안 말없이 무겁게 앉아 있던 익주의 얼굴이.

이후 얼마 지나서 익주는 기재부를 떠났다. 그때 생각에나 지금 되돌아보나 아쉬운 대목이다. 익주가 우리 곁을 떠난 이후 나는 다소 엉뚱한 생각을 하곤 했다. 익주가 그때 자리를 옮기지 않고 계속 근무했다면 어떻게 되었을까? 물론 그건 아무도 모르는 일이다. 하지만 사람이란 게 단순해서 어떤 아쉬움이 클수록 무의미한 줄 알면서도 시계를 자꾸 되돌려보려는 습성이 있다. 내가 지금 그러는 것은 훌륭한 관료인 익주가 너무 일찍 우리 곁을 떠났다는 아쉬움 때문일 것이다. 물론 만일 그랬다면 세종청사와 비교적 가까운 거리에 근무하고 있는 내가 좀 더 자주 익주를 보지 않았을까 하는 아쉬움도 있다.

너무 많은 미안함들

익주와는 활동하는 분야가 달라 업무와 관련된 추억은 거의 없지만, 딱 하나 세제 개편과 관련하여 내가 고맙기도 하고 미안한 일이 있다. 고유가 국면의 초입이었으니 아마 2000년대 중후반경이었던 것으로 생각된다. 당시 나는 등유난방이나 가스난방이 전기난방으로 바뀌는 문제에 관심이 있었다. 이 문제를 해결하기 위해서는 전력의 상대가격 개편, 즉 원전이나 석탄에 과세하고 난방용 등유와 가스 세율을 낮추는 조치가 필요했다. 에너지 세제가 기재부 소관이어서 익주에게 세제관련 의견을 좀 나누고 싶다는 얘기를 했다.

세제만큼 정치적 휘발성이 강하고 민감한 사안은 없기 때문에 이러한 제안은 해당부서 입장에서는 큰 부담이 되는 일이었다. 세수중립적으로 그 방안을 추진할 수 있지만, 여러 가지 불확실성이 있어 물가에 부담이 되는 전력요금이 올라가거나 등유나 가스 세율 인하로 세수가 줄어들 가능성이 있었기 때문이다. 익주는 자신의 소관업무가 아니지만 그 방안이 부담이 된다는 것을 알았을 것이다. 그럼에도 관련 부서와 의견을 나눌 수 있는 자리를 마련해 주었다. 물론 그 의견은 채택되지 않았다. 당시 기재부의 입장에서는 당연히 그럴 수밖에 없어 보였다. 괜히 익주에게 부담을 준 것 같고 미안하기도 해서 이후에는 익주와 그 얘기를 한 번도 하지 않았다.

그러다가 제2차 에너지기본계획 수립 과정에서 전력의 상대가격 문제가 거론되었고, 부처 협의를 거쳐 그런 방향으로 세제 개편이 일부 이루어졌다. 그리고 반년 정도가 지났을 때 마침 명동에 가는 길에 국제금융센터 사무실에 들러 익주와 차 한잔을 나누었다. 이런저런 얘기 끝에 내 관심사인 에너지 문제를 얘기하던 중에 익주가 그때의 세제 조정 문제를 꺼냈다. "탁아, 그때는 내부 사정상 조정이 어려웠다. 이번에 조정이 되어서 잘 됐다"고 했다. 나도 잊고 지냈던 수년 전의 일을 익주는 계속 마음에 두고 있었던 모양이다. 오히려 내가 익주에게 오랜 기간 마음의 짐을 지운 것 같아 미안해졌다. 이처럼 익주는 친구의 말 한마디 한마디를 소홀히 듣지 않고 배려해주고 또 오래 기억해주는 친구였다.

이후에도 뜸하기는 했지만 명동 근처에 갈 일이 있으면 연락해서 식사를 하곤 했다. 기재부 시절이든 명동 시절이든 만날 때마다 익주는 "교수가 무슨 돈이 있냐"면서 식사비를 자기가 냈고, 난 간혹 우겨서 푼돈으로 커피를 사거나 익주에게 좋을 일이 있을 때 축하의 마음을 전하는 게 고작이었다.

내가 익주와 나눈 마지막 식사는 익주가 원장 퇴임을 앞둔 2016년 여름 지진아 친구들과의 명동 모임이었다. 그때 우리 친구들은 어느 누구도 익주의 병환을 눈치 채지 못했다. 더구나 그날 친구들이 의기투합해서 9월경에 이영훈 사장이 있는 포항에 내려가는 계획까지 세웠다. 하지만 아쉽게도 그 계획은 성사되지 못했다. 다들 바쁜 탓에 일정이 맞지 않았던 것이다. 되돌아보면 익주에게 너무 미안하다. 그때만 해도 익주의 건강이 그렇게 악화되지 않았을 때였고, 포항에 가는 대신 저녁식사라도 같이 해야 했는데, 그 역시 미안함으로 남게 되었다.

이후 작년 늦가을에 익주와 명동에서 한번 만나기로 약속한 적이 있다. 하지만 익주가 그 전날 미안하지만 갑자기 일이 생겨서 다음에 보자고 했다. 돌이켜보면 급한 일이 있어서가 아니라 일부러 피한 것이 아닌가 한다. 또 작년 12월에 내가 부친상을 당했을 때도 다리에 깁스를 한 사진을

2016년 8월 김익주의 국제금융센터 원장 퇴직을 기념한 명동에서의 저녁 자리.
뒤돌아보는 이가 필자, 시계 방향으로 류근관, 채희율, 주익종, 김익주, 이종훈, 촬영 황의균.

보내면서 못 내려가서 미안하다고 했다. 나중에 들은 얘기지만 그 붕대 깁스는 다리를 다쳐서가 아니라 투병 과정에서 종아리가 부어 압박을 하기 위해 감은 것이었다.

그러다 작년 12월 말 익주가 아픈 것 같고 아무래도 항암치료를 받는 것 같다고 로이터 이신형 부장께서 걱정하더란 말을 류근관 교수에게 들었다. 곧바로 전화했다. 그런데 전화를 받자마자 하는 얘기가 "부친상에 못 가서 미안하다"고 하기에 "그게 문제가 아니고, 아프다는 얘기가 들려서 전화했다"고 하니 씩씩한 목소리로 "별일 아니고, 많이 좋아졌고, 괜찮다"고 했다.

느낌이 이상해서 직접 만나서 확인할 겸 올해 1월 초로 지진아 친구 모임을 잡았다. 익주도 흔쾌히 나오겠다고 했다. 하지만 모임 당일 오전에 갑자기 익주가 감기몸살로 나가기 어렵다는 메시지를 카톡방에 올렸다. 느낌이 이상해서 문자를 보냈다. 역시 괜찮고, 다음에 보자는 얘기였다. 돌이켜보면 그 역시 미안한 일이다. 그때 곧바로 다그쳐서 만나야 했다. 그러지 않은 것은 익주가 논문을 작성하고 있었고, 최악의 경우 암이라도 요즘 의술이 좋고, 또 초기일 거라고 지레 짐작한 탓이었다. 그런 와중에 해외출장 준비 등 여러가지 잡일로 2주를 그냥 넘겼다.

설 명절 연휴 마지막 날에 이종훈 교수와 같이 있는데 익주 부인에게서 연락이 왔다. 익주가 병원에 입원했다는 얘기였다. 암이고, 좀 안 좋다는 소식. 얼마 전까지 통화를 하며 연락을 주고받던 친구가 갑자기 안 좋다니. 내가 이틀 뒤에 해외출장이어서 바로 다음날 이종훈 교수와 병원에 들르기로 했다. 암 때문에 입원했다는 사실이 좀 걱정되었지만, 다른 사람들은 몰라도 우리 지진아 친구들에게는 얘기했어야 하는 것 아닌가 하는 섭섭함이 없지는 않았다. 하지만 병실 문을 여는 순간 섭섭함은 놀라움으로 바뀌고 점차 미안함으로 변해 갔다.

아주 짧게 민 머리, 바싹 야윈 몸. 거친 숨소리에 의식도 없고……. 그제야 모든 것을 알게 되었다. 발병부터 최근의 상황, 그리고 그 철통같은 비밀유지까지. 할 말이 없었고, 할 수 있는 일도 없었다. 이 교수와 번갈아 거친 숨을 쉬고 있는 익주 얼굴을 쓰다듬고 체온이 올라가지 않게 잠시 부채질을 해준 것 외에는. 그게 마지막이었다. 그리고 채 하루가 지나지 않아 익주가 먼 길을 떠났다는 소식을 출장지에서 들었다. 올해 들어 밥 한 번 같이 못 먹고, 한마디의 말은커녕 눈 한 번 못 맞추고 그렇게 익주를 보냈다. 더욱 면목이 없게 나는 출장으로 익주의 마지막 가는 길을 배웅하지도 못했다. 마지막까지 나는 익주에게 제대로 해준 게 없는 친구가 되었다. 늘 한결 같았던 친구, 소탈한 웃음에 찾아가면 늘 살갑게 대해 주던 친구, 도움을 받기만 하고 내가 해준 거라고는 생각이 나지 않는 친구, 그래서 '감정의 3종세트'가 제대로 정리되지 않는 친구!

귀국 직후 익주를 찾아갔다. 과천청사 옆길의 카페에서 만났을 때처럼 진한 노을이 드리워질 때였다. 하지만 투명한 유리창에 비친 익주의 얼굴은 그날과는 달리 편하고 밝아보였다. 익주가 하회탈 웃음으로 '잘 다녀왔냐'고 말을 걸어왔다.

'익주야! 미안하다. 가는 길 배웅을 못해서. 그런데 짜슥아, 와 그리 빨리 가노? 가더라도 내가 사주는 밥이라도 한번 묵고 가지. 그래도 그 힘든 투병 기간 동안 꿋꿋하게 버텨낸 게 참 대견하다. 더 많은 시간을 같이 보내지 못해 아쉽지만 그동안 내 친구, 우리 친구가 되어주어서 고맙다. 그런데도 내가 친구로서 별로 해준 게 없어서 너무 미안하다. 그래서 말인데, 내가 나중에 한잔 살 테니까 바람잡이 실력으로 거기 신림동에 미리 좋은 자리 하나 좀 잡아놔라. 나와 우리 친구들이 하나둘 영원한 휴가를 받아 나가면 하늘나라 신림동 바닥이 떠나가도록 한잔 해야 하지 않겠냐?'

씩씩한 친구, 익주

주익종 (대한민국역사박물관 학예실장)

내가 익주를 처음 만난 것은 1979년 3월 초 서울대 사회대 강의실에서였다. 그해에는 단과대인 사회대에 250명을 과 구분 없이 계열로 뽑았고, 이들을 네 학급으로 나눠서 1학년 교양과정 수업을 듣게 했다. 우리 반 명칭은 LB 2반. 영어인지 국어인지 LB 2반의 공통수강 과목 강의가 끝난 후 출석부 차례대로 자기소개를 했다. 그때 사회대 신입생 중에 성이 김 씨인 익주와 황 씨인 익주, 이렇게 두 명의 익주가 있었다. 황익주는 서울대 인문사회계 수석을 차지해서 전국적 유명세를 얻은 인물이어서 입학 동기생이라면 대개 다 알고 있었다. 황익주는 다른 반이었다. 자기소개 때 익주는 이 수석 한 황익주와 이름이 같다면서 좀 툴툴댔던 것 같다. 마치 자기 이름을 남에게 빼앗겼다는 듯이. 그래서 나뿐 아니라 동급생 모두 쉽게 김익주를 기억할 수 있었다.

익주는 재수한 친구 중에서도 무척 '노숙'해 보였다. 환갑을 바라보는 지금 돌아보면 대학 1학년은 얼마나 어린 나이인가. 솜털 보송한 애기나 다름없다. 그런데 익주는 대학 신입생다운(fresh) 느낌보다는 뭔가 산전수전 다 겪은 듯했다. 나중에 알게 된 것이지만, 중고등학교 시절에 좀 놀아본(?) 때문이었는지. 헌데 실상 이 친구는 1960년 11월생. 그러니까 고

3에서 곧바로 합격한 '현역'(그때는 이렇게 불렀다)이라도 늦은 11월생이라는 것을 알고는 좀 놀랐던 일이 있다. 그 후 어울리다 보니 익주는 성격도 화끈 대범하고 입이 몹시 거친, 그러나 무척 재미있는 친구였다. 이런 지면에 그대로 옮길 수는 없지만 짓궂은 명언도 제법 남겼다.

1학년은 계열 생활을 하고 2학년 올라갈 때 과 배정을 했는데 인기 있는 학과를 가려면 어느 정도는 학점 관리를 해야 했다. 나는 낯선 대학 환경에 적응하느라, 또 주제넘게 박정희 집권 말기의 어두운 시대를 고민한다면서 학교 공부를 그만저만하게 했고 학점이 그다지 좋지 않았다. 헌데 1학년을 마치고 보니 익주가 250명 중 1등을 하지 않았나 싶다. 입학 때 수석한 황익주 대신 1학년 수석은 자신이 해서 빼앗긴 명예를 되찾아 오려 한 것인지. 여하튼 적응력과 집중력, 그리고 공부 요령이 매우 뛰어난 친구임을 알았다.

1학년 LB 2반에서는 재수한 몇몇 친구들을 중심으로 7~8명이 가깝게 지냈다. 이게 40년 가까이 지나도록 지금의 모임으로 이어졌다. 대학 때는 나는 이 무리 속에서 익주를 만났을 뿐 개별적으로는 익주와 그리 가깝게 지내지는 않았다. 가끔씩 만나면 그의 특이하고 거침없는 면모를 볼 수 있었다. 1학년 2학기 중인 10월 26일 박정희 대통령이 김재규에게 저격 시해당하는 사건이 일어났다. 그 다음날 학교에는 휴교령이 떨어졌다. 한 달 좀 안 되어서 11월 하순에 휴교령이 해제되어 다시 학교에 나가게 되었는데, 그 늦은 어느 가을날 익주가 검은 트렌치코트를 입고 학교에 나타났다. 그때는 바바리라 불렀다. 1학년으로서는 흔치 않은 복장이라 친구들이 무슨 일이냐고 다들 한마디씩 하니까 그가 "짜샤, 성탄절이다 인마"라고 했던 게 기억난다. 자기 생일날이라고 노숙해 보이는 새옷을 차려 입고 나타난 것이다.

1학년을 마치고 경제학과 배정을 받아 2학년, 3학년 생활을 하는 동안 익주는 행정고시 공부를 시작했고, 그래서 어쩌다 마주칠 뿐 같이 어울릴 시간이 별로 없었다. 그러다 4학년에 올라가서 대학원에 가겠다고 진로를 잡고 LB 2반 출신 친구들과 같이 공부를 시작하고서 다시 어울릴 기회가 생겼다. 이 친구들이 익주와 가까웠기 때문이다. 뒤늦게 경제학 공부를 시작한 아이들의 모임이라고 '지진아'라 이름을 붙였다. 지금은 '지혜롭고 진보적인 아이들'의 줄임말이라고 자칭하지만, 본래는 학습 지진아의 이름으로 출발했다. 내가 유독 심했지만, 이런저런 이유로 경제학 학과 공부를 그다지 열심히 하지 않은 아이들의 모임이었다.

여하튼 이렇게 모인 우리는 같이 도서관에서 공부하고 밥 먹고 농구하고 술 마시면서 4학년의 1년을 붙어 다녔다. 10월인가 11월쯤 인문대 쪽 4동 대형 강의실 앞 잔디밭에서 익주와 지진아 등 동기생 여러 명이 마지막 가을 기념으로 말 타기도 하고 사진을 찍었던 일이 있다. 익주가 그 거침없는 성격대로 크게 점프해서 말 타기 공격을 해서 술래 팀이 찌부러지고 다 같이 낄낄거리고 웃었던 기억이 있다. 졸업을 앞둔 막바지 청춘의 낭만 풍경이었다.

익주는 4학년 말 행정고시 재경직 시험에서 수석 합격을 했다. 20명인가 뽑았던 것 같은데 1등이라니 역시 대단한 친구였다.

1983년 봄 대학 졸업 후 우리 지진아는 대학원에 진학했고, 익주는 사무관 연수 후 재무부에 근무하다가 1년쯤 된 1984년 1월에 군대를 가게 되었다. 입대하던 날이 그해 서울대 입학시험일이었던 것으로 기억한다. 군 입대 바로 전날 우리는 종로에서 만나 익주의 환송회를 했다. 한 10명이 모인 것 같다. 익주는 그때 행정대학원에 입학했는지 아니면 이미 1학년 재학 중이었는지 술자리에서 우리에게 등록금을 맡기면서 등록을 부탁했다. 대학 졸업한 지 1년밖에 안 된 대학원생으로서 여전히 치기를 벗어나지 못한 우리는 그날 그 돈으로 술을 마시고 나중에 '분빠이'해서 메우기로 했다. 종로 2가의 지금은 없어진 종로서적 뒷골목에서 1차 술을 마시고 다 같이 2차를 갔다. 은평구 쪽에 사는 한 친구의 인도로 택시를 나눠 타고 연신내 술집골목으로 갔다. 들어간 곳은 좀 허름한 맥줏집이었다. 지금 같으면 좀 나이든 사람들이 가는 꽃마차집이랄까. 여하튼 그 집에서 맥주 몇 박스에 대한 값을 업주와 10만 원에 합의보고 가게를 전세 내서 왁자지껄 놀았다. 그리곤 다시 시내로 이동해서 3차를 갔다. 다음 날 우리는 강남 고속터미널에 다시 모여서 익주를 환송했다. 익주에게 걸맞은 긴 환송이었다. 익주가 학교 등록금을 맡기는 바람에 거나한 술자리가 벌어진 그날의 일은 그 후 30년도 더 지나도록 화제가 되곤 했다.

익주가 입대 후 훈련을 받고 있을 때 우리는 다 같이 면회를 갔다. 거여동에서 공수훈련을 받고 있었다. 익주는 군복 가슴에 점프 마크를 달고 면회장에 나왔다. 점프를 몇 번 했는데 뛰어내리기 직전에는 죽을 것 같은 느낌이 든다는 이야기를 했던 게 기억난다. 익주가 어딘가 요로에 차출될 걸로 알았는데, 나중에 자대 배치된 곳은 강원도 인제의 한 보병 부대였다. 수송 파트 아니었나 싶다. 어느 두 군데 힘이 센 기관이 익주를 서로 데려가려다 난처해지니 둘 다 포기해서 전혀 엉뚱한 곳으로 배치된 것이었는데, 본인은 별 내색을 하지 않았다. 그렇게 익주는 보통의 동기생들이 육개장(6개월 석사장교) 등으로 군 복무를 한 것과는 매우 다르게 전방 부대의 사병으로 군 생활을 마쳤다.

그 후 나는 박사과정에 들어가서 본격적으로 기나긴 공부 길에 접어들었다. 익주는 당연히 제대 후 재무부에 복귀해서 본격적으로 공직 생활을 시작했고. 동기들이 하나씩 결혼하는 동안은 각자 제 짝을 인사시킨다고 만나고, 결혼식장에서 보고, 또 집들이에서도 보는 식으로 비교적 자주 만났다. 그러나 그 후로는 만나는 게 좀 뜸해졌다. 특히 세부 전공과 진로가 다르다보니 익주를 자주 보지는 못했다. 띄엄띄엄 이어진 지진아 모임에서 같이 만났다.

오랜 시간강사 생활에 지친 나는 1999년 말 한 신생 신용정보 회사에 취직했다. 뒤늦은 회사원으로서 다른 이들의 도움을 받을 수 없나 해서 금융감독기관이나 금융기관의 동기, 후배 등을 만났다. 재경부 과장으로 있었던 익주도 따로 만났다. 그들 중에는 뒤늦게 이 업계에 들어와서 어쩌자는 것이냐는 '걱정 반, 냉소 반'의 반응도 있었다. 그러나 익주는 그런 내색을 하지 않고 한결 같았다. 익주는 신용평가업 신규 허가 운운하는, 돌이켜보면 턱도 없는 내 이야기를 잘 들어주었다. 한창 축구를 할 때였는지 익주는 대학생처럼 날씬했다. 그리고 익주는 부인의 지도(?) 덕분인지 교회를 다니며 신앙생활을 열심히 하고 있었다. 일요일 예배뿐 아니라 평일의 구역 예배에도 나간다고 했다. 나는 그가 평생 놀 거를 어릴 때 다 놀아서 이제는 건실한 생활인, 신앙인이 된 모양이라고 생각했다.

2012년에 나는 10여 년 근무한 회사에서 나온 뒤에 마침 새로 생긴 문체부 소속 대한민국역사박물관에 학예연구사로 취직했다. 나이 50을 넘어 초짜 공무원이 된 것인데, 익주는 그 다음 해에 30년의 공무원 생활을 마치고 국제금융센터 원장으로 자리를 옮겼으니, 엇갈림도 이런 엇갈림이 없겠다.

광화문의 내 직장과 익주의 명동 사무실, 그리고 SK에 있는 친구 황의균의 을지로 사무실이 가까우니 가끔 점심을 같이 했다. 익주는 시간 여유가 있어서 우리 박물관에 와서 전시도 여러 번 봤다고 했다. 내가 2015년 가을에 새로 생긴 박물관 학예연구실장에 응모할 때 익주는 적극 조언해 주었다. 내가 실장에 합격한 것을 알리니 그는 "주익종 전성시대군!"하면서 격려해 주었다. 그걸 기념해서 2016년 초인가에 나와 익주, 의균, 조영탁 이렇게 넷이 광화문의 한 이탈리안 식당에 모여서 점심을 같이 했다. 익주는 내가 공직자로서 가장 유의해야 할 것을 알려주었다. 당연히 내가 주선해야 하는 자리였는데 익주가 주선하고 식대까지 치러준 일은 내내 미안하고 감사한 일로 남았다.

나는 2016년 여름에 박물관에서 '일하는 해 1966년'이라는 이름의 특별전시를 열었다. 내가 아이디어를 내고 상당히 공을 들여 관여한 전시였다. 지진아 단톡방에 전시포스터 사진을 올리고 지진아 친구들에게 시간 나면 와서 보라고 알렸다. 어느 날 익주가 단톡방에 전시장의 한 코너 사진을 올렸다. 온다고 말이나 할 것이지…….

2016년 초에 대학 동기가 우리 박물관의 관장으로 왔다. 성신여대 교수인 그 친구는 마침 익주와 경동고등학교 동창이기도 했다. 그래서 봄에 한 번, 또 10월 초에 한 번 이 경동고 출신 둘과 황의균과 나, 네 명이 모여서 점심을 했다. 6월인가에 국제금융센터 원장 임기를 마친 익주는 금융연구원의 초빙연구위원으로 이름을 올려 놓은 터였다. 10월 11일 명동의 부대찌개 집에서 점심차 만난 게 그와의 마지막 만남이었다. 그날 익주의 얼굴색이 좀 검붉고 피부가 거칠었다. 무심하고 무지한 나는 그가 원장직을 마치고 운동을 너무 많이 나가서 얼굴이 햇볕에 탔나 보다 하고 생각했다. 돌이켜보니 병세가 나빠져서 그랬던 게 아닌가 싶다. 그날 그가 평소보다 말수도 적고 활달한 농담을 안 한 것도 그 영향이었던 것 같고. 그날은 12월 초에 넷이서 운동을 하기로 약속하고 헤어졌다. 그런데 약속 날짜가 임박해서는 익주가 다리를 다쳐서 운동을 함께 할 수 없다는 이야기를 들었다. 나는 다시 무심하게도 그런가 보다 하고 넘어갔다.

1월 초 지진아 모임에서 익주가 암 투병 중인 것 같다는 이야기가 나왔다. 그리곤 2월의 첫날 익주는 홀연 떠나갔다. 그가 살아생전 우리에게 암 투병 중임을 끝내 밝히지 않은 것에 대해서는 좀 섭섭한 느낌이 든다. 가까운 친구들한테 굳이 숨길 게 뭐가 있나 하는 섭섭함이다. 하지만 병세가 위중해지는 중에도 자기 문제로 친구들에게 신경 쓰게 하지 않으려는 꿋꿋한 자세에는 존경의 염이 든다. 그도 친구들에게 자기 사정을 말하고 알리고 싶었을 게다. 하지만 자기 문제로 남에게 하소연하지 않는 게 그의 성격이었다. 공직으로 간 친구들이 이런저런 사정으로 일찍 꺾이곤 하는 걸 봐왔지만 능력과 기개, 품성 어느 면으로도 인생의 절정기를 맞아야 할 그가 홀연 세상을 뜬 것은 정말 애석한 일이다. "씩씩하고 거침없고 활달했던 익주야, 너 정말 멋있었다."

이해할 수 없는 친구를 기리며

채희율 (경기대 경제학과 교수)

찬바람이 매섭게 불던 지난 2월의 첫째 날 익주가 우리를 두고 연기처럼 멀리 떠나갔습니다. 슬프기보다는 놀랍고 믿기지 않았습니다. 익주가 떠나다니. 지난 10년 이상 술, 담배는 전혀 입에 대지도 않고 운동도 남들보다 몇 곱절 열심히 하는 친구였는데, 항상 하나님을 믿고 의지하며 누구보다도 열심히 종교생활을 해온 그였는데, 그리고 작년 12월 경기대 캠퍼스 앞 카페에서 만났을 때도 아무런 내색이 없었는데……. 시간이 흐르면서 너무나 큰 슬픔과 안타까움이 마음을 짓누르기 시작했습니다. 그의 갑작스런 죽음에 경황이 없을 가족을 생각하며 기획재정부와 그가 초빙연구위원으로 마지막으로 몸담았던 한국금융연구원 등에 연락을 취하고 빈소가 차려진 삼성서울병원으로 향했습니다.

익주를 처음 만난 것은 중학교 때였습니다. 그는 당시 질풍노도의 사춘기를 겪고 있었던 것 같습니다. 책가방을 옆구리에 차고 교복 단추는 두세 개 풀어헤친 반항아와 같은 모습이었습니다. 당시 우리가 다닌 수송중학교는 전체 학급이 15개나 되는 상당히 큰 학교였습니다. 저는 익주와 같은 학급에 속한 적은 없었습니다. 그렇지만 그가 공부도 잘하고 싸움도 잘하는 좀 특이한 아이라는 것은 잘 알고 있었습니다. 당시 같이 학교를 다닌 대부분의 동창이 아마 그를 그렇게 기억할 것 같습니다. 익주는 축구도 굉장히 잘했습니다. 수송중학교에는 전문 축구팀이 없었지만 학교는 축구를 잘하는 학생들로 아마추어 축구팀을 만들어 교육감배 대회 등 정식 대회에도 출전시켰습니다. 그때 그는 센터포워드를 맡아 수송중학교가 몇 차례 승리를 거두고 상당히 높은 단계에까지 올라가는 데 중요한 기여를 했습니다.

익주가 축구를 잘한 것을 이해하려면 초등학교 시절로 거슬러 올라가야 할 듯합니다. 그는 은평초등학교를 다녔는데, 당시 은평초등학교 축구부는 전국에서 타의 추종을 불허하는 1등 축구팀이었습니다. 그런데 그 학교 축구부는 전원이 서울시립아동보호소에 거주하는 고아 학생들로 구성되어 있었다고 합니다. 고아 학생들은 대부분 나이가 같은 학년의 일반 학생들보다 적게는 한두 살, 많게는 네댓 살이 더 많았기 때문에 체격부터 일반 초등학교 축구선수들과는 비교가 되지 않았습니다. 익주는 축구가 좋아 축구부에 들어가려 했지만 고아가 아니라서 불가능했습니다. 그런데 부모님과 축구부 감독 등 관계자를 설득한 것인지 아니면 다른 어떤 연유에서인지 자세히 알지는 못하지만, 일정 기간 서울시립아동보호소에 들어가서 축구부에 합류해 같이 훈련을 받았다고 합니다. 부모와 떨어져 엄한 규율 속에서 사는 삶이 결코 만만하지 않았을 터이지만 그는 기꺼이 그 길을 택하고, 원했던 것을 성취한 것입니다. 자신이 하고자 하는 것이 있으면 어려움이 있더라도 헤쳐나가는 그의 모습은 이미 어린 시절부터 그의 DNA 속에 있었던가 봅니다. 그때 배운 축구가 그의 학창 시절과 공무원 생활 내내 그에게 삶의 활력소였던 게 분명합니다.

대학교에서 다시 만난 익주는 중학교 시절 제가 알던 소년 익주의 모습과는 많이 달라져 있었습니다. 거칠고 반항아처럼 보이던 모습은 사라지고, 조용하고 차분하면서도 씩씩한 청년이 되어 있었습니다. 당시 사회과학대학 신입생은 1학년 때는 학과 배정 없이 네 개 반 중 하나에 배치되었습니다. 익주와 저는 대학 1학년에 같은 2반에 배치되면서 더욱 가까워졌습니다. 당시 10명 정도의 친구들이 특히 친하게 지냈습니다. 후에 함께 스터디 그룹을 하면서 '지진아'라고 자칭했던 이 멤버들에 대한 소개는 아마 이 문집에 있는 다른 글에서 다 나왔을 것으로 생각하고 생략하겠습니다. 모두 사회 각 분야에서 중추적 역할을 하고 있는 50대 후반의 중년이 되었습니다.

당시 대학 분위기는 요즘 대학 분위기와는 완전히 달랐습니다. 요즘 대학생들은 1학년 때부터 토익점수 등 스펙과 학점, 그리고 취업을 생각하면서 지내는 것 같아 교수로서 뿐만 아니라 기성세대의 일원으로서 많이 미안하고 안타까운 생각이 듭니다. 지금과 달리 당시에는 고도성장기여서 일자리는 넘쳐나고, 대학진학률도 낮아 취업 걱정은 별로 없었습니다. 대부분 대학생들은 취업 준비보다는 나라 걱정과 청춘의 열정으로 막걸리를 벗 삼아 지냈습니다. 당시는 박정희 정권 말기~전두환 정권 초기였기 때문에 특히 교내외 시위가 많았고, 수업이 충실히 이루어지지 않았습니다. 우리는 79학번으로 1학년 2학기에 박정희 정권 퇴진 구호를 외치며 시위를 했습니다. 그 와중에 저는 큰 키 때문에 형사들 눈에 쉽게 띄었던 모양입니다. 귀가하려고 나서는 길에 교정에서 잡혀서 한 달 정도 구치소에 있었고, 한 학기 정학을 받아 친구들이 학교 다니는 중인 10월에 혼자 설악산 단풍 구경을 다녀오는 혜택(?)을 누리기도 했습니다. 그러나 10월 26일 이후 휴교령이 내려져 학교가 문을 닫게 되면서 모두 비슷한 신세가 되었습니다. 우리는 수업을 제대로 받지 않았음에도 불구하고 이듬해인 1980년 3월에 2학년으로 진급했습니다. 익주와 저를 포함한 '지진아' 대부분은 경제학과를 택했습니다.

경제학과에 진급한 이후의 대학생활도 이전과 크게 다르지 않았습니다. 박정희 정권이 전두환 정권으로 바뀌고 나서도 대학은 시위와 휴교의 연속이었고, 경제학과 수업이 제대로 진행된 경우가 많지 않았습니다. 거의 4학년이 되어서야 미시경제학이나 거시경제학과 같은 경제학의 기초과목을 제대로 공부할 정도였습니다. 당시 이른바 '육개장(육 개월 장교)'이라 별칭되는 석사장교 제도가 있었는데, 이는 석사학위를 받고 심사를 통과하면 6개월 장교 근무로 병역 의무를 마치는 제도입니다. 이 제도가 당시 학생들 사이에 대학원 진학 붐을 불러일으켰습니다. 우리 지진아들도 4학년 때 경제학을 공부하는 스터디 그룹을 만들어 대학원 진학 준비를 함께 했습니다. 그런데 익주는 이미 2학년이나 3학년 초부터 행정고시 재경직을 염두에 두고 준비를 해온 터라 경제학의 기본과목들은 이미 다 섭렵하고 있었습니다. 사실 익주는 학과성적도 매우 뛰어났습니다. 아마 4학년 1학기까지 거의 학과 수석에 가까운 학점을 받았던 것으로 기억합니다. 익주는 그 여세를 몰아 목표로 삼았던 행정고시 재경직에 4학년 때 수석으로 합격하였습니다. 그는 공무원으로서 일할 준비를 하기 위해 행정대학원에 진학하였고, 다른 지진아 친구들은 경제학과 대학원에 진학하였습니다. 이후 익주는 석사장교로 짧은 군복무를 할 수 있었음에도 사병으로 군대에 갔고, 저는 대학원 재학 중에 프랑스 정부 장학생으로 프랑스 유학을 떠나게 되었습니다. 프랑스에서 박사학위를 받은 후 그곳 대학에서 교수생활을 하게 되어 10년을 보내고 귀국한 후 우리는 다시 만났습니다. 다들 한창 일할 나이였기에 자주 만나지는 못했지만 한번 만나면 호기 있게 술도 마시고 세상 얘기도 하면서 즐거운 시간을 보내곤 했습니다. 익주는 국제금융과장과 국제금융국장을 거친 국제금융 전문 관료로 성장하였고, 저도 원래 전공이 금융인데다 2008년부터 3년간은 금융위원회 비상임위원으로 경제정책을 접한 경험도 있기에 우리는 만나면 소소한 세상사는 물론 정책적 이슈에 대해 진지한 얘기를 나누기도 했습니다.

익주는 국제금융 관료로서 시장주의에 가까웠다고 할 수 있습니다. 아마 국제금융국장으로 재직할 때였을 것입니다. 하루는 강만수 당시 기획재정부 장관으로부터 NDF 즉 차익결제선물환 시장을 폐쇄할 것을 검토하라는 난감한 주문을 받았다고 얘기한 적이 있습니다. 강만수 전 장관님은 널리 알려진 환율 주권론자로서 외국인들이 일종의 꼬리 격인 NDF 시장을 통해 몸통인 원·달러 현물시장을 흔드는 '꼴'이 보기 싫었던 것입니다. 또 선물환거래를 통해 단기외채가 늘어나는 것도 제어할 필요가 있었습니다. NDF 시장은 역외시장이라 우리가 폐쇄할 수 있는 시장이 아니지만 국내 은행들의 참여를 금지한다면 급속히 위축되어 사실상 폐쇄에 가깝게 될 수는 있었을 것입니다. 하지만 그러한 방식으로 직접 규제를 하게 되면 OECD 자본자유화 규약과의 충돌, 국제금융시장의 신뢰 하락 등의 문제가 있기 때문에 그는 그 방식이 바람직하지 않다고 본 것이지요. 이러한 와중에 파급되는 부작용을 최소화하면서 소기의 목적을 달성하는 방식의 제도가 선물환 포지션 한도 규제와 외환건전성 부담금 제도입니다. 이는 또 다른 제도인 외국인 채권투자 과세와 함께 외환건전성 규제 3종세트라 일컬어지는 제도입니다. 정부가 이런 제도를 도입하는 데서 핵심적인 역할을 담당한 관료가 당시 김익주 국제금융국장입니다. 상관의 의중을 헤아리면서도 국익에 적합한 제도를 도입함으로써 솔론몬의 지혜를 보인 것이었습니다.

익주와 저는 관료와 학자로서 서로 보완적인 일을 했지만, 사실 도움을 받은 쪽은 대부분 저였습니다. 한 예로 글로벌 금융위기의 냉기가 여전하던 2009년 2월에 저는 홍콩 샹그리아 호텔에서 열린 한국경제 IR에 발표자로 참여한 적이 있었습니다. 200여 명의 국제투자자를 대상으로 한국경제가 건실함을 알려 한국에 대한 국제투자를 다시 이끌어내는 것이 발표의 목적이었습니다. 특히 당시 한국경제의 취약점으로 지적된 과도한 단기외채에 대해 리스크가 없는 외채라는 점을 부각하는 것이 주된 내용이었습니다. 이 발표를 위한 자료를 작성하는 데 금융위원회와 기획재정부의 젊은 사무관들의 도움을 받았는데, 그러한 도움을 원활하게 받을 수

김익주가 국제금융센터 원장으로 재직 중이던 2015년 1월 30일(암 발병 사실을 알기 전) 삼청동 카페에서 가진 지진아 모임. 왼쪽부터 황의균, 이종훈, 조영탁, 류근관, 채희율, 주익종, 이인희, 김익주.

있었던 데는 국제금융국에서 일하던 익주의 도움이 컸습니다.

익주는 무역협정 국내대책본부장을 마지막으로 관료생활을 정리하고 국제금융센터 원장으로 재직하면서 그동안 본인이 주로 담당했던 외환과 국제금융 업무를 보다 체계적으로 정리할 필요성을 느낀 것 같았습니다. 그래서 2014년부터 경기대학교 박사과정에 등록하고 공부를 다시 시작했습니다. 저는 2014년 2학기부터 세 학기 계속해서 익주를 포함한 동기생들을 대상으로 금융 관련 과목을 강의하게 되었습니다. 이때 보여준 익주의 향학열은 놀라운 것이었습니다. 수업은 주로 학생들이 준비하고 발표하고 토론하는 세미나 방식으로 진행되었는데, 누구보다도 열심히 준비하고 발표에 임하던 모습을 생각하면 마음이 아릿합니다. 나중에 알게 된 것이지만, 익주가 자신이 암에 걸렸다는 사실을 안 것은 2015년 4월이었다고 합니다. 제 수업을 수강하던 두 번째 학기 초였습니다. 이미 혈액암이 간에 전이된 심각한 상태라는 것을 알았음에도 그는 전혀 내색하지 않고 철저하게 수업 준비를 하고 발표를 하였기에 그 어느 누구도 그가 중병에 걸렸고 외로운 싸움을 하고 있다는 사실을 알아차리지 못했습니다.

2016년 여름 어느 날 함께 운동을 하고 샤워를 한 적이 있습니다. 그때 그가 가발을 쓴 것을 알게 되면서 “혹시 항암 치료를 받고 있나” 생각하기도 했지만, ‘설마’ 하는 마음이 든 것은 무심한 제 탓도 있었지만 무엇보다도 한결 같은 그의 태도 때문이었습니다. 그는 고통스런 나날이었을 텐데도 박사학위 논문을 쓰는 데 한 치의 흐트러짐도 없었습니다. 그는 2016년에 여러 차례 이어진 박사학위 논문 발표에서 지적 받은 사항을 다음 번 발표에서 완벽하게 보완해 왔습니다. 그런 그의 모습을 보았다면 어느 누구라도 그가 고통스런 나날을 보내고 있다는 것을 짐작하기 어려웠을 것입니다. 하지만 그가 돌아간 후에 보게 된 그의 메모를 보면 당시에 그가 얼마나 힘들었는지, 그리고 얼마나 간절하게 주님께 회복을 갈구하고 있었는지를 알 수 있습니다. 2016년 어느 날 그는 이렇게 썼습니다. “불안한 마음이 들더라도 시간을 가지고 꾹 참으면 없어진다.” “인생이 벼랑 끝에 몰려 있을 때 주님은 힘을 발휘한다.” “회복을 원합니다. 주님께서 회복의 능력이 있으심을 믿습니다.” 11월 13일에는 다음과 같이 썼습니다. “정말 힘든 날이었는데 잘 버티어냈습니다.” 12월 11일에는 이런 글을 남겼습니다. “하나님의 생각은 평안, 마귀의 생각은 자포자기.” “질병과 고통이 있을지라도 나는 미래와 희망을 계획하고 있다.”

그는 마침내 고통 속에서도 이루어내려 했던 것을 이루어냈습니다. 박사학위 논문 최종발표에서 우수한 평가를 받고 논문이 통과된 것입니다. 논문의 주제는 본인 스스로 주도적 역할을 했던 외환부문 건전성 규제의 효과를 분석하는 것입니다. 박사학위 논문을 완성하고 학위를 받는다는 것이 보통 사람들에게도 의미 있는 일지이만 그에게는 정말로 말로 표현할 수 없는 뜻깊은 일이었을 것입니다. 그는 자신과의 처절한 싸움에서 물러나지 않았습니다.

12월의 어느 날 논문 마무리를 위해 학교에 들른 그의 모습을 보고 잠시 가슴이 철렁했습니다. 눈썹이 거의 없었기 때문입니다. 여름에 했던 불길한 생각이 되살아났습니다. 하지만 차마 그에게 직접 물어볼 엄두가 나지 않았습니다. 아니 솔직히 이번에도 ‘설마’하고 넘어갔습니다. 너무도 늠름하고 흐트러짐 없는 모습이었기 때문입니다. 이듬해 1월에 있었던 ‘지진아’들의 신년회에 그는 모습을 나타내지 않았습니다. 다리가 삐었다는 말을 들었습니다. 나중에 안 사실이지만 이때 그는 이미 쓰러져 요양병원에 가 있었다고 합니다.

2017년 1월 31일 대학 '지진아' 친구들 카톡방에 익주가 심각하게 아프다는 조영탁 교수의 글이 올라왔습니다. 이종훈 교수와 조영탁 교수가 익주 부인의 연락을 받고 요양병원에 다녀왔는데 의식이 없다는 것이었습니다. 이미 2015년 4월부터 림프종이 있다는 사실을 본인이 알았고 그때부터 투병생활을 해왔다는 내용의 글이었습니다. 우리는 그 주 주말쯤에 병원에 가보자고 카톡을 주고받았습니다. 그러나 하늘도 무심하게 바로 그 다음 날인 2월 1일 그가 우리 곁을 떠났다는 이종훈 교수의 짧은 글이 올라왔고, 저는 멍하니 하늘을 쳐다보았습니다.

저는 그를 이해할 수 없습니다. 왜 자신이 아프다고 알리지 않았는지 말입니다. 심사위원장으로 논문의 수정을 몇 차례 요구한 것이 그의 병세를 악화시키지 않았을까 하는 자책도 해보았습니다. 혹시 그가 자신의 병을 알리고 논문 작성을 좀 미루자고 했다면 병세가 나아지지 않았을까 하는 생각도 하게 됩니다. 하지만 그는 그 고통 속에서도 이전과 똑같은 리듬으로 자신의 삶을 논문 속에 녹여내는 길을 택했습니다. 그 과정 속에서 그는 고통의 크기만큼 기쁨도 느꼈을 것이라고 나 스스로 위안을 해보기도 합니다. 이제 그는 떠났습니다. 그러나 그가 우리에게 보여준 삶에 대한 진지한 태도는 영원히 우리의 가슴 속에 남아있을 것입니다. 하늘나라에서 그는 평온한 마음으로 안식을 누리고 있을 것입니다. 잘 지내거라 친구야. 좀 지난 후에 다시 보자.

친구를 보내며

황의균 (SK해운 대표)

철없던 시절 현실의 아픔과 청춘의 고뇌를, 미래의 희망을 함께 나누고 아파했던 그 푸른 시절이 우리 친구와의 이별과 함께 떨어져 나갔습니다. 우리 지진아는 항상 전체로 남아 있을 것 같았는데…….

그 푸르른 시절, 우리 지진아 중에서 익주는 어떤 조각이었을까를 생각해봅니다. 익주는 유신 말기 그 혼란스러웠던 격변기에 지적 고민만 늘어놓았던 우유부단한 우리의 논쟁에 속 시원한 말투로 언제나 단호한 결론을 내려준 결정자였습니다. 처음 만난 사람들은 오해하기 십상인 걸진 말속에서도 언제나 따뜻함을 잃지 않았던 우리의 형이었습니다. 떠나기 얼마 전 점심식사를 마치고 둘이 사무실로 걸어오면서 그가 나에게 해주었던 말이 생생합니다. "의균아, 힘들어도 잘 버텨라." 그때 야윈 얼굴을 보고 어디 아프냐고 묻지는 못하고 그냥 왜 이렇게 늙었냐며 지나쳤던 저의 무심함이 한스럽습니다. 그때 알았더라면…….

친구들 중 제일 먼저 군대에 입대하던 저를 안타까움으로 보내던 눈길이 떠오릅니다. 제가 군복무를 마치고 이제 입대하려는 익주를 환송해주던 날, 친구들 모두 아쉬움에 밤늦도록 함께 했던 기억도, 그 덕에 익주가 맡겼던 등록금을 모두 쓰고 나중에 각자 천 원짜리, 만 원짜리 돈을 들고 왔던 장면도, 먼저 겪었던 군생활의 기억으로 익주가 앞으로 군대에서 겪을 일들에 대한 염려 때문에 마음 한구석이 짠했던 기억도 새롭습니다. 그런 날들이, 그런 추억들이 아직도 생생한데, 익주는 이제 세상에 없습니다.

아프다고, 내가 큰 병에 걸렸다고, 적어도 우리에겐 알려주어야 했던 것 아냐? 좀 알려주었으면 어때? 짜식이 너무하잖아. 갑작스럽게 닥친 친구의 죽음 앞에서, 깊은 슬픔과 아쉬움 속에서 내뱉었던 말들이 새삼 가슴을 저리게 합니다. 마지막 시간을 함께 나누지 못한 깊은 섭섭함이, 아픔 속에서 병마와 싸우는 그 순간에 함께하지 못한 미안함이, 이 마지막 인사를 나누는 순간에 깊은 슬픔으로 울립니다.

익주야, 이제 고통일랑 없는 하나님 품에서 깊은 안식을 누리렴. 그분의 품은 따뜻하고 그분이 다스리는 세상은 평안이 가득한 세상일 터이니. 그곳에서는 더 이상 아픔이 없을 것이니. 언젠가 우리가 기쁨으로 다시 만날 그때까지.

"사랑한다, 익주야……."

하늘이 더 가까운 행복의 나라 부탄에서

한상범 (경기대 경제학과 부교수)

김익주 국제금융센터 원장님과의 인연은 그리 오래되지는 않았다. 어렴풋이 돌이켜보면 처음 기억은 아마도 신문에서 한미 FTA 및 국제금융정책과 관련해서 그 이름을 본 기억이 스쳐지나가듯이 떠오르는 정도다. 충남대 교수로 있는 친구가 일전에 지나가듯이 행시 수석을 하신 경제학과 선배가 학교에 특강을 하러 오셨다는 이야기를 나눈 적이 있는데, 이제야 그 분이 김익주 원장님이었음을 알아차린다.

처음 만남은 원장님께서 국제금융센터로 적을 옮기신 다음 우리 학교 박사과정에 들어오신 뒤에 개최된 신입생 환영회 때였다. 반갑게 인사할 때의 모습이 눈꼬리가 깊게 휘어질 듯 친근한 하회탈의 웃는 모습과 많이 닮았던 기억이 지금도 새롭다. 계량경제학을 강의한 첫 대학원 수업은 아마 그에게는 크게 지겨웠을 듯싶다. 다른 박사과정 신입생들이 학부에서 계량경제학을 배워본 적이 없었던 관계로 자연스럽게 그들의 눈높이에 강의 수준을 맞추게 되었다. 이미 영국 버밍엄대학교 경제학 석사과정에서 고급이론까지 다 들으신 원장님은 항상 뒤편에 앉아서 그 특유의 미소를 입가에 띄우며 내용을 다 아는 강의에 지겨운 내색 한 번 안 하고 가끔 맞장구도 적절하게 쳐주셨다.

김 원장님과의 색다른 인연은 우연치 않게 내가 연구년을 자본시장연구원에서 1년간 보낸 2015년에 이어진다. 여유롭게 지낼 요량으로 익숙한 예전 직장을 연구년 보낼 장소로 굳이 정했던 것인데, 자본시장연구원이 아시아개발은행(ADB)이랑 공동으로 진행하는 KSP 연구 프로젝트를 수주하게 되면서 예정에 없던 이 연구에 덜컥 엮이게 된 것이다. 연구 내용은 히말라야 산맥 근처 어딘가에 있다고 말로만 들어 왔던 부탄(Bhutan)이라는 나라의 금융위기 조기경보 시스템을 구축하는 것이었다.

내가 예전부터 잘 아는 내용도 아니고 해서 어떻게 하는 것이 좋을까 생각하던 중에 김익주 원장님이 우리나라 외환위기 조기경보 시스템을 운영하는 국제금융센터를 책임지고 있다는 사실이 떠올랐다. 연락을 드리니 바로 다음 날 센터로 오라고 약속을 잡아주셨다. 원장님 방을 방문하니 이미 부탄 관련 자료들이 탁자에 죽 펼쳐져 있었다. 이미 2014년도에 부탄의 경제 담당 공무원들이 외환위기와 관련된 조기경보 시스템의 내용과 운영 현황을 견학하기 위해 한국에 와서 센터를 방문했는데, 이 자료들은 그때 방문 기념으로 그들이 센터에 선물로 주고 간 것들이라고 하였다. 자료에서 가장 눈에 뜨이는 것 중 하나는 부탄의 아름다운 자연과 문화를 소개하는 사진집이었다. 사진으로 보기에도 너무나도 깨끗하고 아름다운 부탄 산하의 모습과 행복지수 1위라고 알려진 나라의 백성임을 증명이라도 하듯 부탄 사람들의 밝고 즐거운 모습을 같이 보면서, 정말 순박하고 행복한 사람들이 사는 나라인 것 같다는 데 동감하였다. 특히 부탄을 상징하는 정경 중 으뜸으로 소개되는 해발 3,120m의 위치에서 높이 900m의 수직 암벽에 아슬아슬하게 걸터앉아 있는 탁상사원(Taktsang Palphug Monastery)의 모습을 보면서, 행복의 성지로 알려진 이곳에 일생에 한

번쯤은 꼭 오르고 싶다고 낮게 읊조리시던 음성이 지금도 귓가에 어른거린다.

마침 우리 연구와 관련된 ADB의 담당자가 이전에 재정경제부에서 김익주 원장님 밑에서 같이 일했던 공무원이었기에 이러한 원장님의 내밀한 바람을 전했더니, 우리가 부탄에 출장가기로 한 일정에 맞추어 부탄 정부와 ADB에서 원장님을 회의의 메인 스피커로 공식 초청하겠노라고 하였다. 특히 김익주 원장님과 재정경제부에서 같이 근무하셨을 뿐만 아니라 영국 버밍엄대학교에서 같이 유학생활을 하셨던 최원목 당시 ADB 이사께서 우리와 비슷한 일정으로 부탄에 출장오기로 되어있었기에 더 없이 출장의 의의가 클 것 같았다. 그런데 이러한 뜻을 원장님께 전하니 지금은 너무 바빠서 출장을 갈 수가 없다고 하셨고, 대신 센터에서 조기경보실장으로 근무하는 분을 출장에 동행하도록 배려해 주셨다. 우리는 아쉬운 마음이 들었지만 다음 기회를 기약하기로 했다. 이때가 2015년 11월 중순이었는데, 지금 돌이켜보니 그때는 몰랐지만 원장님은 이미 몸이 편치 않아서 해발 고도가 높은 국가로의 장기 출장이 부담스러웠던 것이고, 그것을 말씀하기가 어려웠던 것이라는 생각이 든다.

첫 출장은 성공적으로 마무리되었고, 부탄에서 처음 만난 최원목 이사님은 영국 유학 중에 원장님으로부터 많은 도움을 받았던 기억을 말씀하셨다. 경영학을 전공한 본인은 원장님의 도움이 없었더라면 경제학 석사과정을 쉽게 마치지 못했을 거라며 끊임없이 원장님 칭찬을 하셨고, 원장님과 같이 근무하면서 있었던 많은 에피소드를 이야기하셨다.

공식 일정이 끝나고 나는 해발 3,120m의 탁상사원으로 힘들게 홀로 올라갔다. 가파른 절벽에 피어있는 이름 모를 들꽃들의 내음까지 하나하나 구별되어 코끝에 전해지는 가운데 맑은 공기와 천상에 너무 가까워 질리도록 파란 하늘을 온몸으로 느낄 수 있었다. 올라가면서 부탄에서의 첫 미팅이 성공적인 결과를 낼 수 있도록 물심양면으로 지원해준 원장님의 도움을 새삼 고마워하며, 일생에 한 번 오기도 힘든 이곳을 원장님과 같이 오르면 좋았을 거라는 생각을 했다.

드디어 프로젝트는 잘 마무리가 되었고, 최종 발표를 위한 부탄으로의 마지막 출장이 2016년 2월 말로 예정되었다. 부탄으로의 항로는 직항이 없기에 가는 데만 1박2일이 걸리고 부탄의 유일한 국제공항인 파로공항은 전세계에서 위험하기로 10대 공항에 든다는 것을 이제는 잘 알고 있음에도 불구하고, 이번에는 꼭 원장님과 함께 일정을 진행하자고 계획을 세웠다. ADB와 부탄 정부에서도 국가 조기경보시스템을 운영하는 조직의 장을 귀빈으로 모시고 싶어 했다. 그러나 간곡하게 여러 번 청해 보았으나 이번에도 그렇게 석연치 않은 이유를 대며 가기를 저어하셨다. 이제 와서 다시 생각하면, 이때에도 겉으로는 여러 가지 이유를 말씀하셨으나 속으로는 같은 이유에서였을 것이리라. 같이 부탄에 갔더라면 문명에 거의 물들지 않은 아름다운 자연에서뿐만 아니라 정말 자신들이 행복하다고 느끼며 스스로에 대한 자존감도 높고 다른 사람들에게 관대한 부탄 사람들의 삶의 지혜와 여유에서 큰 감동과 위안을 받으셨으리라 생각한다. 천국으로 가시는 도중에라도 일생에 한 번쯤은 가고 싶다고 하셨던 탁상사원에 들러 그 신비로움과 아름다움을 맘껏 감상하시고 부탄 사람들의 무욕과 여유를 느껴보시고는, 아마도 그곳보다 더 행복한 나라로 먼 길을 가셨으리라 믿는다.

보고 싶은 이모부께 전하는 조카의 마음

구정모(서울대학교 자유전공학부), 구현모(연세대학교 언더우드국제학부)

‘이모부, 보고 싶습니다.’

글을 시작하기 위해 많은 기억과 추억을 되짚어 보았지만, 입가에는 계속해서 같은 말만 맴돕니다. 아마 이제는 할 수 없는 말이기 때문이겠지요. 어젯밤 문득 생각이 나서 이모부와의 메신저 대화 창에 들어가 보았습니다. 하루에도 수십 번 들어가 보는, 매 시간 수백 개의 메시지가 오가는 공간이지만, 이모부와 함께한 그곳은 고작 스크롤 한 번 분량의 대화로 채워져 있을 뿐이었습니다. 저희가 그렇게도 의지하고 자랑스럽게 여겼던 분임에도 말입니다. 너무 부끄러웠습니다. 그 짧은 대화 속에서도 이모부의 진심 어린 걱정이 묻어나오는 것을 보며, 이제는 흘리지 않겠다고 굳게 다짐한 눈물이 흐르는 것을 막을 수가 없었습니다.

4, 5살밖에 안 된 저희가 인도로 떠난 뒤에는 해마다 돌아오는 방학이면 이모부 집에서 생활했죠. 이모부가 일찍 퇴근하실 때면 엄마 몰래 과자를 사달라고 조르기도 했습니다. 그 흔하다는 짜장면을 처음 먹어본 것도 이모부와 함께였습니다. 축구부터 공부까지 새로운 시작 앞에 선 저희 곁에는 늘 이모부가 계셨습니다. 너무 어리고 철이 없어 그땐 그게 얼마나 큰 배려이자 사랑이었는지 알지 못했습니다. 육두문자를 서슴없이 사용하

시는 모습에 겁을 내거나 어려워하기도 했지만, 언제나 그 속에서 따뜻함을 찾을 수 있었습니다. 오랜 해외생활로 자주 뵙지 못했기에 이모부는 편하지만 어려운, 항상 감사하지만 그래서 더 서먹한, 그런 분이셨어요. 유년 시절부터 저희를 아들처럼 여겨주셨던 이모부. 저희에게 이모부는 아버지셨습니다.

이모부께서 언젠가 저희에게 하고 싶었던 말씀을 적어 건네주셨습니다. “지금은 힘들겠지만, 시간이 지나고 나면 그때가 좋았다는 것을 느끼게 될 거야.” “공부면 공부, 운동이면 운동, 모두 열심히 하고, 정서적인 면에서도 모자람이 없도록 열심히 하여라.” 행여 저희가 ‘정서적’이라는 단어의 의미를 모를까봐 영어로 ‘emotional’이라고 그 옆에 써주셨죠. 이렇게 이모부는 항상 뒤에서 조용히 지켜봐 주는 분이셨습니다. 권위적으로 가르치기보다는 스스로 올바른 길을 찾을 수 있도록 진심을 담아 격려해주셨고, 저희가 방황할 때면 짧지만 깊은 의미가 담긴 말로 위로해주셨습니다. 이제 세상을 향해 줄기를 뻗는 저희에게 학업, 운동, 일, 성품 모든 면에서 본보기가 되는 우상, 이모부는 저희에게 든든한 나무이셨습니다.

끝내 돌아가셨다는 소식을 들었을 때 눈앞이 캄캄했습니다. 하얘진 머릿속에는 수척해진 이모부의 마지막 모습만이 남아있었습니다. 이모부께서 강한 정신력으로 버티시며 마지막 순간까지 저희를 걱정하셨다는 이모의 말씀이 생각나 울컥했습니다. “너무 많이 슬퍼하지 말라고, 자기는 괜찮으니까 너희가 하고 싶은 것 열심히 하라고, 조금만 괜찮아지면 산책하러 가자고, 다음에 꼭 저번처럼 명동에서 갈비 먹자고…….” 하지만 하늘은 무심하게도 그럴 시간과 기회를 주지 않고 너무 일찍 저희 우상을, 든든한 나무를, 아버지를 데려갔습니다. 저는 그동안 항상 받기보다는 주는 사람이 되자고 다짐했습니다. 하지만 정작 저희에게 아낌없이 주기만 하셨던 분이 2년이라는 긴 시간 힘들어하신 사실을 알지도, 돕지도, 함께해 드리지도 못했습니다. 그저 철없는 부탁만 드린 저희의 지난 모습을 떠올리며 이모부의 빈자리를 후회로 가득 채웠습니다.

이모부. 너무나도 일상적인 그 호칭으로 지금 너무나도 부르고 싶습니다. 병문안을 갔을 때도, 장례식장에서도, 납골당에서도 눈물을 삼키느라 하지 못했던 말, 속으로만 무한히 반복했던 말을 이제는 전해볼까 합니다.

지금까지 그랬듯이, 힘든 일이 있을 때면 이모부가 많이 생각날 거예요. 하지만 이모부께서 끝까지 포기하지 않으시고, 하셔야 할 일을 초연히 해내셨던 것처럼 저희에게 어떤 어려움이 닥친다고 해도 꿋꿋하게 이겨내겠습니다. 저희에게 항상 자랑스러운 이모부가 되어주셨던 것처럼, 저희도 이모부께 당당하고 부끄럽지 않은, 자랑스러운 사람이 되겠습니다. 그 어디에 계시더라도 이모부는 저희의 영원한 우상이십니다. 감사합니다. 그리고 사랑합니다.

이모부의 큰 사랑을 기억하는 두 조카가.

김익주 사진과 투병 메모

백일 사진

창경원에서 아버지, 형과 함께(1967년)

오대산 월정사(1979년). 왼쪽이 김익주

졸업 앨범에서

졸업 앨범 촬영일. 왼쪽에서 두 번째가 김익주

졸업 앨범 촬영일

대학 졸업식(1983년)

대학 졸업식(1983년). 오른쪽에서 두 번째가 김익주

대학 졸업식(1983년)

대학 졸업식(1983년). 뒷줄 왼쪽에서 세 번째가 김익주

행주산성에서 형과 함께(1986년). 오른쪽이 김익주

행주산성에서 조카와(1986년)

수안보 탄금대에서 형 가족과 함께(1986년)

김익주, 최효영의 결혼식
(1987년 6월)

딸 윤이의 돌잔치
(1990년 5월)

가족 나들이
(1994년 8월)

가족 나들이(1996년 8월)

영국 유학 시절 한일유학생팀 간 축구시합을 한 후(1998년)

영국 유학 시절 스코틀랜드에서
(1998년)

영국 유학 시절 에든버러에서(1998년)

고위 공직자 연수과정 중 백두산에서(2007년)

골프라운딩 동반자 홀인원 기념(2011년)

기획재정부 회의실 간판. 기획재정부는 국제금융국 회의실 중 한 곳에 김익주의 이름 중간 글자를 딴 '익실'이란 이름을 붙여 고인을 기렸다. (2017년 4월 3일)

'익실' 내에 전시된 김익주의 사진과 그가 생전에 입었던 축구복(2017년 4월 3일)

유일호 부총리(가운데)가 참석한 기재부 국제금융국 회의실 '익실' 오픈 행사(2017년 4월 3일)

기재부 청사 내 김익주 추모 식수(2017년 4월 3일)

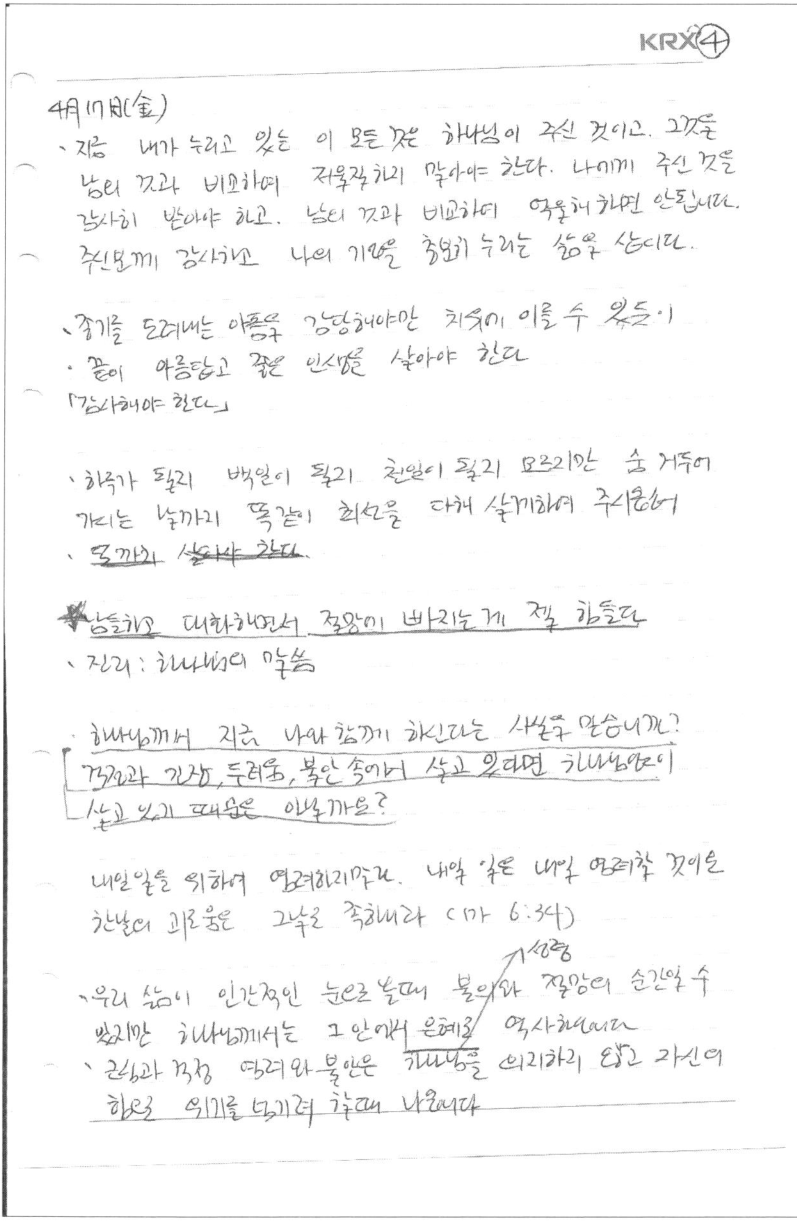

KRX④

4月 17日(金)

· 지금 내가 누리고 있는 이 모든 것은 하나님이 주신 것이고. 그것을 남의 것과 비교하여 저울질 하지 말아야 한다. 나에게 주신 것을 감사히 받아야 하고. 남의 것과 비교하여 억울해 하면 안됩니다. 주신 분께 감사하고 나의 기쁨을 충분히 누리는 삶을 삽니다.

· 종기를 도려내는 아픔을 감당해야만 치유에 이를 수 있듯이

· 끝이 아름답고 좋은 인생을 살아야 한다

「감사해야 한다」

· 하루가 되고 백일이 되고 천일이 되고 모르지만 숨 거두어 가시는 날까지 똑같이 최선을 다해 살게하여 주시옵소서

· ~~끝까지 살아야 한다.~~

★남들하고 대화하면서 절망에 빠지는게 제일 힘들다

· 진리 : 하나님의 말씀

· 하나님께서 지금 나와 함께 하신다는 사실을 믿습니까? 걱정과 긴장, 두려움, 불안 속에서 살고 있다면 하나님없이 살고 있기 때문은 아닐까요?

내일일을 위하여 염려하지 말라. 내일 일은 내일 염려할 것이요 한날의 괴로움은 그날로 족하니라 (마 6:34)

· 우리 삶이 인간적인 눈으로 볼때 불의와 절망의 순간일 수 있지만 하나님께서는 그 안에서 은혜로 (성령) 역사합니다

· 근심과 걱정 염려와 불안은 하나님을 의지하지 않고 자신의 힘으로 위기를 넘기려 할때 나옵니다

메모 1(2015년 4월 17일)

1. 내가 수고한 만큼, 내 능력만큼,
내 지혜 만큼 사는 것이 아니라
하나님이 주신 만큼 먹고 하나님이
살게 하신 만큼 살다가 마지막
호흡을 거두어 가시면 언제든
먼지로 돌아갈 존재임.

2. 내일 죽을 줄 모르고 오늘 힘들게
땀 뻘뻘 흘리며 밭일 하는 것이
人生임

3. 결국은 내가 생각지 못한 방법으로
해결해 주신다.

⇒ 혹 사면초가와 같은 절박한 상황에
놓여 있습니까? 우리 생각으로는 도저히
빠져나갈 길이 없다 할지라도
그분을 의지하며 따를 때 하나님은
우리가 생각지도 못한 새로운 길을
열어 주실 것입니다.

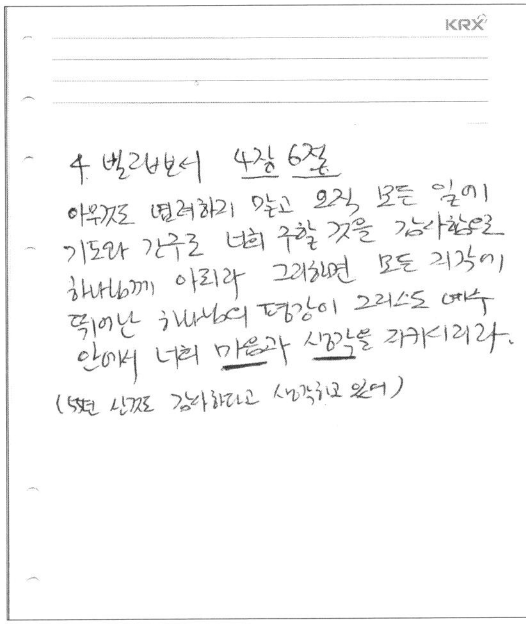

4. 빌립보서 4장 6절
아무것도 염려하지 말고 오직 모든 일에
기도와 간구로 너희 구할 것을 감사함으로
하나님께 아뢰라 그리하면 모든 지각에
뛰어난 하나님의 평강이 그리스도 예수
안에서 너희 마음과 생각을 지키시리라.
(55년 산것도 감사하다고 생각하고 있어)

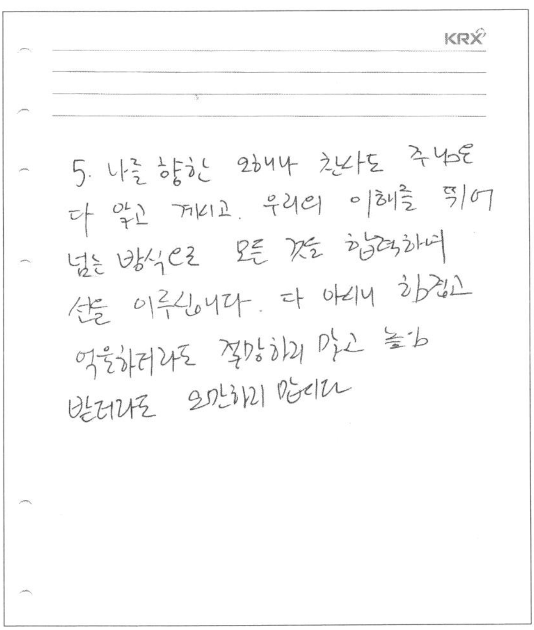

5. 나를 향한 어떠나 환난도 주님은
다 알고 계시고. 우리의 이해를 뛰어
넘는 방식으로 모든 것을 합력하여
선을 이루십니다. 다 아시니 힘겹고
억울하더라도 절망하지 말고 높임
받더라도 오만하지 맙시다

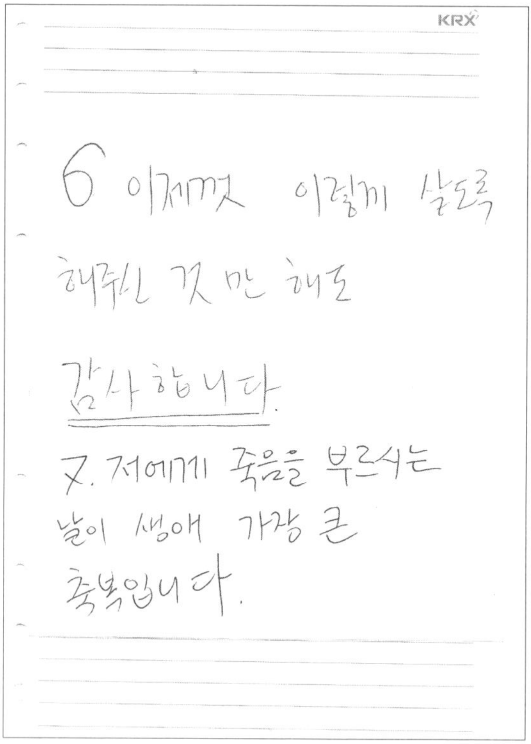

6 이제까지 이렇게 살도록
해주신 것만 해도
감사합니다.

7. 저에게 죽음을 부르시는
날이 생애 가장 큰
축복입니다.

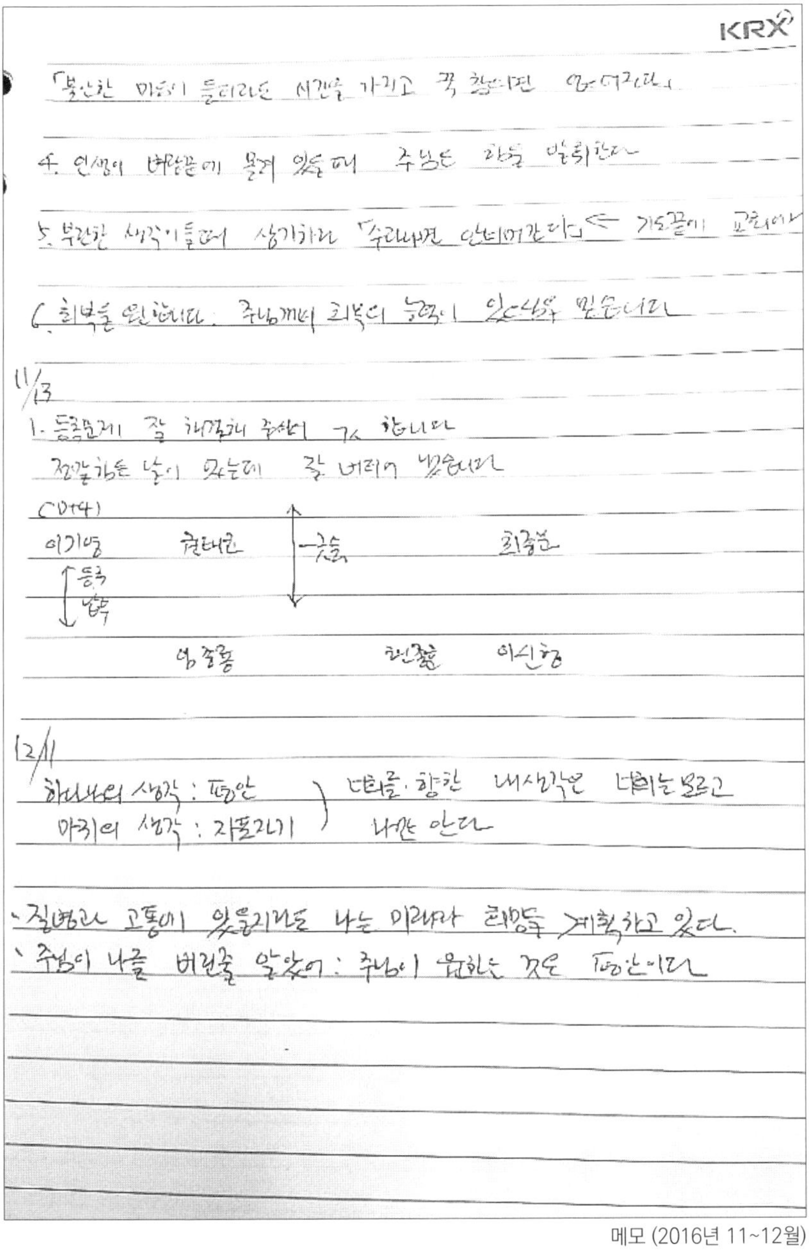
「불안한 마음이 들더라도 시간을 가지고 꼭 참으면 없어진다」

4. 인생의 벼랑끝에 몰려 있을 때 주님은 힘을 발휘한다

5. 불안한 생각이 들때 생각하라 「주님께서 인도하여 가신다」 <= 기도끝에 고치어야

6. 회복을 원합니다. 주님께서 회복의 능력이 있으심을 믿습니다

11/13

1. 등록문제 잘 해결해 주셔서 감사합니다
정말 힘든 날이 있는데 잘 넘기어 냈습니다

(D+4)

이기영 권태균 곽순 최종분

등록 납부

염종홍 한진호 이신형

12/11

하나님의 생각 : 평안
마귀의 생각 : 괴롭히기
) 너희를 향한 내 생각은 너희는 모르고 나만 안다

· 질병과 고통이 있을지라도 나는 미래와 희망을 계획하고 있다.
· 주님이 나를 버린줄 알았어 : 주님이 원하는 것은 평안이다

메모 (2016년 11~12월)

제2편 칼럼과 논문

제1부 칼럼과 인터뷰

[칼럼] '동북아 금융허브 전략' 어디로 갔나

신년모임에서 국제업무 경험이 많은 전문가 몇 분과 나라별 업무추진 스타일과 능력에 대한 대화를 할 기회가 있었다. 현재 국제금융기구에 근무하고 있는 한 분이 '단기간'에 낼 수 있는 업무성과를 따질 때는 우리나라가 단연 최고라는 얘기를 했고, 참석자 거의 모두가 이에 의견을 같이했다. 우리 국민 특유의 역동성, 순발력, 부지런함, 1등의식은 타의 추종을 불허한다는 자찬과 함께 말이다. 그러나 장기적으로 꾸준히 추진해야 하는 일에서도 과연 탁월한가 하는 점에 대해서는 말문을 닫았다.

지난해 말 정부는 '금융업 경쟁력 강화방안'이라는 중장기의 금융업 발전 방향을 제시했다. 금융업의 질적 내실화와 가치 제고를 통해 실물경제의 활력 회복을 뒷받침하고 양질의 일자리와 부가가치를 창출한다는 내용의 청사진이다. 이에 대해 업계에서는 정부 당국이 금융서비스업에 제대로 접근하려 한다는 점에서 환영했지만, 일부에서는 이러한 정책이 제대로 꾸준히 추진될 수 있을까 하는 의심의 눈초리도 있었다.

사실 10여 년 전인 2003년 말 정부는 이번 '강화방안'보다 포괄적이고 장기적인 비전과 전략 포커스를 제시한 적이 있었다. 이른바 '동북아 금융허브 추진전략'이다. 그 내용은 너무 광범위해서 짧게 정리하기 어렵지만,

우리나라를 금융거래의 중개와 결제가 활발히 이루어지는 중심지인 금융허브로 만들자는 것이었다. 다만 런던이나 뉴욕과 같이 종합적인 금융서비스가 이루어지는 글로벌 금융허브를 만들기에는 우리 능력이 부치기 때문에 자산운용업 중심의 특화된 금융허브를 10년 내인 2012년 말까지 만들자는 내용이었다. 당시에는 나름대로 여건과 현실을 고려해 심혈을 기울여 만든 로드맵이었다. 지금 시점에서 보면 이 정책은 실패했다. 현재, 목표로 삼았던 세계 50대 자산운용사의 지역본부는 한 개도 들어와 있지 않다. 외국은행 국내지점은 철수하거나 점포 축소 방침을 밝히고 있고, 국부펀드인 한국투자공사는 국가 여유자금을 관리하는 중심축으로 제대로 자리 잡지 못하고 있다. 물론 그동안 정권교체도 있었고 글로벌 금융위기도 있었지만, 결과적으로 단기에 강한 우리나라가 장기에는 약했다. 처음부터 달성이 쉽지 않은 그림이었는지 모르지만, 계획만 근사하게 세워놓고 정작 실행단계에서 끈질기게 물고 늘어지는 집요함이 정말 있었는지 되돌아봐야 한다.

2000년대 중반에 중국이 위안화 국제화 입장을 밝혔을 때 대부분 국가의 반응은 냉소적이었다. 시장화·개방 정도가 낮고 금융구조·유연성도 부족한 금융 후진국이 과연 국제화를 이룰 수 있을까 하는 투로 말이다. 하지만 중국 정부는 꾸준히 일관성 있게 위안화 무역결제 확대, 역외 위안화 시장 조성을 위한 정책을 추진했고, 유사시 손해를 초래할 수 있음에도 불구하고 주변국과 통화스와프 계약도 늘려나갔다. 지난해 12월 로이터통신은 세계 무역금융 부문에서 위안화 비중이 8.7%로 증가해 6.6%의 유로화를 제치고 달러화에 이어 세계 2위를 기록했다고 보도했다. 이에 따라 영국·홍콩·싱가포르·일본 등이 위안화 거래허브를 만들기 위해 중국과

협력관계를 늘리고자 노력 중이다.

금융이 강해야 경제가 성공한다. 이번에 정부가 새로이 만든 '금융산업 경쟁력 강화방안'은 긴 호흡으로 꾸준히 노력을 경주해 꼭 성공했으면 좋겠다. 또한 이 방안에 마침 '금융중심지 지속 조성'이라는 항목이 세부 목표로 들어가 있으므로 이미 수립한 '동북아 금융허브 추진전략'도 차제에 다시 추진되어야 할 것이다. 채권시장 국제화, 주식시장·외환시장의 투명성과 거래효율성 제고, 동북아지역 특화 금융수요 개발, 해외 유수 금융기관 유치 및 국내 기관의 해외진출 활성화, 금융규제·감독·검사의 글로벌 스탠더드 도입 등 당시의 과제는 지금 다시 보아도 우리의 새로운 성장동력 확충과 서비스업 강국으로의 여건 마련을 위한 금융산업 육성에 꼭 필요한 사항들이다. 과거의 실패 경험 때문에, 혹은 계획이 너무 힘에 부친다는 현실감 때문에 이를 포기한다면 우리 경제의 위상 유지도 힘들고, 결국 3류로 전락할 위험도 있다. 장기적인 추진력에서도 1등을 지향해야 하지 않을까.

(2014년 1월 10일, 중앙일보)

[칼럼] 내년 경제 정말 좋아지나요

이맘때쯤이면 누구나 올해보다 내년이 더 좋아지기 바란다. “올해 수고들 많으셨고”로 시작돼 “내년에는 더 좋아지는 한 해가” 등으로 마무리되는 송년회 인사말도 반복된다. 주요 기관들의 예상대로라면 내년 세계경제는 올해보다 좋아진다. 국제통화기금(IMF)의 세계경제 성장률 전망치는 올해 2.9%, 내년 3.6%다. 경제협력개발기구(OECD)도 올해 2.7%, 내년 3.6% 성장을 예상하고 있다. 이 전망대로라면 2010년 이후 4년 만에 전년 대비 성장률이 높아지게 된다. 사상 최고치의 미국 주가 등을 발판으로 세계 주가는 2007년 호황기 고점에 근접해 있다. IMF와 OECD의 혜안을 믿고 내년에는 더 좋아지는 세상을 기대하면 되는 것일까.

반면 주요 기관들이 제시하는 위험요인도 있다. 미국의 돈 풀기 축소 내지 중단과 이에 따른 ▶신흥국 자금 유출 우려 ▶유로존 사태 해결 지연 ▶차이나 리스크 현실화 가능성 ▶아베노믹스의 성공 여부와 같은 여러 문제가 산적해 있다. 눈앞에 다가온 리스크는 미국의 돈 풀기가 끝나간다는 점이다. 당장 이달에 돈 풀기 축소가 시작될 수도 있다. 노무라증권은 돈 풀기 축소가 이달에 시작될 확률을 25%, 내년 1월에 시작될 확률을 35%로 예상한다. 물론 아직까지는 골드먼삭스처럼 내년 3월에 시작될 것으로 보는 견해가 많다. 그러나 큰 그림에서 보면 유동성 파티가 끝나가고 있기 때문에 이달이든 내년 3월이든 몇 개월의 차이는 중요치 않다. 신흥국 자금 이탈 우려도 파티 그 이후에 대한 두려움에서 비롯된 것이다.

다행인 점은 지난 5월 벤 버냉키 연방준비제도이사회(FRB) 의장이 방향성 전환에 대한 의중을 내비침으로써 예방접종 과정을 거쳤다는 것이다. 파티의 수혜자였던 신흥국은 환율·금리가 급등하고 주가가 급락하는 등 한 차례 몸살을 앓았다. 돈 풀기 축소의 영향을 미리 확인해본 경험이 완충작용 역할을 할 수 있다. 각국 정책당국이 대비할 시간을 갖게 된 점도 중요하다. 유로존 위기도 근본적 해결이 지연되고는 있지만 이미 큰 파장을 겪었던 경험이 있다.

이런 측면에서 예방주사를 맞은 적이 없는 중국·일본발 위험요인을 눈여겨봐야 한다. 중국은 공산당 중앙위원회 3차 전체회의(3중전회)를 통해 질적 성장과 공평을 위한 개혁을 향후 10년간 목표로 내세우는 수준에 올라섰다. 개혁이 성공적으로 진행되더라도 과거와 같은 고도성장 지속 기대는 접는 게 바람직하다. 일부 해외 투자은행들은 중국의 연착륙을 전제로 한국 경제도 순항할 것으로 예상한다. 그러나 후광효과가 있다면 악영향도 가능하다. 개도국의 문제는 앞뒤 가리지 않고 성장할 때는 발생하지 않았다. 뒤를 돌아볼 정도로 고도성장이 마무리되고 금융시장이 본격 개방되는 시기에 발생해 왔다는 점을 인식해야 한다. 돈을 풀어 디플레에서 탈출하고 지속적 성장을 위해 구조조정을 병행한다는 아베노믹스 역시 아직까지는 실패하지 않았다는 평가다. 그러나 내년 소비세 인상과 맞물려 경제가 선순환 궤도에 진입하기 전에 금리가 급등하는 부작용이 가시화된다면 성공을 장담할 수 없다. 그 영향이 만만치 않을 것임은 자명한 일이다.

위기는 같은 모습으로 다시 찾아오지 않는다. 식상한 위험요인이라도 미처 생각하지 못하고 있는 점은 없는지 되짚어봐야 하는 것은 물론이고, 경험하지 못한 새로운 위기가 어떻게 찾아올지 대비하는 자세도 중요하다. 기본적인 대답은 간단하다. 우선 성장·고용·물가·경상수지와 같은 거시지표들이 어떠한 이유로든 펀더멘털에 비해 왜곡돼서는 안 된다. 재정수지·외환보유액·외채도 건전성 목표를 넉넉히 달성된 상태를 유지해야 한다. 말은 쉽지만 녹록지 않은 일이다. 돌다리도 두드리고 건너가는 신중함이 있어야 가능한 일이다.

덧붙여 서두의 질문에 부분적이나마 답해 본다. 지난해 이맘때 올해 세계경제 성장률에 대해 IMF는 3.6%, OECD는 4.2%로 추정하며 지난해보다 더 나아진다고 전망했다. 그러나 올해 실제 성장률은 2.7~2.9%로 지난해 3.2%보다 낮아질 가능성이 크다. IMF건 해외 투자은행이건 무조건 신뢰할 곳은 없다. 한국이 위기에서 안전지대(safe haven)라는 해외 투자자들의 덕담도 지금 그렇다는 것이지 나중에도 그럴 것이란 얘기는 아니다. 위기는 스스로 준비하고 대처하는 수밖에 없다.

(2013년 12월 6일, 중앙일보)

[칼럼] 경상수지 흑자 잘 관리하려면

미국의 유수 투자은행인 모건스탠리는 미국의 양적완화 축소 이후 금융불안 가능성이 높은 신흥국 통화(브라질 헤알화, 인도네시아 루피아화, 인도 루피화, 터키 리라화, 남아공 랜드화)를 '취약 5개 통화(Fragile Five)'로 지목했다. 이 나라들이 만성적인 경상수지 적자를 겪고 있으며, 그동안 경상수지 적자를 개선하기 위한 구조적 노력을 게을리하면서 외국인 자본 유입으로 이를 충당해온 점을 선정 이유로 들었다. 실제로 이들 신흥국은 올 상반기 미국의 양적완화 축소 방침 표명만으로도 대규모 자본 유출로 인한 어려움을 겪었다. 경상수지 적자의 위험성을 새삼 느끼게 해주는 사례다.

흔히 경상수지는 개방경제의 종합성적표로 불린다. 현재 우리나라는 20개월 연속 경상수지 흑자를 유지하고 있다. 올해는 국내총생산(GDP) 대비 5% 내외의 사상 최대 흑자를 기록할 것으로 보인다. 이런 전망 덕분에 안전투자처로 인식돼 최근 외국인 자금이 대규모로 유입됐다. 하지만 경상수지 흑자가 계속된다고 해서 문제가 없는 것은 아니다. 경상수지의 구성요소를 안정적으로 관리하는 것이 중요하다.

'계란을 한 바구니에 담지 말라'는 위험관리 원칙을 바탕으로 경상수지를 들여다보자. 올해 우리나라 경상수지 흑자는 무역(수출입) 중심의 상품수지가 85% 이상을 기여한 반면 ▶해외투자 이자 ▶배당 중심의 본원소득수지 ▶운송·건설 중심의 서비스수지의 기여도는 각각 10% 미만에 불과하기 때문에 이에 대한 개선이 필요하다. 본원소득수지가 양호한 대표적인 나라는 일본·필리핀이다. 상품수지 적자에도 불구하고 일본은 해외투자, 필리핀은 해외진출 근로자의 소득 덕분에 경상수지 흑자를 기록하고 있다. 그러나 우리나라는 소규모 개방경제인 데다 금리도 선진국에 비해 높아 일본처럼 자국 통화를 차입해 해외에 투자하는 거래가 보편화되기 어렵다. 또 지난해 우리나라의 구매력 기준 GDP가 국제통화기금(IMF) 회원국 중 26번째(3만 1945달러)로 높은 수준임을 감안하면 필리핀처럼 근로자들의 적극적인 해외 진출을 기대하기도 힘들다. 이런 이유로 본원소득수지 개선에는 시일이 좀 걸릴 듯싶다.

그렇다면 서비스수지를 주목할 필요가 있다. 우리나라는 운송·건설·온라인게임에서는 강력한 경쟁력을 갖추고 있지만, 나머지 서비스 분야는 그렇지 못한 것으로 평가된다. 따라서 정부가 고용·산업의 부가가치 제고를 위해 추진하고 있는 서비스 산업 육성책은 경상수지 흑자의 지속성·안정성을 유지하기 위해서도 필요한 정책이다. 의료·교육·법률·관광 분야에서 대외 지출을 줄이거나 소득을 창출하는 중요한 전기가 마련될 수 있기 때문이다. 아직은 국민정서나 이들 부문이 가지고 있는 공공성, 이해관계자의 입장 차이 등으로 인해 진전 상태가 만족스럽지 못하다. 하지만 우리나라가 미국·유럽연합(EU)과의 자유무역협정(FTA) 체결 당시 어려운 여건 속에서도 설득과 대화·타협을 통해 합의를 이끌어냈듯이, 서비스산업 육성책도 전체적인 국익 차원에서 바람직한 결과를 도출할 수 있도록 매진해야 한다.

이율배반적으로 들릴지는 몰라도 경상수지 관리에는 흑자가 수반하는 각종 어려움을 잘 해소해나가는 과정도 포함된다. 경상수지 흑자로 인해 직접적으로 외화가 공급되거나 간접적으로 대외 신인도가 제고돼 외국인 투자자금이 몰려들면 원화가치는 절상 압력에 시달리게 된다. 요즈음 환율이 수출에 미치는 영향이 줄어들었다고는 하지만, 환율은 수출기업의 채산성에 직접적으로 영향을 미치는 요소이므로 그 중요성이 경시돼서는 안 된다. 특히 중소기업의 경우 단기적으로는 원화 절상에 따른 출혈을 감수하며 버틸 수도 있지만, 시간이 지남에 따라 손실이 누적되어 한계점에 이르렀을 때는 충격이 한꺼번에 가시화돼 나타날 수 있다는 점을 명심해야 한다. 일본이 경제난국 타개를 위해 펼치고 있는 아베노믹스도 결국 엔화 약세 유지가 골간이다. 물론 중장기적으로는 환율 변동이 수출 경쟁력에 미치는 영향을 줄이기 위해 ▶제품의 품질 경쟁력 향상 ▶주력 산업의 저변 확대 ▶글로벌 공급망의 다변화와 같은 구조적인 노력을 꾸준히 해야 할 것이다.

(2013년 11월 5일, 중앙일보)

[칼럼] 지금은 외환보유액 더 쌓을 때다

2008년 9월 리먼브라더스의 파산으로 원화가치가 급락하자 우리나라 외환보유액에 대한 관심이 어느 때보다 높아졌다. 그즈음 우리나라의 외환보유액은 2500억 달러 내외로 세계 6위 수준을 유지하고 있었다. 그런데 시장안정 조치를 시행하는 과정에서 외환보유액은 그해 말 2000억 달러 수준으로 줄어들었다. 어려운 상황은 계속 이어져 2009년 3월 원화가치는 달러당 1570원을 넘어서기도 했다. 그러자 해외 언론이나 일부 전문가(투기세력도 있었던 것으로 추정)는 우리나라 외환보유액이 2000억 달러 밑으로 내려가면 한국 경제가 위험에 빠질 것이라는 근거 없는 의견을 제시했다. 불과 수개월 전까지만 해도 외환보유액을 과다하게 보유하고 있다는 비판이 제법 있었으나 순식간에 외환보유액 2000억 달러는 "있어도 별 소용이 없는 수준"이라는 평가를 받는 처지로 전락한 것이다.

적정 외환보유액을 둘러싼 논란은 오래전부터 심심찮게 등장하는 주제이지만 속 시원한 해답을 찾기 어렵다. ▶외채 ▶경상거래 규모 ▶증권투자 자금 ▶통화량 등 여러 변수를 조합해 그럴듯한 숫자를 제시하지만 급변하는 국제금융시장 환경에서는 큰 의미가 없어질 때도 있다. 국제통화기금(IMF)이 정한 외환보유액 기준치도 마찬가지다. 얼마 전 한바탕 홍역을 치른 인도(180%), 인도네시아(165%)의 IMF 기준치 대비 외환보유액 비율은 우리나라(130%)보다 더 높다.

IMF나 일부 전문기관에서 제시하는 적정 외환보유액 규모는 '일반적'인 국가를 전제로 한 것이다. 우리나라처럼 외환위기 경험이 있는 국가들은 국제금융시장의 파고에 더욱 민감하게 반응한다. 우리나라 외환·주식 분야의 인프라는 세계 최고 수준이고 시장도 발달되어 있어서 시장이 발달하지 못한 다른 나라의 거래를 대신하는 장을 제공하기도 한다. 이는 다른 나라의 취약점이 우리에게 영향을 끼칠 수 있음을 의미한다. 일례로 몇 년 전 세계적으로 개발도상국 주식투자 붐이 일었을 때 글로벌 투자자들이 인프라가 부족한 해당 국가 대신 한국 시장에서 환헤지 관련 투자를 하면서 우리 외환시장의 변동성이 확대되기도 했다. 다른 나라 경제위기로부터의 전염성이 그만큼 크다는 얘기다. 이러한 면에서 볼 때 현재의 외환보유액 수준이 과연 충분한 것인지 의문이 든다.

혹자는 3000억 달러가 넘는 외환보유액을 유지하는 데 따르는 비용이 얼마나 큰데 해묵은 외환보유액 확충 타령이냐고 반문할 수도 있다. 미국 국채 금리와 국내 통화안정증권(통안채) 또는 국채 금리와의 차이가 1%포인트만 되더라도 연간 30억 달러 이상의 비용이 든다고 주장한다. 계산상 이견이 있을 수 있지만 이를 다 인정하더라도 외환보유액 유지 비용은 다른 시각에서 접근해야 한다. 외환위기나 금융위기를 당했을 때 우리가 지출해야 하는 경제적·사회적 비용을 고려해야 하는 것이다. 외환보유액 유지 비용을 우리나라와 국민의 경제적 안위를 위한, 즉 국방비에 못지않은 필수 비용으로 인식해야 하지 않을까. 최근 글로벌 금융 환경에서는 우리 경제를 위협하는 투기세력이 도처에 즐비하다. 이들의 무시무시한 공격을 방어하기 위해서는 외환보유액만큼 유용한 수단을 찾기 어렵다.

물론 외환보유액 유지 비용 절감 차원에서 미국 등 주요국과의 통화스와프를 고려해 볼 수 있다. 그러나 냉정하게 따져보면 이는 일시적 방편에 불과하다. 남의 돈을 빌려 빚을 갚는 것은 근본적 해결 방안으로 볼 수 없다. 따라서 외환보유액을 충분히 확충한 뒤 또 하나의 안전망으로 통화스와프를 활용하는 것이 적절한 전략이 아닐까 싶다.

19개월 연속 경상흑자 기록, 한국 금융시장의 차별화에 따른 대규모 자금유입 등으로 최근 원화 강세 속도가 상대적으로 가파른 편이다. 환율의 과도한 변동성을 억제하고 향후 주요국 출구전략에 따른 자금이탈 가능성에 대비하는 차원에서의 외환보유액 확충은 국제 사회에 제시할 명분도 갖출 수 있어 일석이조의 효과를 낼 수도 있다.

홍수 피해를 줄이기 위한 제방 쌓기는 비 올 때가 아닌 맑은 날에 해야 한다. 자본 유출입 변동성을 줄이기 위한 건전성 조치 역시 한국에 대한 긍정적 평가가 우세한 이 시기에 미리 해두는 지혜가 필요하다.

(2013년 10월 8일, 중앙일보)

[칼럼] 국제금융시장 앞에 겸손해야 하는 이유

미국의 리먼브라더스 파산 사태가 발생한 지 벌써 5년이다. 그 당시 왜, 어느 정도의 위기가 있었고, 어떤 수습 방안이 동원되었는지 복기하는 것은 큰 의미가 없을 것 같다. 그동안 수많은 경제학자와 분석기관이 부지런히 정리한 자료가 넘쳐난다. 중요한 건 지금이다. 다소 이견이 있겠지만 세계 경제상황에 대한 대체적인 인식은 다음처럼 요약할 수 있다. 미국은 완만한 회복세를 유지하고 있고, 유럽은 힘겹게나마 최악의 상태에서 벗어나는 조짐을 나타내고 있다. 일본은 아베노믹스에 대한 기대와 우려가 교차하고 있고, 중국 경제는 성장이 둔화하는 모습이다.

국제금융시장에 잠재되어 있는 위험요인이 무엇인지에 대한 대답도 여기에서 크게 벗어나지 않는다. 미국의 돈 풀기가 끝나간다고 하는데 미국 경제나 금융시장은 그래도 괜찮을까. 유럽 재정위기는 마무리된 것인가. 아베노믹스가 도박이라는데 성공할 수 있을까. 중국 경제가 경착륙하면 세계 경제와 한국 경제에 큰 악영향을 미치지 않을까.

이 중에서 눈앞에 가장 가깝게 다가와 있는 변수는 미국의 양적완화 축소다. 지난 4년 넘게 세 차례에 걸쳐 지속되어온 미국의 돈 풀기가 당장 이번 달부터 축소될 가능성이 크기 때문이다. 블룸버그·로이터통신 등의

서베이 결과 다음 주에 양적완화 축소가 단행될 것이라는 예상이 우세하게 나타나고 있다.

양적완화 축소의 영향은 두 가지로 전망돼왔다. 첫째는 선진국에서 신흥국으로 넘쳐흘러간 자금이 선진국으로 되돌아갈 것이라는 것이다. 또 하나는 양적완화 자금이 많이 투자됐던 채권시장에서 자금이 이탈해 주식시장으로 흘러가리라는 것이다. 따라서 선진국보다는 신흥국에, 주식시장보다는 채권시장에 미치는 부작용이 클 수 있다는 시각이 우세하다. 특히 두 가지 자금흐름의 교집합인 신흥국 채권시장은 타격이 만만찮을 수 있다. 가나·르완다·잠비아 등의 아프리카 국가들마저 5~6% 수준의 금리에 달러화 국채를 발행할 수 있었을 정도로 버블 논란이 컸던 시장이기 때문이다.

물론 알려진 악재는 악재가 아닐 수 있다. 뻔히 알고 있는 위험에 눈 뜨고 당하는 경우는 드물기 때문이다. 하지만 아무리 잘 알려진 위험요인이라고 해도 국제금융시장 앞에서는 겸손해야 한다. 작아 보이던 게 빠르게 끓어올라 위기로 커지는 걸 봐왔기 때문이다. 리먼 사태 이전 미국의 부동산 시장과 주택대출에 문제가 있다는 점을 미국의 정책 당국자들이나 시장이 모르지 않았다. 재정위기 이전에 유럽의 재정여건이 취약하다는 점을 과연 시장 참가자들이나 정책당국자들이 몰랐을까.

양적완화나 유럽·일본·중국과 관련된 이슈들이 아무리 식상해 보여도 중국집 메뉴판에서 짜장면 보듯 할 일은 아니다. 소문난 잔치에 먹을 것 없다는 말은 소문이 나서 기대가 컸던 만큼 실망이 컸다는 것이지 잔치가 아니라는 뜻은 아니다. 양적완화 축소나 유럽 재정위기, 아베노믹스가 익숙해졌다고 해도 언제 어떻게 엉뚱하게 불똥이 튈지 모른다. 중국 경제에 대한 우려도 마찬가지다. 중국 경제가 연착륙하더라도 착륙은 착륙이고 충격은 불가피하다.

주요 7개국(G7) 회담 등 국제금융시장에 큰 영향을 미칠 수 있는 회담에서 발표되는 성명서에는 다음과 같은 문구가 상투적으로 삽입된다. "과도한 변동성과 무질서한 움직임은 경제성장에 바람직하지 않으며(Excess volatility and disorderly movements are undesirable for economic growth)…." 그러나 국제금융시장에는 바람직한 일만 일어나지 않는다. 과도한 변동성과 무질서한 움직임은 위기의 본질적 특성이다.

양적완화 축소가 현실로 다가옴에 따라 일부 동남아 신흥국이 불안한 조짐을 나타내고 있다. 이들의 공통점은 대체로 경상수지가 악화되고 있고 금융위기 이후 단기차입이 오히려 증가했다는 점이다. 위기에 취약할 수 있는 명분을 일정 부분 스스로 제공한 셈이다. 두 가지 위험요인 모두 한국과 반대되는 점은 다행이다. 그러나 우리도 강 건너 불구경하듯 바라볼 일은 아니다. 위기는 때때로 합리적인 인과관계를 무시하고 전염되기 때문이다. 지금은 그 어느 때보다 희망이 아닌 균형 잡힌 전망이 필요한 시점이다.

(2013년 9월 6일, 중앙일보)

[인터뷰] "한국, 신흥국보다 안전", 섣부른 낙관론 독 될 수도

"인도나 터키 같은 신흥국과 우리나라가 차별화된다는 것은 국제금융 거래의 복잡성을 생각하면 쉽지 않은 일입니다. 그동안 우리가 외환보유액을 탄탄하게 쌓아왔고 경상수지 흑자를 꾸준히 기록했지만 섣부른 차별화론은 오히려 독이 될 수 있습니다. 이미 두 번씩이나 외환위기를 겪지 않았습니까."

자타가 공인하는 국내 최고의 국제통인 김익주(53) 국제금융센터 원장은 지난 6월 취임 후 한동안 언론 인터뷰를 꺼렸다. 미국의 양적완화 축소 등의 문제로 어수선할 때 전면에 나서는 것보다 현안을 챙기는 게 우선이라고 봤기 때문이다.

하지만 최근 들어 우리나라가 '세이프 헤이븐(안전투자처)'이라는 분석이 부쩍 늘어서였을까. 김 원장은 서울경제신문과 만나 아직은 세이프 헤이븐이라는 말에 취해 있을 때가 아니라며 낙관론에 선을 그었다. 앞서 외국인 자금이 상대적으로 덜 들어왔기 때문에 최근에 변동성이 작은 것이라는 얘기다.

그는 다른 이슈에 대해서도 날카로운 분석을 쏟아냈다. 김 원장은 재닛 옐런 미국 연방준비제도(Fed·연준) 부의장이 연준 차기 의장에 내정된 것과 양적완화 축소 시점이 늦어질 수 있는 것도 우리에게 100% 좋다고 생각해서는 곤란하다고 강조했다. 마지막 보루인 외환보유액은 지정학적 요인 등을 감안하면 상황에 따라 더 충실하게 해놓을 필요가 있다고 전했다.

김 원장은 우리나라가 환율이나 외국인 자금 유출입 측면에서 '디커플링(decoupling·탈동조화)'한다는 것은 쉽지 않은 일이라고 밝혔다. 5월 연준이 양적완화 축소를 시사한 후 신흥국들의 통화가치는 10% 안팎 절하됐지만 안전하다고 여겨진 우리나라는 외국인 자금이 몰리며 원화가 상대적으로 강세를 보이고 있다. 요즘 들어서는 원·달러 환율 1,070원대가 위협받는 실정이다.

"우리 정부가 외환관리를 잘해온 것은 사실이에요. 단기외채를 줄였고 급격한 변동성을 축소할 수 있는 조치도 했습니다. 하지만 글로벌 금융위기 이후인 2009년에 전세계적으로 풀린 돈이 우리나라에는 안 들어왔어요. 우리나라는 2009년 이후로 성장과 경기가 좋지 않았기 때문입니다. 들어온 게 적으니까 나가는 돈이 적고 상대적으로 최근에 다른 나라에서 빠져나온 돈이 유입되는 거예요."

인도 같은 신흥국은 2009년 이후 외국인 자금이 많이 들어갔기에 요즘처럼 유동성 장세가 축소되는 상황에서 어려움을 겪고 있다는 얘기다. 김 원장은 "요새 우리나라에 들어오는 돈은 나쁜 자금이라고는 생각하지 않지만 단기자금이 많을 것이라고 본다"며 "이 자금이 빠져나갈 시점에는 인도 같은 신흥국은 우리나라와 달리 오히려 충격을 덜 받을 수 있을 것"이라고 했다. 그는 "외국인이 생각하기에 양적완화의 영향을 가장 받지 않은 곳이 한국과 호주, 캐나다"라며 "그럼에도 투기꾼들이 공격하기 시작하면 도매금으로 다 넘어갈 수 있기 때문에 반드시 주의를 기울여야 한다"고 덧붙였다.

같은 맥락에서 김 원장은 옐런 부의장이 차기 연준 의장에 내정된 것을 우리에게 유리하다고만 보는 것도 사안을 단순화하는 것이라고 지적했다. 옐런은 8일 여성으로는 처음으로 연준 수장에 내정됐다. 김 원장은 "옐런 내정은 예견됐던 결정이고 지금 시장 분위기는 적절한 인선이라는 평가"라며 "기존의 경기 진작적인 통화기조에는 변화가 없을 것이고 그래서 큰 충격은 없을 것으로 예상된다"고 운을 뗐다.

그러나 이것이 다라고 보면 안 된다고 강조했다. "로런스 서머스는 과격하고 옐런은 비둘기여서 우리를 비롯한 신흥국에 도움이 된다는 시각은 조금 안이한 것이라고 봐요. 미국의 통화정책은 신흥국을 보고 하는 것이 아니고 자기들 필요에 의해서 하는 겁니다. 옐런이 연준 의장이 됐다고 문제가 없다고 생각하는 것은 성급한 일이며, 앞으로 미국의 상황을 더 예의 주시해야 해요."

그렇다면 양적완화 축소는 어떻게 될까. 시장의 관심은 양적완화 축소가 언제 될지에 모아지고 있다. 김 원장은 "대부분의 사람들이 연내에는 양적완화 축소가 시작된다고 봤는데, 미국에 '셧다운(정부 폐쇄)'이 일어나고 부채한도 협상과 관련한 불확실성이 있어서 조금 연기될 수 있지 않을까 하는 분위기"라며 "대체적으로는 연내 시작하지 않을까라고 보지만 내년 초로 연기될 수도 있을 것"이라고 설명했다. 다만 양적완화 축소 시점이 늦춰진 데도 독이 숨어 있다고 그는 해석했다. 겉으로만 보면 양적완화가 유지돼 신흥국에 좋은 것 같지만 불확실성이 이어지면서 실제 축소가 시작될 때 2차 충격을 다시 받을 수 있다는 것이다.

김 원장은 그 연장선상에서 미국의 부채한도 협상이 최악의 상황을 맞을 가능성은 적다고 했다. 셧다운은 부채협상이라는 큰 산이 있어서 부정적 효과가 상대적으로 덜하다고 밝혔다. 그는 "부채협상이 잘못돼 최악의 경우 미국 국채금리가 엄청 뛰고 통화가치가 떨어지는, 2008년 사태를 능가하는 사태가 벌어질 것"이라면서도 "그럴 가능성은 거의 없고, 전문가들 생각으로는 디폴트(채무불이행)는 안 할 것으로 본다"고 말했다.

그렇다면 지금 시점에서 환율 관리는 어떻게 해야 할까. 김 원장은 "한 나라를 외국 사람이 볼 때 가장 먼저 보는 게 환율인데, 환율이 1,000원에서 2,000원으로 가는 곳은 문제가 있지만 1,001원에서 1,002원으로 가는 곳은 신뢰성이 있는 나라"라며 "여러 가지 정책을 사용해, 기업하는 분이나 금융기관이 보다 안정적인 환율로 일을 할 수 있도록 변동성을 축소해야 한다"고 강조했다. 그런 맥락에서 적정 수준의 외환보유액은 우리에게 필수라는 게 김 원장의 생각이다.

"과거 우리나라 외환보유액이 2,100억 달러일 때 해외에서 2,000억 달러 밑으로 내려가면 위험하다고 한 적이 있어요. 그럼 2,000억 달러는 없다고 봐야 합니다. 지금 3,300억 달러이지만, 대북 리스크와 결제구조가 발달된 인프라를 생각하면 지금보다 보유액을 한참 더 늘려야 해요."

그는 외환보유액을 많이 쌓으면서 생기는 비용은 비용이 아니라고 했다. 김 원장은 "일부에서 보유비용을 언급하는데 원화채권 금리와 달러채권 금리는 비교할 수 없고 이자 남는 것은 환율로 커버한다"며 "단순계산으로 연간 30억~40억 달러가 든다고 하고 통상마찰의 위험성도 있지만 두 번의 위기를 당한 경험으로는 이 같은 비용은 비용이 아니다"라고 힘줘 말했다. 이어 "최근 자금유입이 많기 때문에 건전성 조치 차원에서 외환보유액을 늘리면 통상 문제도 없을 것"이라며 "지금 보유액을 늘리면 환율을 올리려고 하는 게 아니고 변동성을 중화하는 것이 목적이기 때문에 다른 때보다 유리하다"고 덧붙였다.

통화스와프는 부차적인 것이라고도 했다. 남의 돈을 빌려 하는 것은 추가적인 안전장치일 뿐 한계가 명확하다는 것이다. 그는 "2008년에 통화스와프로 환율이 100원 떨어졌다고 하는데 비정상적으로 100원 올라간 것은 스와프가 아니더라도 내려오게 돼 있다"며 "외환은 차입이 아니고 자기자본으로 하는 것이고 그 다음에 스와프를 하는 것"이라고 설명했다.

다른 나라의 경제상황으로 화제를 돌려봤다. 소규모 개방경제인 우리나라로서는 중국 등의 경기가 매우 중요하다. 김 원장은 중국의 경우 지금은 괜찮지만 돌발변수를 조심해야 하고, 일본은 아베노믹스가 단기적으로 성공했지만 장기적인 성공은 담보할 수 없다고 했다. 유럽연합(EU)은 최근 좋아지고 있지만 근본적인 해결은 오래 걸릴 것으로 봤다. 미국은 상황이 확실히 나아졌다고 분석했다. "우리나라는 중국 요인에 제일 민감한데 중국이 7% 이상 성장하면 연착륙한다고 보면 됩니다. 다만 중국에서 생길 수 있는 비정상적인 리스크를 조심해야 합니다. 일본은 경기가 일단 회복됐어요. 하지만 구조개혁 문제가 아직 해결되지 않았고 내년에 소비세를 인상하면 재정부담이 생깁니다. 아베노믹스가 단기적으로는 성공했지만 금리가 올라버리면 아무것도 안 되는데, 우리 입장에서는 아베노믹스가 실패한다고 좋은 것도 아니고 절반만 실패해야 해요. EU는 재정 문제가 근본 원인이기 때문에 최근 사정이 나아졌지만 다른 요인이 생기면 곧

바로 위험도가 올라갈 겁니다. 오래간다고 봐야죠."

김 원장은 국내 최고 국제금융 전문가, 기획재정부 시절 '닮고 싶은 상사'로 꼽혀

"앞으로는 보고서를 반드시 오전 7시 30분까지 보내세요. 환율도 변동성이 심하면 안 되는데 보고서도 변동성이 크면 안 되잖아요?"

국제금융센터는 매일 아침 미국의 양적완화 축소, 셧다운(정부 폐쇄) 같은 글로벌 금융시장과 우리나라에 영향을 주는 사안을 다각도로 분석한 보고서를 회원들에게 보내준다. 금융시장을 담당하는 정부 공무원과 언론사 기자, 시장 관계자들에게는 아침의 '필독서'로 이름나 있다. 상황분석이 일목요연하게 돼 있어 제목만 훑어봐도 도움이 된다는 평가가 나올 정도다.

김 원장은 "와서 보니까 어떤 때는 일찍 보냈다가 상황에 따라서는 7시 45분에 보내는 경우도 있었다"면서 "국제금융센터이니만큼 예견할 수 있는 시간에 던지라고 해 지금은 7시 27분이나 28분에는 꼭 발송이 된다"고 웃으며 말했다. 취임 이후 한 일이 하나 있는데 그게 바로 이것이라는 것이다. 그만큼 김 원장은 국내 최고의 전문성을 갖췄음에도 소탈하고 겸손하기로 유명하다.

실제 국제금융에 관한 전문성은 어디에 내놓아도 손색이 없다. 김 원장은 국제금융국에서 외환제도과장과 외화자금과장, 국제금융국장 등을 거친 국제금융 전문 관료다. 기획재정부에 있을 때는 연말에 직원들이 뽑는 '닮고 싶은 상사'에 세 번이나 선정됐다. 관가에서는 "능력이 뛰어난 관료임에도 관료 같지 않고 소탈하다"는 평이 나온다. 행정고시 26회인데 재경직 수석으로 합격했다.

김 원장은 "국제금융센터는 외환위기 재발 방지를 위한 워치독(파수꾼)"이라며 "24시간 근무와 명절 근무 등이 직원들에게는 쉽지 않지만 한시라도 경계 근무를 소홀히 해서는 안 된다는 생각"이라고 밝혔다.

국제금융센터는 외환위기 이후인 지난 1999년 세워졌으며, 센터 보고서는 국내 경제 · 금융정책의 근거자료가 되고 있다.

(2013년 10월 14일, 서울경제신문,
대담: 김영기 기자, 정리: 김영필 기자)

[인터뷰] 요즘 금융시장은 사춘기…24시간 감시 중

"환란과 금융위기는 아픈 경험이지만, 국민들의 경제상식도 넓혀 놨어요. 전문가들이나 쓰던 신용부도스와프(CDS) 프리미엄 같은 용어를 이젠 일반 국민들도 흔히 사용합니다. 국제금융센터가 더 공부하고 더 깨어있어야 하는 이유이지요."

명동 은행회관 3층에 위치한 김익주 국제금융센터 원장의 사무실은 무척 더웠다. 정부가 권장한 실내온도를 정확하게 지킨다고 했다. 기획재정부를 떠난 뒤 꽤나 시간이 흘렀지만 꼬장꼬장한 '공무원 마인드'는 그대로였다.

취임한 지 한 달여. 국제금융의 백전노장은 학구열을 불태우는 중이었다. 책상엔 분야별 보고서 초안이 산더미 같이 쌓여 있었다. 모두 김 원장의 '데스킹'을 기다리는 초고들이다.

"센터의 제1 설립 원칙은 외환·금융위기 재발을 방지하는 겁니다. 그러자면 위기대응 체제를 강화해야 해요. 지름길은 없습니다. 모니터링을 강화해 조기경보 기능, 즉 경제의 사이렌 역할을 제대로 하는 게 센터의 임무예요."

철벽수비를 강조하는 김 원장이 취임한 뒤 센터 연구원들은 고달파졌다. 미국의 출구전략 움직임, 일본의 엔저 공세 속에서 예측하기 어려운 중국의 정책 변화까지 읽어야 한다는 김 원장의 주문이 있었다.

40명의 연구원들은 요사이 지역·분야·이슈별 보고서를 말 그대로 쏟아내고 있다. 실시간 이슈를 챙겨 날마다 '짧고 굵은' 보고서를 서비스한다. 문자를 통해 주요 정보를 알려주는 SNS 서비스도 제공하고 있다. 정부와 한국은행은 센터의 따끈따끈한 보고서를 바탕으로 정책 이슈를 챙기고, 기업과 금융기관도 이걸 통해 세계 시장의 흐름을 읽는다. 센터가 피곤할수록 경제는 든든해진다.

김 원장은 국제금융시장 앞에선 "쫄아야 한다"고 했다. 그는 재정경제부 외환제도·외화자금·국제금융과장을 거쳐 기획재정부 국제금융국장을 지낸 베테랑이다. 자본유출입 규제의 상징이 된 이른바 '거시건전성 3종 세트'가 대표적인 작품이다.

재정부 시절 '대인배'로 통했던 김 원장은 그러나 "대범한 공무원은 없다"고 정색을 한다. 대인배로 보일 정도로 자신감 있는 태도 뒤엔 엄청난 양의 페이퍼 스터디와 물 샐 틈 없는 모니터링이 있었다는 후일담을 털어놨다.

그는 "연평도 해전, 천안함 피격 사건이 국제금융시장을 발칵 뒤집어놓은 것처럼 국제금융가에서는 비단 경제뿐 아니라 정치·사회적 이슈가 튀어나와 상승효과를 내는 경우가 많다"면서 "한시도 마음을 놓아선 안 된다"고 말했다. 센터가 시장 앞에 늘 겸손한 자세로, 성실하고 정직한 목격자가 돼야 한다는 원칙이었다.

센터의 보고서는 신문기사와 많이 닮아있다. 전문적인 분석과 함께 적시성도 담아야 한다. 시장에 반영된 재료는 이미 뉴스가 아니다. 센터엔 그래서 밤이 없다. 경제 모니터링 기관 가운데 유일하게 365일, 24시간 불이 꺼지지 않는 곳이다. 박사학위 소유자에 연연하지 않고 인재들에게 문호를 개방하는 것도 그래서다. 센터에는 유독 투자은행(IB)이나 펀드매니저 출신 '선수'들이 많다.

김 원장은 "요즘은 일반 개미 투자자들도 센터에 밤낮으로 전화를 걸어 경제변수가 시장에 미칠 영향을 묻는다"면서 "기자들이 취재하듯 '간밤 버냉키 미 연방준비제도이사회 의장의 발언이 어떤 영향을 미칠 것 같으냐', '다우지수가 폭락했는데 오늘 아시아 증시는 어떤 반응을 보이겠느냐' 등 콕 짚어 묻는 분들이 적지 않다"고 말했다.

공무원 시절 김 원장은 임기 중 한 번 겪어볼까말까한 사건들을 잇달아 경험했다. 정책 입안자에서 조력자로 옮겨간 자리가 어색하진 않을까.

김 원장은 "어깨에 놓인 짐이 다소 줄어든 건 사실이지만, 현장에서 느끼는 긴장감은 청사로 출근하던 시절 못지않다"고 했다. 돌아보면 자산이지만, 김 원장은 현직 시절 간담이 서늘한 순간을 여러 번 만났다. 그는 그 시절을 "참 외롭고 고독했던 시간"이라고 회고했다. 2008년 세계 금융위기, 2010년 미국의 대(對) 이란 제재에 따른 거래 중단 사태, 그리고 주요 20개국(G20) 정상회의까지 굵직한 사건의 최전방에는 늘 김 원장이 있었다.

노장이 바라보는 요사이 국제금융가는 사춘기다. 좋다 혹은 나쁘다로 규정할 수 없는 변수들이 복잡하게 얽혀 굴러가는 중이다. 김 원장은 "금융시장의 변동성이 확대되고 있다"면서 "관리 가능한 범위 내의 파장이 상당기간 지속될 것"으로 내다봤다.

그는 아울러 "주요국의 채권 금리가 올라 기업들의 외화조달 비용이 늘어나고, 외국인의 자금 유출을 유도할 가능성이 있다"고 했다. 다만 "건실한 거시지표와 양호한 국가신용등급, 충분한 외환보유액 등 탄탄한 경제 체력을 고려하면, 미국의 양적완화 중단이 급격한 자본 유출로 이어지진 않을 것"이라고 전망했다.

김 원장이 가장 눈여겨보는 변수는 '중국'이다. 김 원장은 "미국의 단계적인 양적완화 중단과 아베노믹스의 향방에 국제금융가의 시선이 쏠려 있지만, 간과하지 말아야 하는 게 바로 중국의 동향"이라고 강조했다. 중국은 우리나라 수출의 25%를 차지하는 시장이다. 중국 경제가 기침을 하면 우리 경제는 앓아 눕는다.

김 원장은 "중국의 2분기 성장률이 7.5%에 그치는 등 내수 부진에 따라 성장세가 한풀 꺾였다"는 데에 주목했다. 그는 이어 "중국 정부의 구체적인 경기부양책이 나오지 않는 상태에서 소득격차는 벌어지고 지방정부의 재정이 악화되고 있다"면서 "그림자 금융을 어떻게 정리하느냐에 따라 국내 시장에 미칠 영향도 적지 않을 것"이라고 말했다. 예측하기 어려운 중국 정부의 정책결정 과정도 주의 깊게 살펴야 하는 부분이라고 덧붙였다.

올해 하반기와 내년 세계 시장의 변수로는 "미국의 출구전략 실패와 유로존의 재정위기 재연 가능성"을 꼽았다. 그는 더불어 "유혈사태로 번진 중동지역의 지정학적 리스크 역시 세계경제 회복의 걸림돌이 될 수 있다"면서 철저한 대비를 당부했다.

'닮고 싶은 상사' 단골, 김익주 국제금융센터 원장

김익주(53) 국제금융센터 원장은 사무관 시절 소문난 축구 스트라이커였다. 임종룡 농협금융지주 회장과 함께 재무부 이재국의 투톱으로 이름을 떨쳤다. 기획재정부로 간판은 바꿔 달았지만, 재정부 축구대회는 지금도 각 실·국이 1년을 별러 준비하는 대형 이벤트다.

김 원장의 유년기엔 공 찬 기억들이 가득하다. 축구에 미친 은평국민학교 3학년 김익주는 고아원에 가면 축구를 잘할 수 있다는 이유로 고아원에 넣어 달라 생떼를 쓰는 엉뚱한 아이였다.

이렇게 축구로 다져놓은 체력은 중요한 순간 든든한 버팀목이 됐다. 최전방 공격수에서 중원으로 물러난 것도 불과 몇 년 전이다.

운동하며 보낸 유년 시절은 계산 없는 사고와 팀워크를 남겼다. 꼼수 부리지 않는 사람됨, 팀을 이끄는 리더십은 성공적인 조직생활의 밑바탕이 됐다. 관료 시절 내내 후배들이 뽑은 '닮고 싶은 상사'로 명예의 전당에 헌액된 데엔 이런 뒷심이 있었다.

운동신경과 공부머리는 별개라지만 김 원장은 예외다. 축구공과 함께 유년기를 보내고도 경동고를 거쳐 서울대 경제학과에 진학했다. 이어 행정고시 26회 수석으로 관직에 발을 들인다.

임영록 KB금융지주 회장 등 쟁쟁한 선배들의 뒤를 이어 재정경제부 산업경제·외환제도·외화자금·국제금융 과장을 거쳐 국제금융국의 꽃이라 불리는 기획재정부 국제금융국장을 지냈다. 무역협정 국내대책본부장으로 공직생활을 마감한 뒤 국제금융센터 원장으로 옮겼다.

(2013년 7월 31일, 아시아경제,
대담: 이의철 기자, 정리: 박연미 기자)

[기사] 신용등급 상향엔 그들이 있었다

지난 27일 오후 1시 30분.

재정경제부 국제금융과의 박준규 사무관(신용등급 담당)은 권태균 국제금융국장의 방문을 다급히 두드렸다. "좋은 소식입니다. S&P(스탠더드 앤드 푸어스)가 (국가 신용등급을) 올렸습니다."

권 국장은 한덕수 부총리에게 이 사실을 급히 보고했다. 한 부총리의 첫마디도 "확실해?"였다고 한다. 그만큼 예상치 못한 소식이었다는 얘기다. S&P와 같은 세계적 신용평가기관이 한국의 신용등급을 상향 조정한 것은 3년 만의 일이다.

외환보유액이 2000억 달러를 돌파하고 금융 구조조정의 가시적 성과가 있었음을 여러 차례 강조했지만 신용평가기관들은 북핵문제 등을 언급하며 상향 조정을 주저했다. 희소식은 예상치 않게 터졌다. 더구나 S&P가 8월 중순 연례협의를 앞두고 신용등급을 먼저 상향 조정한 것은 상당히 이례적인 일로 평가된다.

이 같은 성과가 도출된 데는 재경부 국제금융국의 숨은 노력이 밑바탕이 됐다는 게 주변의 전언이다. 특히 권 국장, 신제윤 국제금융심의관, 김익주 과장 등이 이번 신용등급 상향의 일등 공신으로 꼽힌다.

(중략)

재경부는 또 남북 경추위 12개 합의사항, 반기문 외교통상부 장관과 콘돌리자 라이스 미 국무장관의 공동 기자회견 전문을 영어로 정리해 이들 3대 기관에 전달하는 '성의'를 보였다. S&P에서 감사의 답변도 받았다고 한다.

신제윤 국제금융심의관은 국제금융국에 합류한 지 2개월여밖에 안 됐지만 실무 라인의 한 축을 담당했다. 특히 지난 2002년 국제금융과장으로 근무할 당시에도 무디스, 피치, S&P의 한국 신용등급 상향을 주도한 바 있어 신용등급 상향 조정과는 인연이 깊다.

김익주 과장은 외환제도과장, 외화자금과장 등 국제금융국을 두루 거친 국제금융통이다. 신용등급 상향 조정을 위해 야근을 밥 먹듯 하며 투지를 발휘했다는 후문이다.

(2005년 7월 29일, 매일경제신문, 황인혁 기자)

제2부

외환부문 거시건전성 정책이 차입구조 및 환율변동성에 미치는 효과 분석

♠

'제2부 외환부문 거시건전성 정책이 차입구조 및 환율변동성에 미치는 효과 분석'은 고인이 2016년에 경기대학교 대학원 경제학과에 제출한 박사학위 논문이다.

논문 지도교수_ 이기영

논문 심사위원_ 채희율(위원장), 이기영, 한상범, 박해식, 이영섭

논 문 목 차

표 목 차

그림목차

논문 개요

한국의 정책당국은 2010년과 2011년에 외환부문 거시건전성 정책을 연이어 발표하였다. 2010년 7월에는 과도한 자본유출에 대응하기 위해 평상시에 단기차입 등 대외부채를 억제할 목적으로 선물환포지션 한도 규제를 도입하였고 2011년 8월에는 비예금성 외화부채에 만기별로 차등화된 부담금을 부과해 차입 유인을 약화시키고 장기차입을 유도하는 외환건전성 부담금 부과 제도를 시행하였다.

본 연구는 선물환포지션 한도 규제와 외환건전성 부담금 부과 등 외환부문 거시건전성 정책(macro-prudential policy)이 우리나라의 대외차입 구조를 장기화하고 단기차입을 억제하는 기대효과가 실제로 실현되었는지를 확인하는데 그 목표가 있다.

이를 위해 구조형 벡터자기회귀모형(structural vector autoregression, SVAR)에 외생적인 정책변수를 선형결합한 SVARX 모형을 사용하였으며, SVARX 모형 결과의 유효성을 재확인하기 위해 component GARCH 모형과 연립방정식 모형으로 강건성을 검정하였다.

실증분석 결과를 요약하면 다음과 같다. 첫째, 외환부문 거시건전성 정책의 단기차입 억제 효과는 정책당국의 의도대로 뚜렷하게 나타났다. 선물환포지션 한도 규제와 함께 외환건전성 부담금 부과를 병행하면서 단기차입 억제의 긍정적 효과가 통계적으로도 유의하게 관찰되었다. 파급효과 측면에서도 두 가지 외환 거시건전성 정책을 병행하여 시행할 경우에 선물환포지션 한도 규제를 단독으로 시행했을 때보다 단기차입을 크게 억제한 것으로 분석되었다.

둘째, 외환부문 거시건전성 정책은 대외차입 구조의 장기화에도 상당 부문 기여하였다. 선물환포지션 한도 규제 시행이 장기차입을 선도했으며 추후에 발표된 외환건전성 부담금 부과 제도의 병행도 일정 부분 기여하였다. 다만 전자의 정책 효과는 통계적으로 유의미한 값을 갖는 데 비해 후자는 통계적인 유의성이 다소 떨어져 해석에 유의할 필요가 있다.

셋째, 외환부문 거시건전성 정책의 환율변동성 축소 효과는 미약하였다. 장단기 차입 여부에 관계없이 선물환포지션 한도 규제 도입과 외환건전성 부담금 부과 제도 병행이 환율변동성을 낮춘 것으로 보이지만 통계적인 유의성은 떨어진다.

이상의 실증분석 결과를 종합해 보면 선물환포지션 한도 규제와 외환건전성 부담금 부과 등 외환부문 거시건전성 정책이 차입 구조를 장기화하고 단기차입을 억제하고자 하는 정책당국의 목표는 달성한 것으로 확인되었다. 다만 이들 정책 도입으로 환율변동성을 낮추었는지에 대해서는 통계적 유의성이 뒷받침되지 않아 해석에 세심한 주의가 필요하다.

한편 외환부문 거시건전성 정책으로 발생한 장기차입금 유입이 환율변동성을 확대시켰는지를 살펴본 바 장기차입금의 환율변동성 확대 효과는 통계적으로 유의하지 않은 것으로 나타났다. 즉 통계적으로는 장기차입이 환율변동성 확대로 연결될 소지가 크지 않다는 것이다. 또한 이들 정책으로 인해 줄어든 단기차입금이 환율변동성을 축소시켰는지도 살펴보았는데 단기차입 억제로 인한 환율변동성 축소 효과는 뚜렷한 것으로 나타났다.

강건성 분석에서도 이들 거시건전성 정책의 단기차입 축소 효과와 외환건전성 부담금 부과 병행의 효과 증대가 확인되었다. 외환부문 거시건전성 정책의 환율변동성 축소 효과는 일시적인 것으로 나타났다. 이는 구조형 벡터자기회귀모형의 분석 결과와도 일정 부분 일치한다. 구조형 벡터자기회귀모형에서 거시건전성 정책의 환율변동성 축소 효과가 통계적으로 유의성이 낮은 것은 그 효과가 일시적이었기 때문으로 해석된다.

이상의 분석에서 다음과 같은 시사점을 추론할 수 있다. 대외차입 구조를 장기화하고 단기차입을 억제하는 데 외환부문 거시건전성 정책이 효과적이었다는 점이다. 특히 선물환포지션 한도 규제에 이어 외환건전성 부담금 부과 제도 도입이 동 효과를 증대시키는 역할을 한 것으로 판단된다.

핵심어: 자본유출입 변동성 완화, 거시건전성 정책, 선물환포지션 제도, 외환건전성 부담금, 단기차입, 환율변동성

Ⅰ. 서 론

1. 연구 목적

우리나라 경제는 실물부문 및 금융부문의 대외개방도가 높아서 자본유출입의 변동성이 여타 국가보다 큰 편이다. 1997년 외환위기 이후 자본시장이 완전히 개방되고 해외차입이 자유화되어 자본유출입의 제한이 거의 없는 상황이다 보니, 호황기에 해외 자본이 과도하게 유입되고 불황기에 급격하게 유출되어 금융 및 외환시장의 불안정성이 커지고 이러한 금융불안이 실물경제 위축으로 이어지는 악순환을 경험한 바 있다. 2008년 글로벌 금융위기 당시에는 건전한 기초경제여건 등에도 불구하고 대외 충격으로 인한 해외 자본의 과도한 유출로 시스템적 위기에 직면하기도 하였다.

이에 정책당국은 자본유출입 변동성을 완화하고 시스템적 위기를 예방하기 위해 2010년 7월 선물환포지션 한도 규제[1]를 도입하였고, 2011년

1 외국환은행의 선물환 포지션 한도를 전월 말 자기자본의 일정 비율 이내로 설정하는 제도로서, 동 제도 시행 이전에는 현물환과 선물환의 합계를 기준으로 관리하는 종합포지션 제도를 시행하고 있었으나 당시 외환유출입 변동성 완화 차원에서 선물환 포지션 한도 제도를 신설.

8월에는 외환건전성 부담금 부과 제도[2]를 추가적으로 시행하였다. 전자는 그동안 자본유출입 변동성을 높여온 은행의 과도한 단기 차입을 줄이고, 불요불급한 외화수요를 억제하는 한편, 은행의 외환부문 건전성 관리를 강화하고자 한 조치다. 즉 선물환포지션 한도 규제는 과도한 자본유출에 대응하기 위해 평상시에 단기차입 등 대외부채를 억제할 목적으로 도입된 것이다. 후자는 금융기관의 과도한 외화차입과 이에 따른 외채증가를 억제하는 가운데 외채구조의 장기화 등을 도모하기 위한 취지로 시행하였다. 외환건전성 부담금 부과 제도는 비예금성 외화부채에 만기별로 차등화된 부담금을 부과해 차입 유인을 약화시키고 장기차입을 유도하기 위한 것이다.

이러한 외환부문에 있어서의 거시건전성 정책(macro-prudential policy)이 정착되면 대외 경제 여건 변화에 선제적으로 대응함으로써 자본유출입 변동성을 완화하는 한편, 단기차입 축소 등 과도한 차입 억제와 장기차입 증대 등 외채구조 개선으로 거시경제 안정성을 확보할 것으로 기대된다.

그러나 아직까지 거시건전성 정책의 유효성을 평가하려는 움직임이 제한적이다. 이러한 정책이 평상 시기에는 시장의 자율거래를 제약하는 요인으로 평가될 수도 있고 위기 시기에도 경제위기의 특성과 정도가 상이하여 정책의 순효과를 평가하기 쉽지 않은 측면이 있기 때문이다.

2 비예금성 외화부채(외화부채-외화예수금-지급결제성 계정, 경과성 계정 등)에 부과하는 부담금. 금융기관의 과도한 외화차입이 금융위기의 주요 원인으로 지목되면서 거시건전성 조치의 일환으로 도입. 1년 이하 20bp, 1~3년 10bp, 3~5년 5bp, 5년 초과 2bp. 징수된 부담금은 외국환평형기금에 적립하고 위기 시 금융회사 등에 대한 유동성 공급 재원으로 활용.

글로벌 금융위기 이후 미국, 유로존, 일본 등의 저성장과 함께 금융불안의 산발적 발생, 중국을 포함한 신흥국의 경제위기 가능성까지 겹치면서 거시건전성 정책의 유용성 평가가 그 어느 때보다 중요한 과제로 부상되고 있다. 이에 본 연구에서는 우리나라에 도입된 선물환포지션 한도 규제와 외환건전성 부담금 부과 제도의 정책적 효과를 분석하고자 한다. 자본유출입 변동성 완화 방안의 일환으로 시행된 선물환 포지션 및 외환건전성 부담금 제도가 정책당국의 의도대로 차입 구조를 장기화하고 단기차입을 억제했는지를 검증하고, 더 나아가 환율변동성에 미친 파급효과도 함께 분석하고자 한다.

2. 연구 방법

본 연구에서 적용한 기본 모형은 외생적인 정책변수를 고려한 구조형 벡터자기회귀모형(structural autoregression with exogenous variables, SVARX(p,s))이다. 일반적으로 널리 사용되는 구조형 벡터자기회귀모형(structural autoregression, SVAR(p))은 정책변수를 내생변수(endogenous variables)로 설정해야만 정책효과를 분석할 수 있다. 선물환포지션 한도 규제, 외환건전성 부담금 부과 제도 등과 같은 거시건전성 정책은 내생변수가 아니라 외생변수(exogenous variables)이므로 SVAR모형을 통한 정책효과의 충격반응함수를 도출할 수 없다. 외환부문 거시건전성 정책의 대외차입 구조 변화와 환율변동성 축소에 미치는 파급효과를 분석하기 위해서 구조형 벡터자기회귀모형에 외생적인 정책변수를 포함한 SVARX(p,s)모형으로 확장하였다.

SVARX모형 결과의 신뢰성을 확인하기 위해 component GARCH 모형과 연립방정식모형(simultaneous equation)으로 강건성 분석(robustness analysis)을 추가하였다. component GARCH모형은 환율 변동성을 단기적 요인(transitory component)에 의해 발생한 변동성과 장기적 요인(permanent component)에 의해 발생한 변동성으로 구분하므로 외환부문 거시건전성 정책의 환율변동성 영향이 일시적인지 또는 지속적인지를 분석한다. 연립방정식 모형의 경우는 유의미한 변수 구성 모형과 전체 변수 구성 모형 두 가지 경우를 모두 시행하여 변수의 변화에 상관없이 자본유출입 변동성 완화 방안의 경제적 정책효과가 존재하는지 확인하였다.

Ⅱ. 기존 연구

국제수지상의 자본유출입 또는 구체적으로 대외차입과 환율변동성 사이의 영향을 분석한 논문은 다음과 같다.

Cady and Gonzalez-Garcia(2007)는 명목 환율변동성에 영향을 끼치는 변수로 국제통화기금(IMF)의 외환보유액 기준(Template)에 초점을 맞췄다. 외환보유액 기준은 IMF의 외화유동성 지표로 단기외화차입 대비 외환보유액 비율 등을 포함한다. 저자들은 1991년부터 2005년까지의 48개국 분기 패널데이터를 활용하였으며, 명목 환율변동성에 미치는 독립변수로 상기의 단기외화차입 대비 외환보유액 외에 실질 GDP 성장률과 물가상승률, 경상수지 등 일반적인 경제지표와 함께 GDP 대비 정부부채 비율, GDP 대비 무역기여도 등 대외부채 및 개방수준도 반영하였다. 분석 결과 외환보유액 기준 중 단기외화차입 대비 외환보유액이 많을수록 명목 환율변동성이 낮아지며, 이러한 영향력은 선진국과 신흥국 사이에 차이가 있다는 점을 밝혔다.

Devereux and Lane(2003)은 양국간 환율변동성과 관련한 실증 모형을 구축했다. 구체적으로는 기존의 최적통화지역(OCA) 이론상의 요소에 추가적으로 대외 금융부채가 미치는 영향을 파악하려고 시도했다. 특히 경제적인 발전 정도에 따라 환율변동성에 영향을 주는 요소가 차이가 날 것이라는 아이디어에 기초하였으며, 구체적으로는 대외차입이 신흥국의 환율변동성에 미치는 영향이 더 클 가능성이 있다는 것이다. 분석 결과 신흥국에 대해서는 양국간 환율변동성이 대외부채와 강한 음의 관계가 있는 것으로 나타났다. 즉 신흥국의 경우 대외부채 규모가 클수록 그렇지 않은 국가에 비해 환율변동성이 더 크게 나타났다는 것이다. 반면 선진국은 경제규모, 양국간 무역, 경기사이클과 같은 기존의 최적통화지역 모형상의 변수가 일반적으로 더 중요하게 나타났으며, 대외부채의 영향력은 유의미하지 않은 것으로 나타났다.

Korinek(2011)은 소규모 신흥국 중 무역의존도가 높은 국가를 대상으로 외화표시 대외부채와 해당 국가의 거시경제 차원의 변동성을 연구했는데, 영향력을 주는 중간변수로 환율과 리스크 프리미엄을 고려했다. 신흥국의 경우 국내외 상황이 악화되면 외화표시 부채는 상환 압력이 더 커지게 된다. 상환압력 확대에 일조하는 변수가 바로 환율과 리스크 프리미엄으로, 통화가치가 절하되고 해당국의 자금조달에 대한 프리미엄이 상승하면서 신흥국의 부채부담이 상승하게 되는 것이다. 이러한 과정을 통해 해당 신흥국의 거시경제 지표 변동성은 더욱 확대되는 경향을 보인다. 이런 부작용에도 불구하고 신흥국이 외화표시 대외부채를 증가시키는 이유는 호황기의 경우 부채부담이 자국통화 표시보다 유의미하게 낮으며, 이에 따라 경기의 선순환 과정을 증폭시킬 수 있기 때문임을 밝혔다.

한편 환율변동성과 국제수지표 자금흐름, 특히 단기외화차입의 영향을 국내로 특정한 연구는 성태윤(2011)이 있다. 해당 연구는 환율변동성을 결정짓는 모형을 설정하는 데 있어서 금리차, 인플레이션과 같은 일반적

구매력평가설상의 변수 이외에도 성장률 및 무역규모와 같은 거시경제 변수, 마지막으로 자본유출입 변수로 단기외화차입을 포함시켰다. 해당 연구의 주된 목적은 단기외화차입이 환율변동성에 어떠한 영향을 미쳤는지 알아보는 것으로, 분석 결과 단기외화차입이 늘어나면서 우리나라의 원달러 환율변동성이 증가하는 효과가 있다는 것을 보였다.

장범식, 이준희, 서영숙(2015)은 국내은행과 외은지점의 2001년 10월부터 2012년 10월까지 월별 외화대차대조표 자료를 사용하여 외은지점의 외화차입 조달 자금이 장외파생거래를 통해 국내 외환시장과 주식시장의 변동성에 미친 영향을 FGLS[3] 모형을 통해 분석하였다. 그 결과 국내 외은지점의 본지점 차입으로 대차대조표 상의 외화장외부채가 증가하고 외화장외파생거래가 확대되었으며, 본지점 차입이 아닌 외화차입의 경우 파생거래를 더욱 증가시키는 레버리지 효과를 보였음을 밝혔다. 국내 외국환은행의 외화부채 증가로 인해 주식 및 외환시장 변동성이 증가하였는데, 주식시장의 경우 외화파생자산이 없을 경우 더욱 큰 변동을 보였으며 외환시장은 장외파생거래 자체가 변동성을 증가시켰다.

한편 거시건전성 정책의 일환으로 도입된 자본유출입 변동성 완화 조치로서 선물환 포지션 및 외환건전성 정책에 집중한 연구는 제한적이지만 최창호(2012)가 있다. 해당 연구에서는 선물환 포지션 제도와 외환건전성 부담금 제도가 은행 차입에 끼친 영향을 분석하였다. 선물환 포지션 제

3 관측치에 따라 오차항의 분산이 다른 이분산 자료의 경우 OLS 추정치가 최소불편추정량이라는 보장이 없으며, t 값이 과소추정되는 문제점이 존재할 수 있음. 이 경우 GLS 추정치 사용이 대안이 될 수 있으며, 분산 값을 알지 못하는 경우 이를 추정하고 가중하는 방식의 추정을 FGLS(Feasible GLS)라 함.

도 분석 모형의 경우 2000년 이후 자료를 활용하여 베이지안 VAR 모형을 구성하였는데, 변수로는 VIX, 외화차입가산금리, 은행 전체 대외차입, 선물환 포지션 비율을 사용하였다. 해당 모형을 통해 선물환 포지션이 은행차입에 어떠한 영향을 미쳤는지 확인한 결과 선물환 포지션 제도 시행이 은행 전체의 대외차입을 감소시키는 효과가 있는 것으로 나타났다. 외환건전성 부담금 제도 분석 모형의 경우 세부적으로 국내은행과 외은지점의 두 가지 모형을 구분하였다. 이를 통해 구체적으로 외화차입 가산금리에의 효과, 재정거래유인 효과를 분리해 내었다. 가산금리 효과의 경우 VIX, 외화차입가산금리, 국내은행 대외차입을 변수로 활용하였으며, 재정거래유인 효과의 경우 VIX, 재정거래유인, 외은지점 대외차입을 변수로 사용하였다. 두 가지 모형을 통해 외환건전성 부담금이 은행차입 및 가산금리·재정거래유인에 어떠한 영향을 미쳤는지 분석한 결과, 동 제도 시행이 은행의 대외차입 만기구조를 장기화시켜 자본이동과 관련한 금융시스템 취약성을 완화하는 데 기여했다고 평가했다. 다만 해당 연구는 선물환 포지션 제도와 외환건전성 부담금 제도 모두 시행된 지 만 2년이 되지 않아 충분한 자료를 사용치 못하였으며, 은행차입에 미치는 효과 외에 원달러 환율변동성에 끼친 영향까지 분석을 확장하지 않았다.

III. 외환부문 거시건전성 정책의 배경·발전 및 시행구조

1. 거시건전성 정책의 도입 및 적용사례

1) 정책 관련 논의·도입 배경 및 당시의 상황

(1) 정책 관련 논의와 도입 배경

2008년 글로벌 금융위기를 계기로 거시건전성 정책에 대한 관심이 급속도로 높아졌지만, 거시건전성 정책의 필요성은 이전에도 학계에서 꾸준히 제기되고 있었다. 거시건전성이라는 단어 자체는 바젤은행감독위원회의 전신인 BIS 쿡위원회의 1979년 회의에서 기존 미시건전성 감독 및 규제들이 거시건전성 문제를 감시할 수 없다는 지적이 제기되며 사용되었다. 당시의 주된 관심사는 은행권의 대외 대출에 대한 우려였으며, 이에 대한 감독 및 규제의 필요성이 제기[4]되었던 것이다. 이후 이와 관련한 논의가 점차 진행됨에 따라 1986년 BIS에서는 거시건전성 정책을 넓은 범위

4 Piet Clement, The term "macroprudential": origins and evolution, 「BIS Quarterly Review」 , March, 2010.

의 금융시스템과 지급 메커니즘의 안정성과 건전성을 촉진하는 정책이라고 정의[5]내렸다. 다만 당시의 거시건전성 정책은 도입의 필요성만 제기되었을 뿐 실제 제도로 구체화되기에는 다소 이른 시기였다. 실제로 각종 금융 국제기구에서도 중앙은행 중심의 거시건전성 정보 취득 및 감시·감독, 보고 시스템의 구축이 제안되는 수준[6]이었던 것으로 보인다.

거시건전성 정책에 대한 논의가 구체화된 것은 1997년 아시아 외환위기 이후였다. 은행을 중심으로 한 금융기관들을 종합적으로 살펴보아야 할 필요성을 느낀 IMF는 실무적으로 거시건전성 지표를 만들었다. 이는 향후 금융안정성 지표(Financial Stability Indicator)로 발전하였으며 지속적으로 사용되고 있다. 다만 이 시기의 거시건전성 정책 또한 현재의 기준에서 볼 때 과도기적인 성격이 강한 것으로 보이는데, 이는 개별국가에 의한 심도 있는 모니터링이기보다는 국제금융기구를 통한 포괄적인 성격이 강하였고, 감시 이상의 정책 수립이 이루어지지 않았기 때문이다.

개별국의 거시건전성 정책체계가 구성되고 구체적인 정책이 수립·시행된 계기는 2008년 금융위기였다. 2008년 글로벌 금융위기 이후 기존의 금융감독 체계로는 금융 시스템 전반의 취약성을 개선시키기 어렵다는 의견이 확대되었다. 2008년 이전의 금융규제는 주로 개별기관의 건전성 및

5 Policy as one that promotes "the safety and soundness of the broad financial system and payments mechanism", BIS, 「Recent Innovations in International Banking」, 1986.

6 김인규, 조용범, 조성민, "거시건전성 논의 추이와 과제", 「BOK Monthly Bulletin」, 2011.4.

규제 완화에 초점이 맞춰져 있었으며, 이로 인해 활성화된 자본유출입은 자본의 효율적 배분이라는 긍정적 효과뿐만 아니라 위험의 전이라는 부정적 리스크도 동반하게 되었다. 금융위기의 영향을 체감한 각국은 거시건전성 시스템에 대한 체계 및 정책을 구체화하기 시작하였다.

2008년 금융위기 이후 거시건전성 정책에 대한 정의는 더 구체화되었다. BIS, FSB, IMF의 2011년 정의에 따르면 거시건전성 정책은 "금융 체계의 전반적인 리스크를 주로 건전성 감독 수단을 활용하여 제한을 가함으로써 핵심 금융서비스의 제공이 중단되지 않게 하여 실물경제에 심각한 부작용이 나타날 가능성을 예방하는 정책"[7]이다.

현재의 거시건전성 정책에서 제한하고자 하는 리스크는 크게 횡단면 리스크와 시계열 리스크의 두 가지 영역으로 나뉜다.

횡단면 리스크는 특정 영역의 충격 발생으로 인해 주식·채권·환율 등 자산가격 급락 및 경제지표 악화 등 여타 영역으로의 전이가 발생하는 위험을 의미한다. 금융기관 간의 연계성이 높은 상황에서 위기에 의해 경제·금융 주체들의 군집행동 등에 의해서 발생하는 것으로 알려져 있다. 시계열 리스크는 신용공급의 지나친 확대 및 팽창으로 발생하는 경기순환폭 확대로 인해 실물경제 및 금융시장에 부정적인 영향을 끼치는 위험을 의미한다. 즉 미래의 소득 또는 수입을 예측하고 경제주체들이 신용을 확대할 경우 경기가 팽창되게 되는데, 동 성향이 적절한 수준보다 지나치게 과도해질 경우 신용축소 구간에 진입했을 때 경기가 급격히 위축되는 리스크가 존재하는 것이다. 다만 현실에서 구체화되는 위기는 횡단면과 시

---

7 김홍범, 배준석," 바람직한 거시건전성 정책체계의 모색", 「금융연구」, 한국금융학회, 2016.

계열 리스크가 복합적으로 나타나는 경우가 상당하다.

시계열 리스크의 경우 경기순환에 대한 학계의 논의 수준이 상대적으로 높아 2008년 금융위기 이전에도 관련 정책이 상당 부분 시행된 바 있다. 동 리스크를 억제하기 위한 국제적 합의의 내용은 첫째, 바젤III 차원의 경기대응 완충자본, 자본보전 완충자본 마련, 둘째, 국제금융시스템 위원회 차원의 유동적 담보할인율 및 증거금률 설정, 셋째, 신용손실을 사전에 예측하는 예상손실 대손충당금 제도 등이 있다. 이 외에도 개별국가 차원에서는 신용팽창을 억제하는 LTV(Loan-to-Value)나 DTI(Debt-to-Income) 규제, 은행세 제도 등을 통해 시계열 리스크를 관리하는 정책이 시행되었다.

횡단면 리스크에 대한 규제는 주로 시스템적 중요 금융기관(SIFI)에 집중되며, 각종 제도적 장치에 대한 구체적 논의 및 시행은 2008년 금융위기를 계기로 진행되었다. 특히 서브프라임 모기지 상품에 대한 금융기관

표 III-1 횡단면 리스크와 시계열 리스크

	횡단면	시계열
발생원천	군집행동, 구성의 오류 등으로 발생 금융부문, 금융기관, 금융·실물간 상호연계성, 공통 위험요인에 대한 노출 등	경제 참가자들의 경기순응성(pro-cyclicality)으로 시간이 지남에 따라 점차 축적된 위험요인
예방·억제 방향	공통 위험요인의 파악 및 대응 금융부문간, 금융기관간, 금융·실물·경제간 충격의 확산 및 전이 방지 시스템적으로 중요한 금융기관에 대한 감시·감독	경제 참가자들의 경기순응성 경향 완화를 통해 리스크 축적 정도를 감소 경기대응적 금융감독 및 규제 시행
규제대상	시스템적 중요 금융기관 (Systemically Important Financial Institution, SIFIs) 등	모든 금융기관

주: 김인규, 조용범, 조성민, "거시건전성 논의 추이와 과제", 「BOK Monthly Bulletin」, 2011.4.

들의 평가 및 상품 취급에 대한 도덕적 해이 등으로 인한 글로벌 차원의 리스크 전이가 발생하자 시스템적 중요 금융기관에 대한 규제의 필요성이 점차 부각되었다. 즉, 금융위기를 계기로 리스크에 대한 초점이 시계열 리스크에서 횡단면 리스크로 넓어졌다고 볼 수 있다. 동 리스크를 억제하기 위한 국제적 합의의 내용은 첫째, 바젤 III의 유동성 및 자본 규제, 둘째, 시스템적 중요 금융기관(SIFI)에 대한 특정 규제 강화, 셋째, 장외거래시장 활성화 등을 통한 거래 인프라 확충 등이 제시되고 있다. 이에 더해 개별국 차원에서는 각국의 상황에 맞는 규제를 시행하여 2008년과 같은 리

표 III-2 시계열 리스크에 대한 정책수단

합의수준	정책수단	세부내용
국제적 합의	바젤 III	경기순응성 완화를 목적으로 하는 대표적 거시건전성정책수단 중 하나는 경기대응 완충자본(counter-cyclical capital buffer)으로 은행들이 시스템 리스크 고조 시기(호황기)에 적립하고 금융위기가 발생하여 리스크가 현실화되면 사용하는 자본금 개념. 자본보전 완충자본(capital conservation buffer), 레버리지 및 유동성 규제 또한 금융기관의 경기순응적 경향을 축소하는 데 기여하는 규제.
	담보할인율 증거금율 변경	담보할인율 및 증거금율을 경기에 대응하여 유동적으로 변경하는 권고사항이 CGFS에 의해 마련. 동 규제는 호황기에 점차 강화되어 경제주체들의 레버리지 급증을 억제하고 불황기에 완화하여 과도한 디레버리징 방지.
	예상손실 대손충당금	신용손실을 사전에 인식하여 경기순응 성향을 완화하는 데 효과가 있는 예상손실 대손충당금 제도 도입.
개별국가 차원	자산가격 상승 신용공급 억제 정책	일부 국가에서는 신용팽창과 함께 급격한 자산가격 상승을 억제하고자 하는 목적에서 각국의 사정에 따라 부채 한도 설정. LTV, DTI 등.
	기타 정책	은행권 예금에 대해서 한계 지급준비금 제도 적용, 비예금성 부채에 대해 은행세(bank levy) 부과 등.

주: 한국은행, 「금융안정 보고서」 제18호, 2011.10.

스크 전이 가능성을 차단하려고 노력하는 추세이다.

(2) 정책 도입 당시의 상황

국내에서 자본유출입 관련 거시건전성 정책이 도입된 시기는 2010년과 2011년으로, 2008년 리먼 브라더스의 파산[8]으로 확대된 글로벌 금융위기의 여파가 여전히 남아있던 시기였다. 제도 도입 당시 세계 경제 및 국제금융시장이 처했던 상황을 다양한 측면에서 검토해 보면 다음과 같다.

먼저 리먼 사태로 세계경제는 성장률이 큰 폭으로 위축되었다. 사태 전 세계경제는 2000년부터 2007년까지 연평균 4.2%의 성장세를 기록하였으며 2007년에는 5.4% 성장을 보였다. 그러나 글로벌 금융위기가 본격

표 III-3 횡단면 리스크에 대한 정책수단

합의수준	정책수단	세부내용
국제적 합의	바젤 III	바젤 III의 유동성 및 자본규제를 통해 대외 리스크에 대한 개별기관의 복원력 및 탄력성을 강화하여 2008년과 같은 금융위기의 급속한 전염을 차단하는 효과.
	SIFI 규제강화	시스템적 중요 금융기관(SIFI)에 의해 초래되는 모럴 해저드와 부정적 외부효과를 차단할 수 있도록 규제 강화. SIFI의 정리체계 확립, 손실흡수력 향상, 감독강화 등.
	OTC 시장 인프라 개선	위기의 전염가능성을 감소시키는 것을 목적으로 하여 장외파생상품(OTC) 시장 인프라 확충. 장외파생상품신청소(CCP) 활성화, 조직화된 거래채널 이용, 거래표준화, 거래정보 저장소 앞 보고 등.
개별국가 차원	기타 정책	개별 금융기관의 디폴트가 금융 시스템 전체로 파급되지 않도록 각국의 사정에 맞춰 청산, 결제 시스템 규제, 주요 금융기관의 업무제한 등을 추진. 미국의 Dodd-Frank법 등.

주: 한국은행, 「금융안정 보고서」 제18호, 2011.10.

화된 2008년에는 2.9%로 둔화되었으며 2009년에는 -0.5%로 위축되었다. 주요국의 경우에는 2007년부터 시작된 서브프라임 사태로 경기둔화를 보이다 리먼 사태를 전후로 경기침체로 들어서게 되었다. OECD 34개국 중 30개국이, G20 국가 중에서는 16개국이 2008년 중 경기침체에 빠졌다.

2010년 세계경제는 주요국 경기부양, 적극적인 위기대응, 저금리 지속 등에 힘입어 5.1%로 성장률이 반등[9]하였다. 그러나 이는 신흥국의 강한 경제성장에 주로 기인한 반면, 선진국은 아직 리먼 사태 직전 수준으로 회복하지 못하였다. 구체적으로 보면 명목 GDP 기준 선진국 경제는 2008년 42.2조 달러에서 2009년 39.9조 달러, 2010년 41.5조 달러로 회복이 제한적이었던 반면, 신흥국은 2008년 19.1조 달러에서 2009년 18.1조 달러, 2010년 21.4조 달러로 반등하였다. 특히 OECD 회원국들의 실제 성장률은 잠재 성장률을 하회하는 등 회복세가 미약한 데다가 2011년 2분기 들어 제조업지수가 급랭하면서 주요국의 더블딥 우려가 확대되는 시기였다.

경제 주체별로 살펴보면 주요국의 민간소비는 큰 폭으로 위축된 후 회복세를 보였으나 대부분 국가들의 2010년 소비증가율은 리먼 사태 이전 수준에 비하면 부족한 상황이었으며, 소비심리 또한 주요국을 중심으로

8 158년 역사를 가진 美 4대 투자은행으로 9.15일 뉴욕 남부법원에 파산보호(Chapter 11)를 신청. 리먼 브라더스의 파산은 금융기관 대마불사의 인식이 무너진 첫 사례였으며, 대형 금융회사간 자금공여 제한에 따른 글로벌 신용경색의 시발점이었을 뿐만 아니라, 2007년 말부터 시작된 경기침체를 더욱 악화시킨 사건.

9 IMF World Economic Outlook Database 기준

고용시장 침체, 디레버리징, 금융불안 등으로 인해 불안한 상황이 지속되고 있었다. 2009년 초까지 큰 폭으로 위축되었던 기업투자는 2010년 2분기까지 빠르게 회복해 직전 수준의 증가율을 넘어섰으나 2010년 하반기부터 재차 위축세로 전환되던 시기였으며, 기업투자심리 또한 2011년 들어 악화되고 있던 상황이었다. 정부지출에 따른 재정적자 또한 2007년 GDP의 1% 수준에서 2008년 8.7%, 2009년 4.4%로 급증하였으며, 2009년 말 그리스를 시작으로 유로존 재정위기가 시작되는 등 주요 선진국들이 해당 공공부채를 장기적으로 관리할 수 있을지에 대한 우려가 확산되었다.

반면 신흥국의 경우 선진국 경제가 상대적으로 위축되면서 글로벌 경제에서 차지하는 비중이 빠르게 증가하였다. 구체적으로 명목 GDP 기준으로 세계경제에서 신흥국 경제가 차지하는 비율이 2007년 28.3%에서 2011년 35.4%로, 구매력평가 기준으로는 43.9%에서 48.7%로 상승하였다. 이에 따라 신흥국의 정치적 입지도 강화되었는데, 기존의 선진국 중심 G7, G8 회의를 통한 정책공조에 한계가 오게 되면서 세계경제 영향력이 큰 10여 개 신흥국을 포함한 G20 회의가 마련되었으며, IMF에서의 신흥국 발언권도 확대되었다.

금융시장에서 주가는 리먼 사태 이후 6개월간 약 42% 급락했으나 이후 반등하며 2010년 12월에 금융위기 직전 수준을 회복하였다. 다만 선진국과 신흥국 주가는 상당한 차이를 보였는데, 2011년 기준으로 선진국 주가는 리먼 사태 직전 수준 대비 -13%를 기록한 반면, 신흥국 주가는 +14%를 기록하였다. 다만 이 당시에도 리먼 사태 이전 고점인 2007년 10월 수준에는 미치지 못하였다.

채권시장의 경우 2010년과 2011년은 안전자산 수요로 인해 금리가 전반적으로 낮아지고 있는 상황이었다. G7 국가 중 이탈리아를 제외한 6개 주요국 장기채 수익률은 2011년 사상최저 수준까지 하락해 있는 상황이었으며, 이러한 수요에 맞추어 세계 채권시장 규모는 주요국의 국채 발행으로 인해 증가세가 지속되고 있었다. 구체적으로 2008년 말 82.4조 달러를 기록했던 채권발행잔액은 2010년 94.8조 달러로 큰 폭으로 증가[10]하였다. 이 기간 동안 증가한 채권의 대부분은 국채로, 이는 위기 대응을 위한 지출증가, 재정적자 확대에 따른 자금조달 등에 기인한 것이었다.

외환시장의 경우 달러화는 금융위기 직후 안전자산 선호 현상으로 강세를 보이다가 미국의 양적완화로 인해 점차 약세를 시현하기 시작했다. 달러화의 완만한 약세 기조로 인해 엔화는 큰 폭으로 절상되었으며, 신흥국 통화가치 또한 상승세를 보였다.

글로벌 자금시장은 리먼 사태 이후 단기간 내 악화되었으나 주요국의 자금공급 등 적극적 대책으로 반전되었다. 3개월 달러화 리보금리는 2008년 10월 4.8%를 상회하였으나 2009년 9월에는 0.3%로 크게 낮아졌다. 이러한 자금경색 완화에는 미국 연방준비은행의 해외중앙은행과의 통화스왑도 상당부분 기여한 것으로 평가된다. 2007년 12월부터 2010년 2월까지 10개국에 최대 5,800억 달러 규모의 스왑을 일차적으로 체결하였으며, 2011년에는 2개국에 7억 달러 규모의 유동성을 공급했다. 다만 2010년과 2011년 유럽 재정위기 및 은행권 불안 시에는 자금시장 불

10 IMF International Investment Position Database 기준.

안이 간헐적으로 재개되기도 하였다.

한편 전통적 통화정책만으로 시장불안을 잠재우기 부족했던 주요 중앙은행들은 비전통적인 통화정책(금융기관 유동성 공급, 신용시장 지원, 국채 직매입 등)을 적극적으로 구사하였다. 이로 인해 주요 중앙은행들의 자산규모가 큰 폭으로 급증한 점은 아직까지도 세계경제의 불안요인 중 하나로 남아 있다.

신용평가등급의 경우 리먼 사태 전까지는 국가 신용등급의 상향 건수가 하향 건수보다 압도적으로 많았으나, 2008년 이후에는 하향 건수가 상향 건수를 상회하기 시작했다. AAA 등급의 국가들은 2008년 금융위기 이전 16개 국가였으나 미국, 아일랜드, 스페인이 강등되면서 2011년 말 13개국으로 감소하였다. 한편 신흥국은 상대적으로 양호한 모습을 보였는데, 특히 2009년 이후 아시아와 중남미 신흥국을 중심으로 신용등급 개선세가 지속되고 있던 상황이었다. 이는 신흥국의 경우 금융위기의 직접적 피해가 적은 데다, 선진국 대비 상대적으로 높은 성장세를 지속하고 있던 점, 재정지표 건전성이 상대적으로 양호했던 점이 반영되었던 것으로 보인다.

종합해 보자면 2010년과 2011년은 글로벌 금융위기를 어느 정도 극복한 상황이었으나 다양한 불안요인들이 잠재되어 있는 상황이었다고 볼 수 있다. 경제적으로는 선진국의 부진에도 불구 신흥국 성장에 힘입어 세계경제가 회복되고 있었다고 볼 수 있으며, 이에 따라 글로벌 투자자금들의 신흥국 유입이 거세어지는 상황이었다. 이에 따라 주식시장은 선진국보다 신흥국의 수익률이 더 양호한 측면을 보였으며, 채권시장 또한 고수익을 요구하는 자금들의 신흥국 채권 매수가 지속되고 있었다. 즉, 각종 불안요인들이 잠재되어 있는 가운데 신흥국 입장에서는 강한 강도의 글로벌 자금유입을 조정할 필요성이 있었던 시기라고 볼 수 있다.

2) 국가별 사례

본 연구의 목적이 국내에서 시행된 외환부문 거시건전성 정책의 효과를 분석하는 것이기에, 앞서 살펴본 바와 같은 거시건전성 정책의 국제적 합의 이외에도 개별 국가 차원에서 거시건전성 정책 체계 및 제도를 도입하는 사례를 살펴볼 필요가 있다.

거시건전성 정책과 관련하여 선진국과 신흥국은 정책 수립의 틀이 다소 차이를 보이고 있다. 선진국의 경우 정책 수립을 할 수 있는 체계 구축에 초점이 맞추어져 있으며, 이를 통해 향후에도 위기가 도래하였을 때 유동적인 대응책을 수립하려고 하는 반면, 신흥국의 경우 체계 구축보다는 2008년 금융위기 이전에는 시계열 리스크 관리, 2008년 금융위기 이후에는 자본유출입에 대한 우려로 인해 횡단면 리스크 관리 정책 도입이 많은 경향을 보인다.

먼저 선진국 중 미국의 거시건전성 정책을 살펴보면, 2008년 금융위기 이후 미국은 2010년 도드-프랭크 월가 개혁법[11]을 제정하였다. 이 법의 핵심은 거시건전성을 위한 금융안정 감시위원회(Financial Stability Oversight Council, FSOC)에 있다. 금융안정 감시위원회는 〈그림 III-1〉과 같이 재무부 및 연준과 각종 금융감독기구로 구성되어 있으며 시스

11 Dodd-Frank Wall Street Reform and Consumer Protection Act(2010).

그림 III-1 미국의 거시건전성 정책 체계

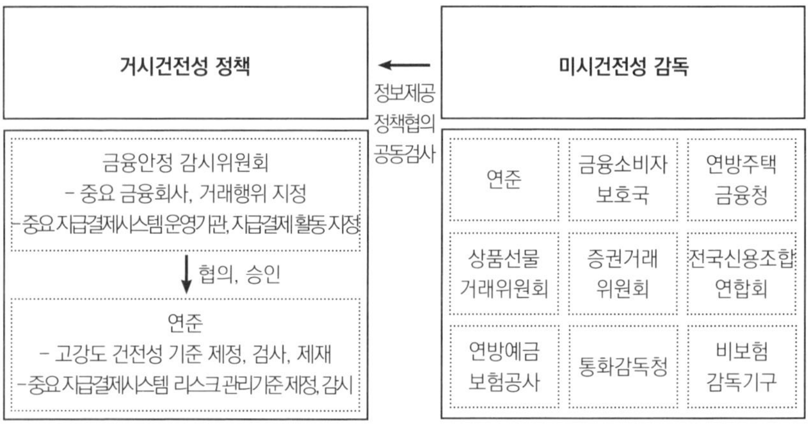

주: 김인규, 조용범, 조성민, "거시건전성 논의 추이와 과제", 「BOK Monthly Bulletin」, 2011.4.

템적으로 중요한 금융회사 및 거래행위를 지정하고 연준의 각종 감독 기준과 관련한 협의, 승인을 진행한다. 미국의 거시건전성 체계는 금융안정 감시위원회의 방향성 설정에 따라 미시건전성 정책이 뒷받침하는 형태를 취하고 있다.

미국의 거시건전성 정책 시행 사례 중 가장 대표적인 것은 바로 볼커 룰(Volcker Rule)이다. 볼커 룰에서는 은행 등 예금취급기관과 그 지배(지주)회사의 자기매매[12]를 금지하였으며, 이들에 의한 헤지펀드와 PEF(Private Equity Fund)의 지분 취득과 함께 해당 펀드의 경영을 수행하는 행위를 허락하지 않는다. 부가적으로는 유사시 재무부 장관의 재량으로

12 자기자본을 바탕으로 단기차익을 취하기 위해 금융상품을 매매하는 행위.

부실금융기관의 처리를 위한 특별정리절차를 따르도록 규정해 놓았다. 또한 2008년 금융위기의 원인 중 하나가 대형화된 금융기관에 있다고 판단하여 금융기관의 M&A 시에는 연준의 사전승인을 반드시 받도록 하는 등 다양한 수단을 동원하였다. 이러한 수단을 통해 미국은 횡단면 리스크에 대한 관리가 과거보다 크게 강화되었다고 평가받는다.

두 번째로 영국의 사례를 살펴보면, 영국은 1998년 도입된 재무부·영란은행·금융감독원의 3자 체제가 각자의 업무 영역에만 국한되어 통합적인 감독 체계를 구축하지 못한다는 비판을 받아왔다. 이에 따라 영국은 2010년 5월 금융개혁안을 발표하면서 거시건전성 정책을 전담할 금

그림 III-2 영국의 거시건전성 정책 체계

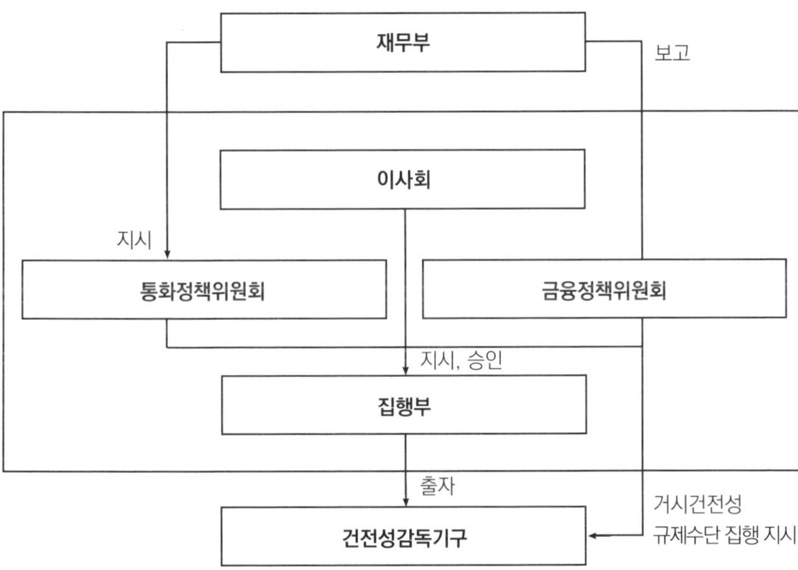

주: 김인규, 조용범, 조성민, "거시건전성 논의 추이와 과제", 「BOK Monthly Bulletin」, 2011.4.

융정책위원회를 영란은행 내에 신설하게 되었다. 재무부는 평상시 경제 정책을, 위기발생 시 비상계획을 수립하고 정책 결정에 대한 전반적 권한을 갖는다. 영란은행 차원에서는 위기 시 유동성을 공급하는 역할을 맡게 되는 한편, 영란은행 내 금융정책위원회는 거시건전성 정책을 지시·승인하게 된다. 실제의 건전성 정책은 건전성 감독기구인 PRA(Prudential Regulation Authority)가 수행하는 형태이다.

영국의 거시건전성 수단은 글로벌 차원의 합의와 크게 다르지 않다. 2012년 영란은행 금융정책위원회는 건전성 감독 기구가 사용할 거시건전성 정책 수단으로 경기대응 완충자본, 부동산 등 부문별 자본 규제, 레버리지 비율 제한 등을 선정하였다.

세 번째로 EU의 거시건전성 체계는 앞서 살펴본 양국의 체계를 일부 결합한 형태이다. 미국과 마찬가지로 거시건전성 의사결정을 하는 기구인 유럽시스템리스크위원회(European Systemic Risk Board, ESRB)는 다양한 기관들의 협의체이다. 하지만 미국의 경우 구속력 있는 결정을 할 수 있는 반면, 다양한 주권국가들의 연합체인 EU는 강제성 있는 결정을 내릴 수 없다. 유럽시스템리스크위원회가 결정할 수 있는 것은 해당 부문 또는 국가에 위기를 경보하고 대응방식을 권고하는 선에 머물게 된다. 한편 유럽시스템리스크위원회의 실제적인 감독 기능은 회원국 중앙은행 및 감독기구에 맡긴다는 점에서 영국의 금융정책위원회와 비슷한 구조라고 볼 수 있다. 다만 미시건전성을 감독하는 기구가 따로 존재한다는 점은 영국과 차이가 있으며 미국과 유사성이 있다.

호주의 거시건전성 체계는 비공식(Informal)적이고 분권(Decentralised)화되어 있는 것이 특징이다. 즉, 거시건전성을 전담하는 공식적인 기구나 협의체가 없다. 재무부와 함께 호주중앙은행(RBA; Reserve Bank of Australia), 호주건전성감독청(APRA; Australian Prudential Regulation Authority) 등이 모두 법적으로나 실제적으로 금융시스템을 안정화시킬 책무를 가지고 있으며 이를 수행하고 있다. 호주증권위원회 또한 건전성의 범주가 미치지 않는 넓은 의미의 금융기관을 모니터링하는 역할을 부여받고 있다.

호주의 경우 2013년 말부터 금융시스템 변화의 필요성에 대해 검토하였으나, 해당 위원회의 결론은 거시건전성 정책을 수립하고 시행하는 데 있어서 공식적인 기구를 설립할 강력한 근거가 없다는 것이다. 이와 같은 호주의 사례는 앞선 세 사례와 다르며, 앞으로 설명하게 될 우리나라 형태와 다소 유사한 점이 많다.

스웨덴의 경우 거시건전성 체계 구축을 위한 다양한 검토가 이루어졌으며, 이러한 정책 검토에 수년간의 시간을 투입했다는 점이 특징이다. 최종적인 거시건전성 체계는 2013년 8월에 확정되었는데, 그 내용은 통합감독의 경우 재무부의 산하기관으로 존재하는 금융감독청이 수행하며, 미국과 마찬가지로 각종 공적금융기관의 협의체인 금융안정협의회를 신설하여 거시건전성 정책을 논의하는 기관간 협업 창구로서의 역할을 수행하게 하는 것으로 결론지어졌다. 스웨덴의 경우 다양한 선진국들의 체계 수립 사례를 점검하고 자국 사정에 가장 적절한 방식을 선정하는 데 많은 노력을 기울였다는 점에서 주목받았다.

지금까지 주요 선진국들의 거시건전성 정책 체계가 어떻게 구성되고 있는지를 살펴보았다. 선진국은 거시건전성 강화를 위해 체계 구축에 많은 노력을 들이는 반면, 신흥국은 거시건전성 정책 체계의 구축 측면에서는 선진국에 비해 부족한 면이 많으며 대부분 실무 위주의 정책 수단에 초점이 맞추어져 있는 점이 특징이다.

3) 우리나라의 거시건전성 정책 체계

우리나라의 경우 선진국과 달리 거시건전성과 관련한 기능을 전담하는 공식 기구는 갖추어져 있지 않다. 다만 공식적 정책 체계의 필요성에 대해서는 이견이 있을 수 있는데, 이는 〈그림 III-3〉에 나타나 있듯이 '경제금융대책회의' 및 '거시경제금융회의' 등 기존 시스템을 통해서도 충분히 거시건전성 정책을 수립하고 실행해 나가는데 무리가 없다는 지적 때문이다.[13]

경제금융대책회의는 경제부총리, 청와대 경제수석 및 각 주요 정부기관의 기관장급 등이 참석하여 거시경제 방향 및 정책을 논의하는 것으로 알려진 협의체이며, 거시경제금융회의는 한국은행, 기획재정부, 금융위원회 등의 부기관장급 등이 참석하여 경제 및 금융시장의 위험요인을 점검하고 의견을 나누는 협의체로 알려져 있다. 양 회의 모두 법률적 근거는 없으나, 거시경제금융회의의 경우에는 대통령 훈령에서 '거시경제금융회의의 설치와 운영에 관한 규정'을 정해두고 있다.

이렇듯 국내에서는 거시건전성 정책 전담기구가 공식적으로 명시화되어 있지 않은데, 이러한 운영방식은 기관 간 협력을 위한 비공식 포럼을 운영하는 호주와 비슷하다고 볼 수 있다. 다만 국내의 비공식적 거시건전

13 김홍범, 배준석, "바람직한 거시건전성 정책체계의 모색", 한국금융학회, 2016

그림 III-3 한국의 거시건전성 정책 체계

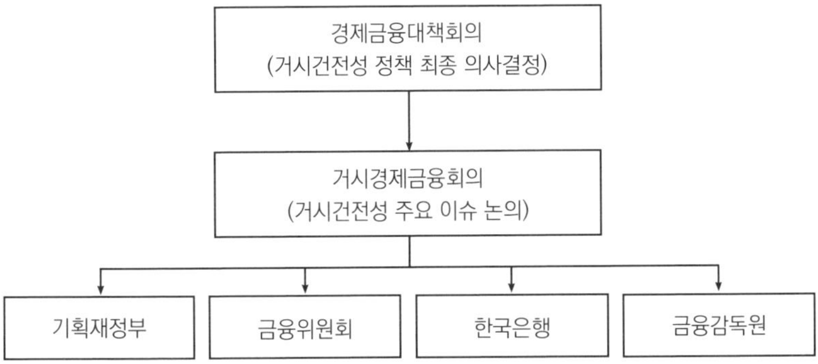

주: 조영제, "한국의 거시건전성 협력체계 및 정보공유현황", 금융감독원 발표자료, 2012.

성 정책 체계가 호주만큼 효율적이라고 볼 수 없으며, 공식적 체계를 구축해야 한다는 주장 또한 있어 향후에 이에 대한 논의가 추가적으로 진행되어야 할 것이다.

2. 우리나라의 외환부문 거시건전성 정책

1) 자본유출입 변동성 완화와 거시건전성 정책

거시건전성 정책 체계 내에서 우리나라는 시계열과 횡단면 리스크를 관리하기 위한 다양한 거시건전성 수단들을 도입해왔다. 다양한 정책들이 시계열과 횡단면 리스크 관리를 동시에 목표로 하지만, 주된 목적에 따라 분류해 보면 〈표 III-4〉와 같다.

〈표 III-4〉에서는 횡단면 리스크에 해당하는 수단은 개수가 적은 것으로 나타난다. 하지만 구체적으로 살펴보면 시계열 리스크 수단의 경우 횡단면 리스크를 동시에 관리하는 경우가 많지만 횡단면 리스크 수단들은 해당 위험만을 관리하는 것으로서, 단순히 분류의 편의성을 위한 구분으로 이해하는 것이 바람직할 것으로 보인다.

이와 같은 거시건전성 수단 중에 자본유출입 건전성 수단을 중점적으로 짚어보아야 할 필요가 있다. 그 이유는 자본유출입 정책수단이 여타 수

표 III-4 국내에서 시행 또는 예정인 거시건전성 수단

	구분	세부내용
시계열 리스크	경기대응 완충자본	위험가중 자산(Risk Weighted Asset) 2.5% 이내에서 경기상황에 따라 완충자본 추가 적립. 2016년부터 단계적으로 시행.
	예상손실기준 대손충당금	기발생 손실이 아닌 기대예상 손실 기준으로 대손충당금 적립. 2009년 12월 예대율 한도 100% 도입.
	자본유출입	선물환 포지션 제도,외환건전성 부담금, 외국인 채권투자 과세 제도 기시행, 외화유동성 커버리지 비율 2017년 시행 예정.
	주택담보대출	2002년 LTV(Loan-to Value), 2005년 DTI(Debt-to-Income) 규제 시행.
	장기성과기준 보상체계	단기간에 과도한 성과를 내기 위한 고위험 투자 지양. 2010년 금융권역별 보상원칙 모범규준 마련.
	자산위험 가중치	군집현상의 우려가 있는 자산에 대한 위험가중치 조정. 2012년 고위험 주택담보대출에 대한 위험가중치 50%로 상향.
횡단면 리스크	D-SIB	시스템적으로 중요한 국내은행[Domestic Systemically Important Banks(D-SIB)]을 2015년 지정.
	장외파생상품 규제	중앙청산소를 설치하여 장외파생상품 청산소거래 의무화. 2016년 6월 시행.

주: 금융감독원, 「거시건전성 감독 현황 및 과제」, 2012.

단들에 비해 상대적으로 선제적이고 적극적인 수단이라는 점뿐만 아니라 자본유출입을 위기의 전이 경로로 판단한 데 있다.

정책당국은 우리나라가 경험한 1997년, 2008년 두 가지의 금융위기가 성격은 각기 다르나 결국 자본유출입의 변동성이 높았던 사실이 위기를 확대·전이시켰다는 점에 문제의식을 공유했다. 즉, 1997년과 2008년 위기의 근원은 각기 달랐으나 결국 과도하게 유입된 자본이 불황 또는 위기를 계기로 급격히 유출됨에 따라 금융시장에 부정적인 영향을 끼치고, 이후 자금조달의 어려움 및 투자·소비심리 위축이라는 실물경제 타격이 나타났다는 점이 공통적이었다고 볼 수 있다.

우리나라는 수출입 무역 의존도가 높은 국가인데다 1997년 외환위기 이후 자본시장 개방을 통해 자본유출입의 제한이 사라져 외화자금의 유입과 유출 규모가 과거에 비해 큰 폭으로 확대되었다. 이에 따라 자금 유입 측면에서는 실물 부문의 외화수요가 과도하지 않도록 관리하고, 유출 측면에서는 위기 발생 시 유출을 감내할 수 있도록 사전에 대응능력을 확충하는 방안이 필요하게 된 것이다.

자본유출입 변동성 완화를 위한 제도 도입을 강구하던 시기는 2008년 금융위기 이후 2년가량이 지난 시점으로 국내로의 외화자금 유입이 점차 확대되던 시기였다. 당시 국내 자금 유입은 주식·채권 등의 포트폴리오 자금뿐만 아니라 선물환 거래에 따른 외화단기차입 또한 확대되는 시기였다. 당국은 경기 회복이 진행되면서 자금유입 규모가 더욱 빠르게 커질 것으로 예상하였으며, 유출보다는 유입 측면의 자본흐름 관리가 필요할 것으로 판단하였다. 국제수지표 자금흐름 중 위기 발생 시 가장 급격한 유출을 보이는 항목은 단기차입이었으므로 이 부문을 주 대상으로 하되(선물환 포지션 제도, 외환건전성 부담금), 위기 시 동시 유출을 보이던 채권자금에 대한 관리 수단 또한 강구(외국인 채권투자 과세)하게 된 것으로 볼 수 있다.

이하에서는 자본유출입 변동성 완화 목적의 거시건전성 정책을 세부적으로 살펴보되 본 연구에서 분석하고자 하는 외환부문 대책에 관심을 집중하고자 한다.

2) 외환부문 거시건전성 정책: 선물환 포지션 제도와 외환건전성 부담금 제도

(1) 선물환 포지션 제도

조선사와 같은 수출기업 및 자산운용사 등은 계약 시점(또는 투자자금 수취 시점)과 향후 인도시점(투자 종료 시점) 사이의 환율 하락에 따른 손실 가능성을 회피하고자 미래에 수취할 수출대금(또는 입금된 투자자금)을 미리 은행에 매도하는 선물환 거래를 실시하게 된다.

이 경우 선물환 거래의 상대방인 은행의 경우 선물환 매입 포지션을 취한 것이 되며, 실제 선물환 계약이 종료되는 시점에 환율이 하락하여 달러 가치가 하락하게 되면 손실이 발생하므로 은행은 포지션 노출을 헤지하기 위해 외은지점에서 달러를 차입하고 이를 현물환 매도하여 스퀘어 포지션을 유지하게 되고, 향후 달러를 수취하는 시점에 외은 지점에 달러차입금을 상환하는 형태를 취하게 된다. 실제로 2006~2007년 대외부문 외채 증가액 약 2,000억 달러의 50%가량이 외국환은행의 선물환 매입 등에 기인한 것으로 추정[14]되는 등 해당 형태의 금융거래가 활발하게 진행되

14 기획재정부·금융위원회·한국은행·금융감독원, 「자본유출입 변동 완화 방안」, 2010.6.14.

었다.

당시 규제는 선물환 포지션의 규모에 상관없이 현물환과 선물환 포지션의 합산이 자기자본의 50% 수준을 유지해야 한다는 것이었기 때문에, 선물환 포지션을 대규모로 매수하는 은행 등 금융기관들은 그에 상응하는 달러를 차입하여 현물환 매도를 시행한다면 규제를 피해갈 수 있었었다.

따라서 이러한 메커니즘에 따른 단기외채 증가가 큰 폭으로 발생하면서 거시건전성을 악화시키는 리스크 요인으로 작용하였고, 2008년 글로벌 금융위기가 도래했을 때 실제로 차입 부문은 위기의 발생과 함께 자금이 회수되는 모습을 보였는데 이를 관리하기 위한 부담은 전체 국민이 져야 하는 상황이 발생하였다.

이러한 메커니즘을 쉽게 표현하면 〈그림 III-4〉, 〈그림 III-5〉과 같다. 조선사 등 수출기업이나 자산운용사의 선물환 매도를 우선 국내은행이 담당하게 되면 포지션 헤지를 위해 외은지점을 통해 달러를 차입하면서 평시의 외채가 증가하고, 이를 현물 시장에 매도하게 되면서 평시에도 환율 변동성이 확대된다. 위기 시에는 해외은행이 달러를 회수함에 따라 외화 유출이 일어나며, 국내은행은 우선 현물환 시장에서 상환을 위한 달러를 매입하면서 환율변동성이 확대되고, 차입한 달러를 상환함으로써 은행 차원의 외화유동성이 악화되는 부작용이 있다. 〈그림 III-4〉와 〈그림 III-5〉에서 보듯이 선물환 매입의 주체가 국내은행인지 외은지점인지에 따라 거래 프로세스에서 약간의 차이가 있을 수 있으나 핵심적인 메커니즘은 동일하다.

이에 따라 우리나라는 2010년 6월 은행 등 금융기관에 대해 선물환

그림 III-4 국내은행의 선물환 매입과 위기 시 상환

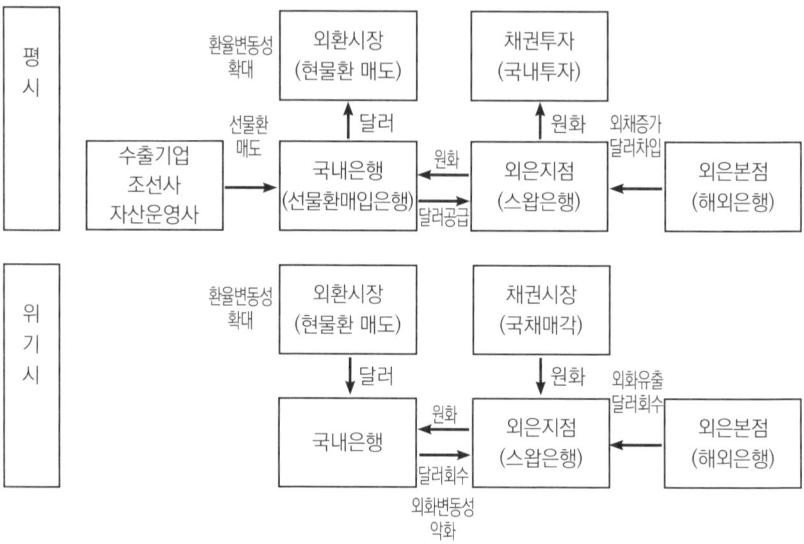

그림 III-5 외은지점의 선물환 매입과 위기 시 상환

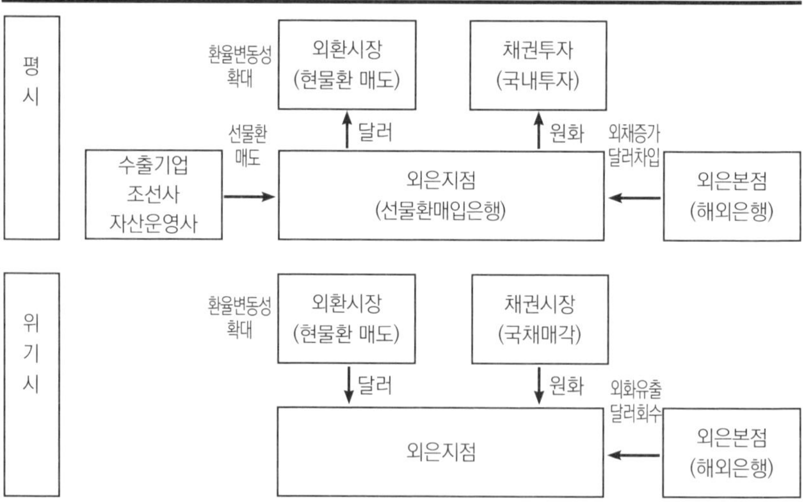

주: 기획재정부·금융위원회·한국은행·금융감독원, 「자본유출입 변동 완화 방안」, 2010.6.14.

포지션 한도를 설정하는 방안을 발표하게 되었다. 선물환 포지션은 실제로 외채가 늘어날 가능성이 있는 부분에 한정하기 위해 통화별로 매입초과 포지션에서 매각초과 포지션을 차감한 순(net) 포지션으로 산정하였다. 또한 선물환 포지션을 계산하는 데 있어서 사용되는 선물외화 자산과 부채의 범위는 운영상 구조적으로 발생하는 일부 예외를 제외한 모든 파생상품을 포함하였다. 이에 대한 구체적인 산정 방식 및 자산·부채 구분은 〈표 III-5〉와 같다.

구체적인 선물환 포지션 한도는 국내은행의 경우 전월 말 자기자본의 50%를 적용하며, 외은지점의 경우 250%를 한도로 설정하였다. 증권사

표 III-5 포지션 산정 방식 및 자산부채 범위

	구분	세부내용
자산부채 범위	선물외화자산	통화관련 파생금융거래(통화선도, 통화선물, 통화스왑, 통화옵션) 매입분, 신용 및 기타 파생금융 거래 중 통화관련 매입분. *콜옵션 매입분 및 풋옵션 매도분 포함.
	선물외화부채	선물외화 부채: 통화관련 파생금융거래(통화선도, 통화선물, 통화스왑, 통화옵션) 매도분, 신용 및 기타 파생금융 거래 중 통화관련 매도분. *콜옵션 매도분 및 풋옵션 매입분 포함.
	재외거래	자본금 또는 영업기금 환리스크 헤지를 위한 외국환 매입분. 외은지점이 국내영업에 충당하기 위하여 외화자금을 환매조건부로 한국은행에 매각(매입)하는 외국환. 외국환은행이 델타헤징 방식으로 자체관리하는 통화옵션 거래 및 델타헤징 방식에 의해 발생하는 외국환 매입분 또는 매각분.
포지션 산정	종합포지션	각 외국통화별 종합매입초과포지션의 합계와 종합매각포지션의 합계 중 큰 것.
	선물환포지션	외국통화별 선물환매입종합포지션의 합계에서 외국통화별 선물환매각종합포지션의 합계를 차감.

주: 한국은행, 「선물환포지션 한도 제도 세부방안 실시」, 2010.7.11.

및 종금사는 국내은행과 동일한 50%를 선물환 포지션 한도로 적용하였다. 외은지점의 한도를 국내은행보다 큰 폭으로 설정한 것은 제도 도입 당시 선물환 포지션이 300%를 상회하여 오히려 제도 도입이 시장에 충격을 주는 부정적 효과를 고려하였기 때문이다.

당국은 당시 제도도입에 따라 외화유동성 여건이 일시적으로 나빠지는 경우 당국에 의한 유동성 공급 등 필요 시 보완조치를 시행하겠다고 밝히면서 원활한 제도 도입이 이루어질 수 있도록 대책을 수립하며 제도를 시행한 바 있다.

선물환포지션 제도는 제도 시행 과정에서 한도가 지속적으로 조정되었다. 국내은행의 경우 제도도입 초기에는 50%였던 한도가 40%, 30%로 조정되었다가 2016년 상반기에는 40%로 재차 확대되었으며, 외은지점의 경우에는 도입 초기 250%였던 한도가 200%, 150%로 점차 조정되었다가 2016년 상반기 200%로 재차 확대되었다.

선물환 포지션 한도가 이와 같이 축소되었다가 재차 확대된 데에는 다음과 같은 배경이 작용하였다. 우선 외환건전성 제도는 자금유입이 상당했던 환경 하에서 단기외채를 관리하기 위해 시행된 제도였으며, 한도가 축소되던 시기에는 포트폴리오 및 차입 자금이 지속적으로 유

표 III-6 선물환포지션 제도의 한도 변경 추이

	제도도입 (2010년 10월)	1차조정 (2011년 7월)	2차조정 (2013년 1월)	3차조정 (2016년 7월)
국내은행	50%	40%	30%	40%
외은지점	250%	200%	150%	200%

주: 기획재정부·금융위원회·한국은행·금융감독원, 「외환건전성 제도 개편 방안」, 2016.6.16.

입되는 시기였다. 그러나 2013년 6월 미국의 테이퍼링 탠트럼 이후 자본유출입이 이전과 같은 유입 일변도에서 다소 변모하는 양상을 보이기 시작하였다. 이에 따라 당국은 향후 자금 유출의 가능성이 증대되는 상황에서 기존의 선물환 포지션 제도의 한도를 다소 확대시킬 필요성을 느꼈다.

선물환포지션 제도를 통해서 당국이 기대했던 효과는 다음과 같다. 먼저 단기외채 급증 제한이다. 앞서 살펴본 바와 같이 선물환거래 및 외화단기차입 등이 과도하지 않도록 관리하면서 총 단기외채가 통제불능하지 않도록 제한한다. 둘째, 위기 시의 자금유출 감소이다. 자금유입 규모를 제도 시행 이전보다 제한함에 따라 금융위기 발생에 따른 단기성 차입자금의 유출 규모 또한 감소한다. 셋째, 외환건전성 제고이다. 개별 금융기관들의 선물환 거래를 관리하고 은행 및 금융권의 외화유동성 또한 철저하게 감독하면서 국내 외환건전성을 이전보다 높은 수준으로 끌어 올릴 수 있다. 넷째, 거시경제 안정성 제고이다. 제도 시행 이전보다 자본유출입의 변동성이 완화될 경우 기본적인 국내 경제·외환·통화정책 등의 수립 및 실행에 있어서 부담이 줄어들게 되는 효과가 있다.

종합적으로 살펴보면 선물환포지션 제도는 횡단면 리스크와 시계열 리스크 양자를 모두 관리하고자 하는 정책이라 볼 수 있다. 개별 금융기관의 선물환 거래를 감독하면서 해당 리스크가 他 부문으로 전이되지 않도록 하는 것뿐만 아니라, 은행권의 특정 시기의 과도한 차입 등을 제한하면서 위기 발생 시의 부정적 영향력을 줄이려는 목표를 동시에 가지고 있었다.

(2) 외환건전성 부담금 제도

외환건전성 부담금 제도 또한 선물환 포지션 제도와 마찬가지로 과도한 자본유출입 변동성을 경감하고자 하는 조치의 일환이다. 외환건전성 부담금 제도는 앞서 글로벌 거시건전성 정책에서 살펴보았듯이 시계열 리스크를 완화하기 위한 개별국 차원의 정책으로 비예금성 부채에 대한 은행부과금(bank levy) 범주에 속한다고 볼 수 있다.

은행 부과금에 대한 글로벌 논의는 2008년 금융위기 이후 지속적으로 제기되어 왔다. 특히 금융권이 글로벌 위기 전이의 큰 축이었던 점을 감안하여 위기로 발생한 손실을 축소하고 리스크에 대응하기 위한 재원을 은행 등 금융권에서 분담해야 한다는 논의가 G20의 2009년 피츠버그 회의, 2010년 토론토 회의에서 제기되었다. 특히 토론토 회의에서는 은행부과금이 첫째, 납세자를 보호해야 하고, 둘째, 금융 시스템 리스크를 축소해야 하며, 셋째, 신용흐름을 보호하고, 넷째, 개별 국가의 상황에 맞는 정책을 시행해야 하며, 다섯째, 금융권의 공정한 경쟁을 저해하지 않아야 한다는 은행 부과금에 대한 일반원칙에 대한 합의[15]가 이루어졌다.

이에 따라 〈표 III-7〉에서 보듯이 유럽 선진국들을 중심으로 개별국의 상황에 맞는 은행부과금 도입 방침이 마련되었다. 영국은 2010년 12월 세법개정안을 발표하면서 은행 및 은행그룹에 대해 비예금 부채를 대상으로 2011년 0.05%, 2012년 이후 0.075%의 은행부과금을 징수하기로 하였고, 독일 또한 2010년 12월 은행구조조정법안이 통과·공포되면서

15 기획재정부·금융위원회·한국은행·금융감독원, 「거시건전성부담금 도입 방안」, 2010.12.19

표 III-7 유럽 선진국들의 은행부과금 제도 현황

	영국	독일	프랑스
부과대상기관	은행 및 은행 그룹	은행	은행
부과대상	비예금부채	비예금부채	비예금부채
부과요율(%)	0.05(11년), 0.075(12년)	0.02~0.04	0.25
연간부과규모	25억 파운드	8~15억 유로	5억 유로
활용방안	재정확충	정리기금	재정확충

주: 김홍범, 배준석, "바람직한 거시건전성 정책체계의 모색", 한국금융학회, 2016.

2011년부터 은행에 대해 비예금 부채를 대상으로 0.02~0.04%의 탄력적 부과금을 징수하였다. 프랑스 또한 은행에 대해 은행부과금을 징수하고 있으며 부과요율은 0.25%로 높은 편이나, 대상이 위험가중자산으로 한정되기 때문에 실제적인 부과규모는 영국이나 독일보다 작은 편이다. 이와 같이 은행부과금의 경우 금융기관들의 과도한 자산 증가를 제한하여 시계열 리스크를 통제하는 한편, 이에 따라 부과된 자금은 향후 위기 시 사용될 수 있는 재정의 확충 및 정리기금 설립 목적으로 사용되었다.

그러나 우리나라의 경우 은행부과금 제도 도입의 목적이 단순히 금융기관의 전체 자산 증가 억제 및 위기 대응 재원 확충에 있지는 않다고 볼 수 있다. 이는 2008년 금융위기나 유럽 재정위기와 같은 최근의 위기 국면에서 직접적인 재정손실이 발생하지 않았으며, 이미 금융기관 부실 리스크에 대응하는 데 활용하기 위한 기금[16]들이 존재했기 때문이다. 국내에

16 예금보험기금, 구조조정기금, 금융안정기금, 은행자본확충펀드 등. 기획재정부·금융위원회·한국은행·금융감독원, 「거시건전성부담금 도입 방안」, 2010.12.19.

서 은행부과금 제도의 주된 목적은 앞서 언급한 바와 같이 자본유출입 변동성을 줄이는 것이었는데, 외화부채에 대해 기간별로 부과율을 차등화했다는 점에서 그 의의를 확인할 수 있다.

2010년 당시 외환건전성 부담금 제도의 도입으로 목표했던 정책의 효과는 다음과 같다. 가장 우선적인 목적은 자본유출입 변동성 감소를 통한 거시건전성 제고이었다. 둘째는 단기 외화차입의 감소를 통해 차입구조의 장기화를 실현하여 부채구조를 개선하는 데 있었다. 셋째는 기존의 리스크 대비용 기금에 추가적인 재원을 마련함으로써 위기 시 외화유동성 공급의 방안을 마련하는 것이었다.

외환건전성 부담금 제도의 공식적 부과대상은 전체 외화부채에서 외화예수금을 차감한 비예금 외화부채 잔액이었다. 앞서 살펴본 대로 대부분의 국가에서 부담금 제도의 대상이 '비예금' 부문에 한정되는데, 이는 예금의 경우 예금보험제도의 대상이 되므로 전체 외화부채를 대상으로 할 경우 동일 자산에 이중 부담금을 부과하게 되기 때문이었다. 한편 우리나라의 경우 유럽 선진국과 달리 그 대상을 '외화'에 한정하였는데, 이는 앞서 서술한 대로 자본유출입 변동성 완화가 주 목적이었기 때문이다. 한편 금융기관의 외환거래 프로세스상 일시적으로 발생하는 부채 항목은 차입 성격이 아니므로 부과 대상에서 제외하였다. 이에 대응하는 항목으로는 지급 및 결제가 되지 않은 현물환, 파생평가손 등이 있다.

외환건전성 부담금은 공식적 부과대상이 모든 금융기관으로 설정되었으나, 우선적으로 은행권에 적용되었다. 비은행 금융기관의 경우 2015년 제도 개편 시까지 부과 대상에서 제외되었다. 다만 개편 이후에도 비은행 금융기관의 부담을 고려하여 일정 규모 이상의 부과대상 외채 보유 기관에 우선 적용[17]하기로 하였다. 이러한 개편의 이유는 금융기관 내에서도 업종간 형평성이 떨어진다는 지적이 제기되었기 때문이다. 또한 여타 금융기관의 단기외채가 증가추세를 지속하였기 때문에 이를 제한해야 할 필요성이 발생하기도 하였다. 은행권의 단기외채는 2011년 말 1029억 달러에서 2012년 말 854억 달러, 2013년 말 779억 달러로 제도 도입 이후 크게 감소하였으나, 비은행권 단기외채는 2010년 말 79억 달러에서 2014년 중순 102억 달러로 규모는 작으나 비율로는 빠른 증가추세를 보였기 때문이다.

부과요율의 경우 2010년 12월 처음 외환건전성 부담금 제도 도입 방안이 발표되었을 때 확정되지 않았으며, 2011년 8월 제도 시행 시에는 예정했던 대로 만기에 따라서 단기채에 더 많은 요율을 부과하는 차등방식이 결정되었다. 구체적으로는 계약만기 1년 이하 비예금 외화부채에 20bp, 만기 1~3년에 대해서는 10bp, 3~5년에 대해서는 5bp, 5년 이상에 대해서는 2bp를 부과하였다.

다만 부과요율은 2015년 제도 개편 시 변화를 겪게 되는데, 구체적으로 부과대상 및 부과요율 기준의 변화였다. 먼저 기존에 모든 비예금성 외화부채에 대해 부과하던 것을 잔존만기 1년 미만의 비예금성 외화부채에만 부과하기로 하였다. 또한 납부 방식을 기존에 부채 만기 중 매년 납부하던 것을 잔존만기 1년이 도래하는 시점에 한 번만 납부하는 방식으로

17 기획재정부·금융위원회·한국은행·금융감독원, 「외환건전성부담금 제도개편 방안」, 2015.2.6

변경하였다. 두 번째로 부과요율은 부과대상이 만기 1년 이내의 외화부채로 제한된 만큼 단일요율인 10bp로 변경하였다. 또한 금융기관별로 외화부채의 가중평균 만기가 장기화될 경우 인센티브 차원에서 요율을 할인해 주는 방안이 고려되었다.

이러한 2015년 제도 개편의 이유는 다음과 같다. 우선 기존 계약만기 기준 방식이 부과금을 납부하는 데는 편리했으나 차입구조를 장기화하고자 하는 제도의 본래 취지와는 다소 맞지 않았기 때문이다. 즉, 금융기관의 차입 리스크는 잔존만기로 평가되는데, 계약만기는 다르지만 잔존만기가 같은 외화부채에 동일한 요율이 부과되지 않는 문제가 있었기 때문이다. 계약만기 기준으로 부과할 경우 차입만기를 365일이 아닌 366일로 설정하여 부담금을 줄이려고 하는 문제 또한 발생할 수 있었다. 둘째로 부과 대상 기관이 비은행권으로 늘어나면서 해당 비은행 기관들이 은행권보다 부과금 납부 여력이 부족한 경우가 있어 부과율을 경감시켰다. 재원의 경우 연간 2억 달러 수준이 여전히 마련되는 상황에서 부과율을 경감시켜 금융시장 경쟁력을 유지할 수 있도록 한 조치였다.

이후 2016년 외환건전성 제도 개편 과정에서 외환건전성 부담금 제도는 요율의 추가 변화는 없었으나 향후의 자금유출 상황을 대비하여 외국환거래법 개정을 통해 탄력적으로 요율을 하향할 수 있는 법적 근거를 마련해 둔 상황이다.[18]

18 기획재정부·금융위원회·한국은행·금융감독원, 「외환건전성 제도 개편 방안」, 2016.6.16.

3) 기타 외환부문 건전성과 관련된 정책

(1) 외국인 채권투자 과세

외국인 채권투자 과세 제도의 경우 앞선 규제들과 달리 본래 존재하던 정책이었으나 2009년 5월을 기점으로 면세결정(비과세)되었다가 재차 과세로 전환한 것이다. 이러한 정책적 변화에는 다음과 같은 배경이 있다.

우선 2008년 하반기 글로벌 금융위기를 계기로 외국인의 국내 채권 보유 잔액이 약 60조 원에서 2009년 상반기 40조 원까지 감소하였다. 이에 당국은 외국인 채권자금 유입 활성화를 유도하기 위해 국고채 및 통화안정증권에 대해 원천징수를 면제하여 과세하지 않는 조치를 취하였다. 이후 외국인 채권자금 유입이 재차 활성화되어 2010년 채권 잔액이 80조 원을 상회(보유잔액 통안채 60%, 국채 140% 증가)하게 됨에 따라 과도한 자본유입을 관리하기 위해 2011년 말 기존의 외국인 채권투자 과세 제도를 부활하게 된 것이다.

당시 우리나라의 채권투자 과세 제도는 글로벌 차원의 흐름과 동조를 이루는 것이었다. 〈표 III-8〉에서 보듯이 특히 신흥국에서 외국인 포트폴리오 투자자금 유입을 관리하려는 움직임이 점차 활성화되고 있었다. 브라질은 2010년 중 외국인 채권매입 시의 거래세를 상향조정하는 추세에 있었으며, 대만의 경우 2009년 말 주식 관련 정기예금의 외국인 신규 가입을 금지하였다. 인도네시아는 2010년 중순 외국인의 국채 매입 시 최소 보유 의무 기간을 설정하였으며, 태국은 2010년 말 외국인의 국공채 및 준 국공채 투자 시 이자소득세를 부과하였다.

당시 부활된 외국인 채권투자 과세제도는 〈표 III-9〉와 같다. 즉, 국고

표 III-8 주요 신흥국들의 포트폴리오 자금유입 대응 정책

국가	내용
브라질	외국인 유가증권 투자시 2%의 금융거래세 부과(2009년 10월). 외국인 채권 거래시 금융거래세를 4%로 상향 조정(2010년 10월 4일). 외국인 채권 거래시 금융거래세를 6%로 상향 조정(2010년 10월 18일).
대만	주식투자 자금의 30% 내외에서 운용가능한 정기예금에 대해 외국인 신규가입 금지(2009년 11월).
인도네시아	외국인 중앙은행채권 매입시 최소 보유 의무 기간 1개월로 지정(2010년 6월). *1개월 이내 매각시 유통시장이 아닌 중앙은행 상대로 직접 매각.
태국	외국인 국공채 투자시 이자소득세(15%) 부과(2010년 10월).

주: 김동환, "외국인 채권투자 이자소득세 과세 영향 점검", 하이투자증권, 2010.10.

채 및 통화안정증권에 대해 외국법인 및 비거주자에 대한 이자소득 및 양도소득에 대한 법인세 및 소득세 원천징수를 면제하던 것을 종료하였으며, 향후 금융시장 변동성이 급격히 확대될 경우 탄력세율을 적용하는 것이다.

앞서 살펴본 선물환포지션 제도와 외환건전성 부담금 제도가 외환부문

표 III-9 외국인 채권투자 과세제도의 변경

항목	2009년 5월 이전		2009년 5월~ 2010년 12월	2011년 이후
이자소득 원천징수세	조세협약 체결국	0~15%	국고채·통안채 에 대해 원천징수 면제 (비과세)	과세전환 금융시장 변동에 따라 탄력세율 적용
	미체결국	14%		
양도소득세	총매각액의 10% 또는 매매차익의 20% 중 적은 금액			

주: 기획재정부, 금융위원회, 한국은행, 「국제금융시장 불안 장기화에 따른 우리경제 위험요인 해소를 위한 정책적 대응 방안」, 2009.2.26.

에서의 자본유출입 변동성을 완화하기 위한 방안이라면 외국인 채권투자 과세 제도는 채권 영역에서의 급격한 유출입 변동성을 관리하기 위한 방안이었다. 이 제도의 경우 앞선 두 정책과는 달리 개편에 대한 논의가 진행되고는 있지 않은데, 그 이유는 크게 세 가지로 추정된다.

먼저 징수대상이 비거주자라는 점에 있다. 앞선 선물환 포지션과 외환건전성 부담금 정책의 경우 국내 은행 또는 금융기관이 거래에 대한 책임을 지고 포지션을 제한하거나 부과금을 납부해야 했으나, 외국인 채권투자 과세 제도는 비거주자로부터 세금을 수취하는 방식이라는 점이다. 두 번째로는 국내 채권시장에서 외국인들이 주된 거래당사자가 아니라는 데 있다. 주식시장과는 달리 채권시장에서 외국인이 차지하는 비율은 10% 미만으로 최근에는 그 비중이 점차 줄어들고 있어 이들의 완만한 자금 유출이 시장에 미치는 영향이 크지 않다. 마지막으로는 현 시점에서 상당부분의 채권매입 기관이 장기투자 성향인 해외 중앙은행이므로 현 수준의 과세 제도를 유지하더라도 급격한 자금 유출 위험이 상당히 낮은 편이라는 점도 고려되었을 것으로 생각된다.

(2) 외화 유동성 커버리지 비율(Liquidity Coverage Ratio) 도입

외화 유동성 커버리지 비율(Liquidity Coverage Ratio)은 본래 당국의 모니터링 지표로 사용되었으나 2017년부터 모든 은행권에 대해 규제 정책으로 도입될 예정이다. 다만 외은지점과 수출입은행, 외화부채 규모가 작아 LCR 규제를 도입하기 어려운 은행(외화부채 비중 5% 미만, 외화부채 규모 5억 달러 미만)은 배제한다.

외화 유동성 커버리지 비율은 특정 금융기관이 보유한 외화자산으로 향후 1개월간의 자금유출을 얼마나 감수할 수 있는지 평가하는 지표이다. 구체적으로는 향후 1개월간 외화순유출 예상금액 대비 은행이 보유한 유동성이 높은 외화자산의 비율로 계산된다. 현재 당국에서 적용 예정인 유동성 커버리지 규제 비율은 〈표 III-10〉과 같다.

외화유동성 커버리지 규제비율의 도입은 다음과 같은 의미를 지닌다. 먼저 앞서 도입된 외환건전성 제도들이 주로 과도한 유입을 관리하기 위한 성격을 지녔으며 소기의 성과를 달성하였다. 하지만 기존 외환건전성 제도들이 도입되었던 시기와 현재의 글로벌 자금흐름 국면이 달라지고 있는 것에 주목해야 한다. 즉, 글로벌 저성장 기조가 심화되고 주요국의 불확실성이 지속적으로 제기되면서 점차 신흥국에서의 자금유출 가능성이 부각되는 상황으로 변모하고 있으며 과거와 같이 자금이 일방적으로 유입되는 상황이 아닌 것이다.

다만 OECD 규정에 따라 개별국들은 자본의 유출을 규제하는 정책이 금지되어 있으므로, 외화유동성 커버리지 비율(Liquidity Coverage Ratio) 규제와 같은 유동성 정책을 통해 유사시의 유출에 대비하고 위기 대응능력을 강화하는 방안을 강구하는 것으로 보인다. 외화유동성 커버리지 비율 제도에 대해서는 실제 시행되는 2017년 1월 이후 상당한 시간이

표 III-10 외화유동성 커버리지 규제비율(예정)

	2017년	2018년	2019년	비고
일반은행	60%	70%	80%	매년 10%p 상향
특수은행(기은, 농협, 수협)	40%	60%	80%	매년 20%p 상향
산업은행	40%	50%	60%	특수성 고려 타은행 대비 완화

주: 기획재정부·금융위원회·한국은행·금융감독원, 「외환건전성 제도 개편 방안」, 2016.6.16.

지나고 나서야 정책의 효과에 대한 분석이 가능할 것으로 판단된다.

3. 외환부문 거시건전성 정책의 기술적 분석

1) 제도 도입 전후의 자본유출입 개관

외환부문 거시건전성 정책의 유효성에 대한 모형 분석에 앞서 해당 정책의 기술적 분석을 실시할 필요성이 있다. 이는 과거 우리나라가 겪었던 외국인 자금 유입과 유출의 기간 및 규모를 살펴보고, 제도 도입 이후 과거 대규모 유출을 초래했던 요인들이 가시적으로 감소하였는지 확인해 보는 데 그 의의가 있다.

그림 III-6 거시건전성 제도 도입 전후의 외국인 자본유출입 규모 비교

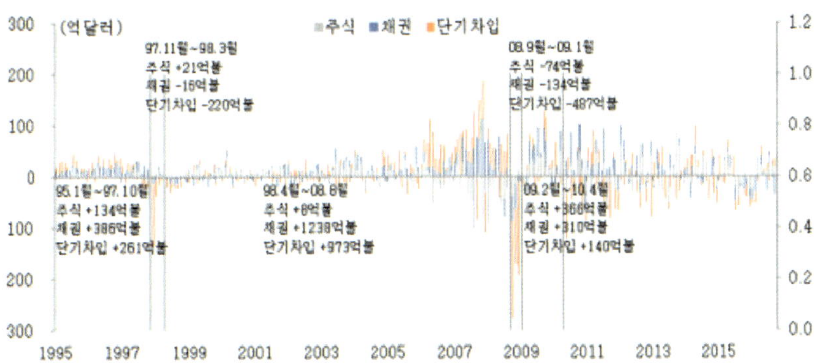

주: 한국은행 ECOS 국제수지.

먼저 1997년 외환위기의 사례를 살펴보도록 한다. 외환위기 이전 우리나라는 외국인 주식·채권·단기차입 모두 큰 폭의 순유입을 기록하고 있었다. 1992년 1월부터 1997년 10월까지 유입된 총 자금은 1,142억 달러로 주로 채권과 단기차입 자금 중심의 자금유입이었다. 구체적으로 살펴보면 주식자금은 +261억 달러, 채권자금은 +515억 달러, 단기차입은 +366억 달러로 구성되었으며, 연간 GDP의 890%에 달하는 자금이 누적으로 유입되었다. 자금이 집중적으로 유입된 것은 1995년 1월부터인데, 이 시기의 자금유입은 총 780억 달러로 주식자금 +134억 달러, 채권자금 +386억 달러, 단기차입 +261억 달러로 구성되었다.

1997년 외환위기가 도래함에 따라 국내 외국인 자금은 순유출로 전환되었다. 1997년 11월부터 1998년 3월까지 총 214억 달러가 유출되었으며, GDP 대비 비율로 보면 약 214%에 달하는 막대한 자금이 단기간에 회수되었다. 이 시기의 자금유출 특징을 살펴보면 주식과 채권자금은 거의 변동이 없었던 반면 1992년 이후 유입되었던 단기차입 자금 중 약 60%가 5개월 동안 회수되었다는 점이다. 구체적으로 살펴보면 주식 +21억 달러, 채권 -16억 달러, 단기차입 -220억 달러로 구성되었다. 특히 단기차입 자금은 1997년 12월 한 달 동안에만 120억 달러가 유출되는 등 당시 외국인들의 불안심리 확대에 따라 큰 폭의 변동을 보였음을 알 수 있다.

1997년 외환위기 이후인 1998년 4월부터 2008년 8월까지는 외국인 주식자금이 지속적으로 유입되던 시기였다. 이 시기의 총 유입자금은 2,198억 달러로 주로 1990년대와 마찬가지로 채권과 단기차입 자금 중심이었다. 구체적으로 살펴보면 주식자금은 +8억 달러, 채권자금은 +1,238억 달러, 단기차입 자금은 +973억 달러를 기록하였으며, 연간 GDP의 940%에 달하는 자금이 누적으로 유입되었다. 자금이 집중적으로 유입된 것은 2004년 11월 단기차입 자금이 순유입으로 전환된 이후부터이며, 이 시기의 자금유입은 채권자금 +1,091억 달러, 단기차입 자금 +1,115억 달러로 1998년 이후 유입된 채권·단기차입 자금의 대부분이 이 기간 동안 유입되었다. 반면 주식자금은 동 기간 동안 -605억 달러 순유출을 기록했는데, 이는 주식자금이 글로벌 금융위기 전인 2006년 5월부터 유출되었기 때문이다.[19]

2008년 금융위기가 도래했을 때 국내 외국인 주식자금은 1997년 외환위기 때와 마찬가지로 단기차입을 중심으로 유출되었다. 2008년 9월부터 2009년 1월의 5개월 사이에 총 유출된 자금 규모는 738억 달러였다. 구체적으로 살펴보면 주식 -74억 달러, 채권 -134억 달러, 단기차입 -487억 달러로 단기차입 자금뿐만 아니라 포트폴리오 투자자금까지 동시에 유출되었다. 1998년 4월 이후의 유입기 동안 누적 유입된 단기차입 자금의 약 50%가 5개월 만에 유출되었으며, 특히 당시 긴박했던 상황을 반영하여 2008년 10월부터 12월까지 매월 평균 160억 달러의 단기차입 자금이 유출되기도 하였다. 동기간 총 유출된 자금 규모는 GDP의 360%로 1997년 외환위기 수준을 상회한다.

2009년 2월부터 주요국의 정책대응에 힘입어 글로벌 금융위기가 극복되는 조짐이 보이자 외국인 자금은 재차 유입되기 시작했다. 2009년 2월부터 2010년 4월까지 총 유입된 자금은 855억 달러로 연평균 GDP 대비

19 국내 외국인 주식자금은 2006년 5월부터 2008년 9월까지 685억 달러 순유출.

340%에 이르렀다. 이 시기 자금유입의 특징은 크게 하락한 주가지수로 인해 저가매수 매력이 높아짐에 따라 외국인 주식자금이 큰 폭의 유입을 기록했다는 점이다. 다만 이 시기에 단기차입과 채권자금도 큰 폭의 유입을 보였다.

분석의 기간을 2010년 4월까지로 제한한 이유는 이후 유럽 재정위기로 인해 간헐적인 월간 단위 유출이 이어졌기 때문이다. 특히 2010년 5월에는 유럽發 주가지수 하락으로 인해 주식자금은 330억 달러, 채권자금은 880억 달러 순유출을 기록하기도 하였다.

2) 제도 도입에 따른 유출입 규모 및 변동성의 기술적 분석

외환부문 거시건전성 정책인 선물환포지션 제도와 외환건전성 부담금이 동시에 도입된 2011년 하반기부터 외국인 자금유출입 변동성에 있어서 가시적인 변화가 나타났다. 가장 큰 변화가 나타난 영역은 단기차입 자금이다. 위기 발생 전 대량으로 유입되고 위기 발생 시 수개월 만에 큰 폭으로 유출되는 패턴을 반복하던 단기차입 자금은 외환부문 거시건전성 정책이 도입된 2011년 하반기부터 위기 국면이 아닌데도 순유출로 전환되었다. 구체적으로 살펴보면 2011년 7월부터 2016년 9월까지 유출된 단기차입 자금은 총 348억 달러로, 월평균으로 보면 매달 6억 달러의 순유출을 기록하였다. 유출규모와 변동성으로 볼 때 해당 시기의 단기차입 감소는 비거주자에 의한 자금회수가 아니라 국내 주체들의 상환에 기인한다고 볼 수 있다. 즉, 정책적인 노력에 의해 위기 시 자금유출입 변동성을 확대시키는 단기차입 자금을 평시에 축소시켜 차입구조를 장기화시킨 점이 효

표 III-11	단기차입 자금의 GDP 대비 유출입 규모 및 표준편차					
GDP 대비	95년 1월 ~97년 10월	97년 11월 ~98년 3월	04년 11월 ~08년 8월	08년 9월 ~09년 1월	09월 2월 ~10년 4월	11년 7월 ~16년 9월
월평균	5.4%	-45.7%	9.3%	-60%	5.3%	-1.8%
표준편차	8.4%	43.9%	13.8%	32.7%	9.6%	8.1%

주: 한국은행 ECOS 국제수지

과를 발휘하였다.

GDP 대비 단기차입 자금 유출입 비율을 살펴보면 2011년 7월부터 2016년 9월까지 동 비율의 월평균은 -1.8%, 표준편차는 8.1%를 기록하였는데, 이는 단기차입이 대규모로 유출되었던 1997년 금융위기 때의 월평균 -45.7%, 표준편차 43.9% 및 2008년 금융위기 때의 월평균 -60.0%, 표준편차 32.7%에 비해 유출입 규모 및 변동성이 크게 낮다는 점을 확인시켜 준다. 뿐만 아니라 단기차입 유입기인 1995~97년의 월평균 5.4%, 표준편차 8.4%, 2004~08년의 월평균 9.3%, 표준편차 13.8%, 2009~10년의 월평균 5.3%, 표준편차 9.6%p에 비해서도 규모 및 변동성이 낮다. 즉, 정책적인 수단을 통해 안정적으로 단기차입 규모를 줄여나가면서 향후 자본유출입 변동성을 확대시킬 여지를 감소시켰다고 볼 수 있다. 이러한 결과는 아시아 국가들의 거시건전성 정책이 신용 증가를 완화하는 데 효과가 있었다는 Zhang and Zoli의 분석과도 일치한다.[20]

20 Zhang and Zoli, Leaning Against the Wind: Macroprudential Policy in Asia, 「IMF Working Papers」 No. 14/22, 2014.

다음으로 영향력을 끼친 부분은 외국인 채권자금이다. 다만 외국인 채권자금의 경우 직접적인 정책 수단이 외국인 채권투자 과세에 한정됨에 따라 단기차입 감소와 마찬가지로 채권자금의 완만한 유출세로 나타나지는 않았으며, 제도 도입 이후 유입세가 둔화되었다.

GDP 대비 외국인 채권자금 유출입 비율을 살펴보면 2011년 7월부터 2016년 9월까지 동 비율의 월평균은 2.0%, 표준편차는 6.4%를 기록하였는데, 이는 1997년 금융위기 때의 월평균 -3.1%, 표준편차 7.8% 및 2008년 금융위기 때의 월평균 -9.2%, 표준편차 15.4%에 비해 유출입 규모 및 변동성이 낮다는 점을 확인시켜 준다. 다만 그 차이가 단기차입만큼 큰 폭으로 나타나지 않았다. 한편 외국인 채권자금의 1차 유입기인 1995~97년의 월평균 7.8%, 표준편차 3.9%에 비해서 거시건전성 제도 도입 이후의 변동성이 낮지 않았으나, 2차 및 3차 유입기인 2004~08년의 월평균 8.9%, 표준편차 9.3%, 2009~10년의 월평균 7.8%, 표준편차 11.6%에 비해서는 GDP 대비 유출입 규모 및 변동성이 낮아졌다는 점을 확인할 수 있었다. 다만 그 차이가 단기차입만큼 크지는 않았던 것으로 평가된다. 즉, 정책적인 수단을 통해 채권자금의 과도한 유입을 다소 억제했을 가능성이 있으나, 정책적 효과는 선물환포지션 제도 및 외화건전성 부

표 III-12 채권자금의 GDP 대비 유출입 규모 및 표준편차

GDP 대비	95년 1월 ~97년 10월	97년 11월 ~98년 3월	04년 11월 ~08년 8월	08년 9월 ~09년 1월	09월 2월 ~10년 4월	11년 7월 ~16년 9월
월평균	7.8%	-3.1%	8.9%	-9.2%	7.8%	2.0%
표준편차	8.4%	7.8%	9.3%	15.4%	11.6%	6.4%

주: 한국은행 ECOS 국제수지

담금 제도가 단기차입에 끼친 영향에 비해 크지 않았던 것으로 보인다.

외환부문 거시건전성 정책이 주식자금 변동성 감소를 목적으로 하지 않았으므로, 주식자금에 끼친 영향에 대한 기술적 분석은 실시하지 않았다.

한편 환율변동성이 분석 기간 중 어떤 모습을 보였는지 확인해 볼 필요가 있다. 환율변동성의 측정은 절댓값 기준 환율변동성과 표준편차 기준 환율변동성의 두 가지 방법을 사용하였다.

즉, e=환율레벨, $d=e_t/e_{t-1}$라 하면 평균절대편차(mean absolute deviation, MAD) 기준 환율변동성(A)은 $|d-1|$의 월별평균으로 정의하였고, 표준편차 기준 환율변동성(B)은 월별평균을 사용한 d의 표준편차로 정의하였다.

〈그림 III-7〉에 나타나 있듯이, 측정방식의 차이에 의해 표준편차 방식으로 측정한 환율변동성이 평균절대편차 방식으로 측정한 것보다 값 자체가 약간 큰 편인 점을 제외하면 환율변동성 A와 B는 큰 흐름상 거의 비슷

그림 III-7 환율변동성 추이

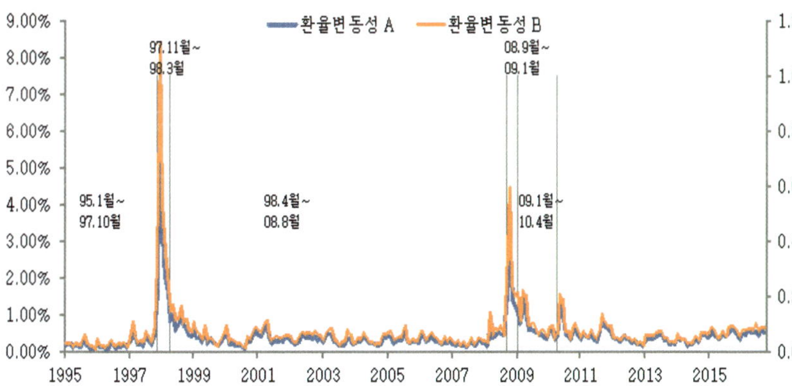

주: Bloomberg 원달러 환율 데이터.

한 패턴을 유지한다.

2011년 7월부터 2016년 9월까지 환율변동성 A와 B는 각각 평균 0.40%, 0.48%를 기록하였는데, 과거 안정기인 1995년 1월부터 1997년 10월까지의 0.20%, 0.28%에 비해서는 높았으며 1998년 4월부터 2008년 8월까지의 0.34%, 0.44%와 비슷한 수준이었다. 다만 2008년 금융위기 후의 자금유입기인 2009년 1월부터 2010년 4월까지의 0.64%, 0.80%에 비해서는 큰 폭으로 변동성이 낮아진 점을 확인할 수 있다. 다만 환율변동성이 큰 폭으로 확대되었던 1997년 금융위기 때의 3.05%, 3.93% 및 2008년 금융위기 때의 1.75%, 2.26%에 비해서 2010년 이후에는 각종 금융불안에도 불구하고 환율변동성이 안정적인 수준을 유지하였다.

IV. 실증적 분석모형 설정

1. 구조형 벡터자기회귀모형

구조형 벡터자기회귀모형(structural vector autoregressive model)은 일반적으로 아래와 같이 선형연립방정식 체계를 갖는다. 이를 구조형 VAR(p)모형 또는 SVAR(p)모형이라 부른다.

$$AY_t = A_1^* Y_{t-1} + A_2^* Y_{t-2} + \ldots + A_p^* Y_{t-p} + \epsilon_t, \quad \epsilon_t \sim N(0, I)$$

여기서 Y_t는 단위근이 없는 n변량 내생변수(endogenous variables)이고 A와 A_i^*는 $n \times n$ 행렬로 이뤄진 계수행렬이다. 구조적 충격항인 ϵ_t에 대한 가정은 아래와 같다.

① 평균은 영벡터이다. 즉 $E(\epsilon_t) = 0$.

② 분산-공분산행렬은 분산이 1이고 공분산은 0이다. 즉 $Var(\epsilon_t) = I$.

이를 행렬로 구체적으로 다시 표현하면 다음과 같다.

$$\begin{bmatrix} a_{11} & a_{12} & \dots & a_{1n} \\ a_{21} & a_{22} & \dots & a_{2n} \\ \dots & \dots & & \dots \\ a_{n1} & a_{n2} & \dots & a_{nn} \end{bmatrix} \begin{bmatrix} y_{1t} \\ y_{2t} \\ \dots \\ y_{nt} \end{bmatrix} = \begin{bmatrix} a^*_{1,11} & a^*_{1,12} & \dots & a^*_{1,1n} \\ a^*_{1,21} & a^*_{1,22} & \dots & a^*_{1,2n} \\ \dots & \dots & & \dots \\ a^*_{1,n1} & a^*_{1,n2} & \dots & a^*_{1,nn} \end{bmatrix} \begin{bmatrix} y_{1t-1} \\ y_{2t-1} \\ \dots \\ y_{nt-1} \end{bmatrix} + \begin{bmatrix} a^*_{2,11} & a^*_{2,12} & \dots & a^*_{2,1n} \\ a^*_{2,21} & a^*_{2,22} & \dots & a^*_{2,2n} \\ \dots & \dots & & \dots \\ a^*_{2,n1} & a^*_{2,n2} & \dots & a^*_{2,nn} \end{bmatrix} \begin{bmatrix} y_{1t-2} \\ y_{2t-2} \\ \dots \\ y_{nt-2} \end{bmatrix} + \dots + \begin{bmatrix} a^*_{p,11} & a^*_{p,12} & \dots & a^*_{p,1n} \\ a^*_{p,21} & a^*_{p,22} & \dots & a^*_{p,2n} \\ \dots & \dots & & \dots \\ a^*_{p,n1} & a^*_{p,n2} & \dots & a^*_{p,nn} \end{bmatrix} \begin{bmatrix} y_{1t-p} \\ y_{2t-p} \\ \dots \\ y_{nt-p} \end{bmatrix} + \begin{bmatrix} \epsilon_{1t} \\ \epsilon_{2t} \\ \dots \\ \epsilon_{nt} \end{bmatrix}$$

내생변수들 사이의 동시적(simultaneity) 관계를 나타내는 행렬을 모르므로 SVAR(p)모형은 직접 추정할 수 없다. 최우추정법(maximum likelihood estimation method)이나 최소자승법(ordinary least squared method) 등으로 추정하려면 아래와 같이 일반형 벡터자기회귀모형(vector autoregressive model)으로 전환해야 한다. 이를 VAR(p) 모형이라 한다.

$$Y_t = A_1 Y_{t-1} + A_2 Y_{t-2} + \dots + A_p Y_{t-p} + u_t, \quad u_t \sim N(0, \Sigma)$$

이때 u_t는 오차항으로 평균과 분산-공분산행렬이 각각 영벡터와 Σ이다. SVAR(p)모형과 VAR(p)모형 사이에는 아래의 관계가 성립된다.

(추정치 관계식)

$$A^{-1}A_1^{\ *}=A_1, A^{-1}A_2^{\ *}=A_2, A^{-1}A_p^{\ *}=A_p$$

(오차항 관계식)

$$A^{-1}\epsilon_t=u_t, A^{-1}A^{-1\,'}=\Sigma$$

구조형 VAR(p)모형은 A에 부여된 제약조건에 따라 단기제약모형(short-run restriction model)과 장기제약모형(long-run restriction model)으로 구분된다. 본 연구에서는 구조적 충격항이 거시경제변수에 미치는 영향이 장·단기에 따라 다르다는 Blanchard and Quah(1989)의 장기제약모형을 부여[21]하였다.

분산-공분산행렬(Σ)은 대칭행렬이므로 $n(n+1)/2$개의 요소로 구성되어 있고 A행렬에는 n^2개의 미지수가 있다. A행렬의 미지수를 얻기 위해서는 n^2개의 관계식이 있어야 하는데 대칭행렬에서 나오는 관계식은 $n(n+1)/2$개뿐이다. 추가적으로 $n(n-1)/2$개의 관계식이 필요하다. 예를 들어 Y_t가 2변량 내생변수로 구성된 모형이라고 하면 4개(A행렬)의 미지수에 3개의 관계식(분산-공분산행렬(Σ))이 존재하므로 1개의 추가적인 식별제

21 Sims(1986), Bernanke(1986), Kim and Roubini(2000), Kim(2001)은 경제이론을 이용하여 동시적인 구조모형(contemporaneous structural model)을 설정하는 단기 식별제약조건(short-run restrictions)을 부여하였다. 본 연구에서는 학파 사이에 이견이 적은 장기 식별제약조건을 사용하였다.

약조건이 필요하다.

본 연구에서는 장기 식별제약조건(long-run restrictions)을 부여하였으므로 일반형 VAR(p)모형을 아래와 같이 충격항(ϵ_t)의 함수로 전환해야 한다.

$$
\begin{aligned}
Y_t &= (I - A_1 L - A_2 L^2 - \ldots - A_p L^p)^{-1} u_t \\
&= C(L) A^{-1} \epsilon_t \\
&= D(L) \epsilon_t
\end{aligned}
$$

여기서 장기제약이라는 것은 $L=1$이므로 $Y_t = D(1)\epsilon_t$이 성립된다. Blanchard and Quah의 장기 식별제약조건을 보다 구체적으로 표현하면 아래와 같다. 추가적인 영의 제약조건은 $n(n-1)/2$개다.

$$
\begin{bmatrix} y_{1t} \\ y_{2t} \\ y_{3t} \\ \ldots \\ y_{nt} \end{bmatrix} = \begin{bmatrix} d_{11} & 0 & 0 & \cdots & 0 \\ d_{21} & d_{22} & 0 & \cdots & 0 \\ d_{31} & d_{32} & d_{33} & \cdots & 0 \\ \ldots & \ldots & \ldots & \ldots & \ldots \\ d_{n1} & d_{n2} & d_{n3} & \cdots & 0 \end{bmatrix} \begin{bmatrix} \epsilon_{1t} \\ \epsilon_{2t} \\ \epsilon_{3t} \\ \ldots \\ \epsilon_{nt} \end{bmatrix}
$$

장기충격행렬은 $D(1) = (I - A_1 - \ldots - A_p)^{-1} A^{-1}$이므로 아래와 같이 전개된다.

$$
A^{-1} = (I - A_1 - \ldots - A_p) D(1)
$$

A^{-1}을 오차항 관계식에 대입하면 다음 식이 유도된다.

$$(I-A_1-\ldots-A_p)\,D(1)\,[(I-A_1-\ldots-A_p)D(1)\,]' = \Sigma$$

결국 아래의 로그우도함수를 극대화시키는 최우추정법(maximum likelihood estimation method) 또는 수치최적화 과정(numerical method)으로부터 $D(1)$의 추정치를 얻을 수 있다.

$$\begin{aligned}\ln L(D) = &-\frac{TK}{2}ln(2\pi)\\ &-\frac{T}{2}ln(I_k-A_1-\ldots-A_p)D(1)[(I_k-A_1-\ldots-A_p)D(1)\,]'\\ &-\frac{T}{2}trace(((I_k-A_1-\ldots-A_p)D(1)[(I_k-A_1-\ldots-A_p)D(1)\,]')^{-1}\hat{\Omega})\end{aligned}$$

우리가 얻고자 하는 것이 A^{-1}나 A인 경우는 추정치 $D(1)$을 다음의 관계식에 넣으면 쉽게 얻을 수 있다.

$$A^{-1} = (I-A_1-\ldots-A_p)D(1)$$

구조형 VAR(p)모형의 충격반응함수는 예측치 못한 현재시점의 구조적 충격항(ϵ_t)이 한 단위 발생할 때 미래시점의 경제변수($Y_t = [\,y_{1t+s},\ y_{2t+s},\ \ldots,\ y_{nt+s}]'$)가 얼마만큼 변하는지를 시간($s$=1, 2, 3, ...)에 대해 측정한 것이므로 아래와 같이 표현할 수 있다.

$$Y_{t+s} = C_0A^{-1}\epsilon_{t+s} + C_1A^{-1}\epsilon_{t+s-1} + C_2A^{-1}\epsilon_{t+s-2} + C_3A^{-1}\epsilon_{t+s-3} + \ldots$$

$$= D_0\epsilon_{t+s} + D_1\epsilon_{t+s-1} + D_2\epsilon_{t+s-2} + D_3\epsilon_{t+s-3} + \ldots$$

$s=0$일 때는 $Y_t = D_0\epsilon_t + D_1\epsilon_{t-1} + D_2\epsilon_{t-2} + \ldots$ 이므로 구조적 충격항의 충격반응함수($\frac{\partial Y_t}{\partial \epsilon_t}$)는 D_0이다.

$s=1$일 때는 $Y_{t+1} = D_0\epsilon_{t+1} + D_1\epsilon_t + D_2\epsilon_{t-1} + \ldots$이므로 구조적 충격항의 충격반응함수($\frac{\partial Y_{t+1}}{\partial \epsilon_t}$)는 D_1이다.

$s=2$일 때는 $Y_{t+2} = D_0\epsilon_{t+2} + D_1\epsilon_{t+1} + D_2\epsilon_t + \ldots$이므로 구조적 충격항의 충격반응함수($\frac{\partial Y_{t+2}}{\partial \epsilon_t}$)는 D_2이다.

$s=3$일 때는 $Y_{t+3} = D_0\epsilon_{t+3} + D_1\epsilon_{t+1} + D_2\epsilon_{t+1} + D_3\epsilon_t + \ldots$이므로 구조적 충격항의 충격반응함수($\frac{\partial Y_{t+3}}{\partial \epsilon_t}$)는 D_3이다.

미래시점 $s=4$, 5, 6에 대해 반복적으로 계산하면 충격반응함수를 얻게 된다.

2. 외생적 정책변수를 고려한 구조형 벡터자기회귀모형

정책변수가 내생변수인 경우 기술한 구조형 VAR(p)모형에서 유도되는 충격반응함수를 통해서 정책효과를 분석할 수 있다. 그러나 선물환포지션 한도 규제, 외환건전성부담금 부과 제도 등과 같은 외환부문 거시건전성 정책은 내생변수라기보다는 외생변수(exogenous variables)에 더 가까우므로 정책변수의 경제적 효과를 도출하는 데 제약이 있다.

선물환포지션 한도 규제와 외환건전성 부담금 부과 제도가 대외차입

구조 변화와 환율변동성 축소에 미친 파급효과를 분석하기 위해서는 아래와 같이 구조형 VAR(p)모형에 선물환포지션 한도 규제나 외환건전성 부담금 부과 등의 외생적인 정책변수(exogenous variables, X_t)를 선형 결합하여야 한다. 이를 SVARX(p,s)모형이라고 부른다.

$$AY_t = A_1^* Y_{t-1} + A_2^* Y_{t-2} + ... + A_p^* Y_{t-p} + F_1^* X_t + F_1^* X_{t-1} + ... + F_s^* X_{t-s} + \epsilon_t$$

여기서 정책변수(X_t)의 개수가 γ 개이면 F_i^*는 $n \times \gamma$ 행렬을 갖는 추정치가 된다. 나머지 기호들은 이미 논의한 구조형 VAR(p)모형과 동일하다.

구조형 VAR(p)모형과 마찬가지로 내생변수들 사이의 동시적 관계를 나타내는 행렬을 모르므로 SVARX(p,s)모형은 직접 추정할 수 없다. 추정하기 위해서는 아래와 같이 일반형 벡터자기회귀모형(vector autoregressive model)으로 전환해야 한다. 이를 VARX(p,s)모형이라 부른다.

$$Y_t = A_1 Y_{t-1} + A_2 Y_{t-2} + ... + A_p Y_{t-p} + F_0 X_t + F_1 X_{t-1} + ... + F_s X_{t-s} + u_t,$$
$$u_t \sim N(0, \Sigma)$$

이때 u_t는 오차항으로 평균과 분산-공분산행렬이 각각 영과 Σ이다. SVARX(p,s)모형과 VARX(p,s)모형 사이에는 아래의 관계가 성립된다.

(추정치 관계식)

$$A^{-1}A_1^* = A_1, A^{-1}A_2^* = A_2, A^{-1}A_p^* = A_p$$
$$A^{-1}F_0^* = F_0, A^{-1}F_1^* = F_1, A^{-1}F_s^* = F$$

(오차항 관계식)

$$A^{-1}\epsilon_t = u_t$$

$$A^{-1}A^{-1'} = \Sigma$$

본 연구에서는 구조적 충격항이 거시경제변수에 미치는 영향이 장·단기에 따라 다르다는 Blanchard and Quah(1989)의 장기 식별제약조건(long-run restrictions)을 부여하였으므로 이를 적용하기 위하여 VARX(p,s)모형을 아래와 같이 충격항(ϵ_t)과 외생변수(X_t)의 함수로 전환해야 한다.

$$\begin{aligned} Y_t &= (I - A_1L - A_2L^2 - \ldots - A_pL^p)^{-1}u_t + \\ &\quad (I - A_1L - A_2L^2 - \ldots - A_pL^p)^{-1}(F_0 + F_1L + \ldots + F_sL^s)X_t \\ &= C(L)A^{-1}\epsilon_t + C(L)G(L)X_t \\ &= D(L)\epsilon_t + H(L)X_t \end{aligned}$$

구조형 VAR(p)모형과 마찬가지로 Blanchard and Quah의 장기 식별제약조건을 부여하였다. 즉 장기제약이 L=1이므로 Y_t=$D(1)\epsilon_t$+$H(1)X_t$이 성립된다. 장기충격행렬은 $D(1)=(I-A_1-\ldots-A_p)^{-1}A^{-1}$이므로 아래와 같이 전개된다.

$$A^{-1} = (I - A_1 - \ldots - A_p)D(1)$$

A^{-1}을 오차항 관계식에 대입하면 아래 식이 유도된다.

$$(I-A_1-\ldots-A_p)D(1)[(I-A_1-\ldots-A_p)D(1)]' = \Sigma$$

결국 로그우도함수를 극대화시키는 최우추정법(maximum likelihood estimation method) 또는 수치최적화 과정(numerical method)으로부터 $D(1)$의 추정치를 얻을 수 있다.

한편 $H(L)$에는 선물환포지션 한도 규제나 외환건전성 부담금 부과와 같은 거시건전성 정책변수가 한 단위 증가할 때 장기적으로 단기차입 축소를 유도하는지 또는 장기차입 확대를 초래했는지, 그리고 환율변동성을 낮추었는지에 대한 정보[22]가 들어 있다. 충격반응함수를 계산하는 과정을 보다 구체적으로 설명하기 위해 위의 $H(L)$을 편의상 VARX(1,0)모형으로 전환해서 다시 표현하면 아래와 같다.

(VARX(1,0)모형)

$$Y_t = A_1 Y_{t-1} + F_0 X_t + u_t$$

위의 식을 외생적 정책변수의 함수로 표현하면 다음과 같다.

$$\begin{aligned} Y_t &= (I - A_1 L)^{-1} F_0 X_t + (I - A_1 L)^{-1} u_t \\ &= F_0 X_t + A_1 F_0 X_{t-1} + A_1^2 F_0 X_{t-2} + \dots \end{aligned}$$

거시건전성 정책변수의 충격반응함수는 예측치 못한 현재시점의 정책충격($X_t = x_t$)이 한 단위 발생할 때 미래시점의 경제변수($Y_t = [\, y_{1t+s},\ y_{2t+s},$

22 마찬가지로 $D(L)$에도 실질충격과 명목충격(ϵ_t)이 한 단위 증가할 때 장단기 차입 효과와 환율변동성의 장기반응 정보가 있다.

..., $y_{nt+s}]'$)가 얼마만큼 변하는지를 시간(s=1, 2, 3, ...)에 대해 측정한 것이므로 위의 식을 다음과 같이 미래시점으로 표현해야 한다.

$$Y_{t+s} = F_0 X_{t+s} + A_1 F_0 X_{t+s-1} + A_1^2 F_0 X_{t+s-2} + A_1^3 F_0 X_{t-3} + \ldots$$

$s=1$일 때는 $Y_{t+1} = F_0 X_{t+1} + A_1 F_0 X_t + A_1^2 F_0 X_{t-1} + A_1^3 F_0 X_{t-2} + \ldots$이므로 외생적인 정책변수의 충격반응함수($\frac{\partial Y_{t+1}}{\partial X_t}$)는 $A_1 F_0$이다.

$s=2$일 때는 $Y_{t+2} = F_0 X_{t+2} + A_1 F_0 X_{t+1} + A_1^2 F_0 X_t + A_1^3 F_0 X_{t-1} + \ldots$이므로 외생적인 정책변수의 충격반응함수($\frac{\partial Y_{t+2}}{\partial X_t}$)는 $A_1^2 F_0$이다.

$s=3$일 때는 $Y_{t+3} = F_0 X_{t+3} + A_1 F_0 X_{t+2} + A_1^2 F_0 X_{t+1} + A_1^3 F_0 X_t + \ldots$이므로 외생적인 정책변수의 충격반응함수($\frac{\partial Y_{t+3}}{\partial X_t}$)는 $A_1^3 F_0$이다.

또한 일반적으로 모형 설정에서 가장 중요한 덕목은 간결성(parsimony)이 주장되고 있는바 본 연구에서는 구조형 벡터자기회귀모형의 내생변수가 2개인 선형연립방정식을 가정하였다.

과도한 대외차입을 억제하고 자본유출입 변동성 완화를 통한 외환시장 안정을 도모하기 위해 선물환포지션 한도 규제와 외환건전성 부담금 제도가 시행된 만큼 대외차입과 환율변동성을 내생변수로 설정하였다. 또한 선물환포지션 한도 규제와 외환건전성 부담금 부과 등 거시건전성 정책이 은행의 차입 구조를 장기화하고 단기차입을 억제하는 목적이므로 대외차입을 장기차입과 단기차입으로도 구분하였다. 즉 내생변수는 $Y_t = [y_{1t}\, y_{2t}]'$로 y_{1t}는 실질단기차입금 또는 실질장기차입금이고 y_{2t}는 환율변동성이다. 구조적 충격항 ϵ_{1t}은 실질충격으로, 구조적 충격항 ϵ_{2t}은 명목충격으로 해석하였다. 외생적인 정책변수(x_t)로는 선물환포지션 한도 규제만을 시행했던 시기의 더미변수와 외환건전성 부담금 제도를 동시에 병행했던 시기의 더미변수로 설정하였다. 선물환포지션 한도 규제의 경우 먼저 도입되면서 독립적으로 적용된 시기가 있었는 데 비해 외환건전성 부담금 부과 제도는 선물환포지션 한도 규제와 동시에 적용되어 독립적으로 시행된 시기가 없어 병행 시기를 더미변수로 설정한 것이다. 이들을 종합하여 SVARX(p,s)모형을 풀어 쓰면 아래와 같다.

$$\begin{bmatrix} a_{11} & a_{12} \\ a_{21} & a_{22} \end{bmatrix}\begin{bmatrix} y_{1t} \\ y_{2t} \end{bmatrix} = \begin{bmatrix} a^*_{1,11} & a^*_{1,12} \\ a^*_{1,21} & a^*_{1,22} \end{bmatrix}\begin{bmatrix} y_{1t-1} \\ y_{2t-1} \end{bmatrix} + \begin{bmatrix} a^*_{2,11} & a^*_{2,12} \\ a^*_{2,21} & a^*_{2,22} \end{bmatrix}\begin{bmatrix} y_{1t-2} \\ y_{2t-2} \end{bmatrix} + \cdots + \begin{bmatrix} a^*_{p,11} & a^*_{p,12} \\ a^*_{p,21} & a^*_{p,22} \end{bmatrix}\begin{bmatrix} y_{1t-p} \\ y_{2t-p} \end{bmatrix} +$$

$$\begin{bmatrix} f^*_{0,11} \\ f^*_{0,21} \end{bmatrix}\begin{bmatrix} x_t \end{bmatrix} + \begin{bmatrix} f^*_{1,11} \\ f^*_{1,21} \end{bmatrix}\begin{bmatrix} x_{t-1} \end{bmatrix} + \cdots + \begin{bmatrix} f^*_{s,11} \\ f^*_{s,21} \end{bmatrix}\begin{bmatrix} x_{t-s} \end{bmatrix} + \begin{bmatrix} \epsilon_{1t} \\ \epsilon_{2t} \end{bmatrix}$$

위의 식을 최우추정법이나 최소자승법 등으로 추정 가능한 VARX(p,s) 모형으로 전환하면 아래와 같다.

$$\begin{bmatrix} y_{1t} \\ y_{2t} \end{bmatrix} = \begin{bmatrix} a_{1,11} & a_{1,12} \\ a_{1,21} & a_{1,22} \end{bmatrix}\begin{bmatrix} y_{1t-1} \\ y_{2t-1} \end{bmatrix} + \begin{bmatrix} a_{1,11} & a_{1,12} \\ a_{1,21} & a_{1,22} \end{bmatrix}\begin{bmatrix} y_{1t-2} \\ y_{2t-2} \end{bmatrix} + \cdots + \begin{bmatrix} a_{1,11} & a_{1,12} \\ a_{1,21} & a_{1,22} \end{bmatrix}\begin{bmatrix} y_{1t-p} \\ y_{2t-p} \end{bmatrix} +$$

$$\begin{bmatrix} f_{0,11} \\ f_{0,21} \end{bmatrix}\begin{bmatrix} x_t \end{bmatrix} + \begin{bmatrix} f_{1,11} \\ f_{1,21} \end{bmatrix}\begin{bmatrix} x_{t-1} \end{bmatrix} + \cdots + \begin{bmatrix} f_{s,11} \\ f_{s,21} \end{bmatrix}\begin{bmatrix} x_{t-s} \end{bmatrix} + \begin{bmatrix} u_{1t} \\ u_{2t} \end{bmatrix}$$

한편 Blanchard and Quah의 장기 식별제약조건은 아래와 같다. 경제이론에 따르면 명목충격(ϵ_{2t})은 장기적으로 실질변수(y_{1t})에 아무런 영향을 주지 못하므로 $d_{12}=0$이 된다.

$$\begin{bmatrix} y_{1t} \\ y_{2t} \end{bmatrix} = \begin{bmatrix} d_{11} & 0 \\ d_{21} & d_{22} \end{bmatrix} \begin{bmatrix} \epsilon_{1t} \\ \epsilon_{2t} \end{bmatrix}$$

영의 장기 제약조건을 1개 부여하여 4개의 관계식이 유도되므로 D행렬이 추정되면 $A^{-1}=(I-A_1-\ldots-A_p)D(1)$로부터 미지수 4개인 A행렬[23]을 구할 수 있다.

3. 가설 설정과 강건성 검정

1) 거시건전성 정책이 차입에 미치는 직접적인 효과

본 연구에서는 외생적인 정책변수를 고려한 구조형 벡터자기회귀모형의 충격반응함수로 먼저 다음과 같은 가설을 검정하고자 한다.

첫째, 선물환 포지션 한도 규제가 단기차입을 감소시키고 장기차입을 확대시켰는지를 살펴본다.

둘째, 선물환 포지션 한도 규제와 함께 외환건전성 부담금 도입의 병행으로 단기차입 감소와 장기차입 확대 효과가 보다 뚜렷하게 나타났는지를 점검한다.

23 A행렬은 $(A^{-1})^{-1}$로 구한다.

2) 거시건전성 정책이 환율변동성에 미치는 전이효과 및 GARCH 강건성 검정

첫 번째, 두 번째 가설을 통해 거시건전성 정책이 장단기 차입에 미치는 영향을 확인한 후에는 다음과 같은 가설을 검정하고자 한다.

셋째, 선물환 포지션 한도 규제의 환율변동성 축소 효과가 통계적으로 유의미하게 존재했는지 확인한다.

넷째, 환율변동성 축소 효과가 선물환 포지션 한도 규제와 함께 외환건전성 부담금 도입을 병용했을 때 보다 뚜렷한지도 검정한다.

다섯째, 거시건전성 정책으로 인한 대외차입 축소가 환율변동성을 완화시키는 효과가 통계적으로 유의미한지도 살펴본다.

일반적으로 환율변동성은 GARCH 류의 모형으로 측정하므로 거시건전성 정책이 환율변동성에 미친 효과를 확인하기 위해 GARCH모형으로 강건성 분석(robustness analysis)을 실시하였다.

즉, 환율의 총변동성(σ_t^2)을 아래와 같이 장기변동성(q_t, permanent component)과 단기변동성(c_t, transitory component)으로 구분할 수 있는 component GARCH모형을 적용하였다.

$$\sigma_t^2 = q_t + c_t$$

$$\sigma_t^2 = q_t + \alpha 1(e_{t-1}^2 - q_{t-1}) + \beta_1(\sigma_{t-1}^2 - q_{t-1})$$

$$q_t = w + \rho(q_{t-1} - w) + \phi(e_{t-1}^2 - \sigma_{t-1}^2)$$

선물환 포지션 한도 규제나 외환건전성 부담금 부과와 같은 거시건전성 정책(x_t)이 환율변동성을 낮추는지를 살펴보기 위해 위의 모형을 아래와 같이 확장하였다.

$$\sigma_t^2 = q_t + \alpha 1(e_{t-1}^2 - q_{t-1}) + \beta_1(\sigma_{t-1}^2 - q_{t-1}) + \sum_{j=0}^{k} \lambda_{j,\, Short} x_{t-j}$$
$$q_t = w + \rho(q_{t-1} - w) + \phi(e_{t-1}^2 - \sigma_{t-1}^2) + \sum_{j=0}^{k} \lambda_{j,\, Long} x_{t-j}$$

만약 거시건전성 정책의 외환시장 안정화 효과가 장·단기 모두에서 존재한다면 $\lambda_{j,\, Long}$, $\lambda_{j,\, Short}$의 값이 음(-)일 것이고 단기에만 존재한다면 $\lambda_{j,\, Short}$의 값이 음(-)일 것이다. 만약 정책 실행에도 불구하고 환율변동성이 확대되었다면 $\lambda_{j,\, Long}$, $\lambda_{j,\, Short}$의 값은 통계적으로 유의미한 양(+)의 값을 갖게 될 것이다.

4. 강건성 보완을 위한 연립방정식 모형

강건성 보완을 위해 연립방정식모형(simultaneous equation)을 통하여 외환부문 거시건전성 정책의 장·단기 차입 효과를 재확인한다. 즉 동시성(Simultaneity)을 고려할 때에도 선물환 포지션·외환건전성 부담금 제도 시행 여부가 단기차입을 유의미하게 감소시키는지 또는 장기차입을 유의미하게 증가시키는지를 확인한다. 또한 단기차입 순유입이 환율변동성에 양의 영향을 미치는지 또는 장기차입 순유입이 음의 영향을 미치는지를 확인한다.

연립방정식모형(simultaneous equation)은 2SLS(Two Stage Least Square) 방법으로 추정했는바, 연립방정식 2SLS 모형은 상호간의 동시

적 관계를 상정하는 연립방정식을 구성한 이후 내생관계가 없는 독립변수들로 내생성 문제를 해결한 내생변수 예측치를 산출(First Stage)하며, 이 내생변수 예측치를 바탕으로 재차 회귀분석을 실시(Second Stage)하게 된다.

연립방정식 모형의 경우 경제학적 관점에서 변수간 관계를 고려하여 직관적 모형을 설정할 수 있고 변수간의 동기(同期) 효과 파악이 가능하다. 반면 모형 설정이 다소 작위적일 우려가 있으며 모형 내에 고려하지 못한 상호관계를 유추하기 어렵고 내생변수의 모형설명력이 낮다.

연립방정식 모형을 구성함에 있어 먼저 내생변수로 환율변동성과 단기차입만을 반영한 연립방정식 모형(모형 A라 한다)과 또한 내생변수 전부를 반영한 모형(모형 B라 한다)을 고려할 수 있다. 환율변동성과 단기차입만을 내생변수로 감안할 경우, 본 연구에서 확인하고자 하는 '선물환포지션·외환건전성 부담금 제도 도입 → 단기차입 감소, 장기차입 증가 → 환율변동성 감소'의 메커니즘을 다른 변수에 의한 왜곡 없이 확인 가능하다. 다만 이 경우 작위적인 모형설정의 우려가 있으므로 합리적 가정 하에서 다른 내생변수를 포함한 확장형 모형에서도 같은 결론이 도출되는지 확인할 필요가 있다.

연립방정식 모형A의 경우 다음과 같이 구성한다.

$$
\begin{aligned}
\text{환율변동성}_t = {} & \alpha_0 + \alpha_1 \bullet \text{단기차입순유입}/GDP_t + \alpha_2 \bullet VIX_t \\
& + \alpha_3 \bullet \text{한미10년물금리차(차분)}_t + \alpha_4 \bullet \text{환율변동성}_{t-1} \\
& + \alpha_5 \bullet \text{단기차입순유입}/GDP_{t-1} + \epsilon_{t1}
\end{aligned}
$$

$$단기차입순유입/GDP_t = \beta_0 + \beta_1 \cdot 환율변동성_t + \beta_2 \cdot VIX_t$$
$$+ \beta_3 \cdot 한미10년물금리차(차분)_t + \beta_4 \cdot 단기차입순유입/GDP_{t-1}$$
$$+ \beta_5 \cdot 선물환포지션단독시행여부$$
$$+ \beta_6 \cdot 선물환포지션,\ 외환건전성부담금동시시행여부_t + \epsilon_{t2}$$

연립방정식 모형B의 경우 다음과 같이 구성한다.

$$환율변동성_t = \alpha_0 + \alpha_1 \cdot 외국인주식순유입/GDP_t$$
$$+ \alpha_2 \cdot 외국인주식순유입/GDP_t$$
$$+ \alpha_3 \cdot 단기차입순유입/GDP_t + \alpha_4 \cdot 장기차입순유입$$
$$+ \alpha_5 \cdot VIX_t + \alpha_6 \cdot 한미10년물금리차(차분)_t$$
$$+ \alpha_7 \cdot 환율변동성_{t-1} + \alpha_8 \cdot 단기차입순유입/GDP_{t-1} + \epsilon_{t1}$$

$$외국인주식순유입/GDP_t = \beta_0 + \beta_1 \cdot 환율변동성_t + \beta_2 \cdot VIX_t$$
$$+ \beta_3 \cdot 월간주가변화율_{t-1} + \beta_4 \cdot 선물환포지션단독시행여부_t$$
$$+ \beta_6 \cdot 선물환포지션,\ 외환건전성부담금동시시행여부/GDP_t$$
$$+ \beta_7 \cdot 외국인주식순유입/GDP_{t-1} + \epsilon_{t2}$$

$$외국인채권순유입/GDP_t = \gamma_0 + \gamma_1 \cdot 환율변동성_t + \gamma_2 \cdot VIX_t$$
$$+ \gamma_3 \cdot 한미10년물금리차(차분)_{t-1}$$
$$+ \gamma_4 \cdot 선물환포지션단독시행여부_t$$
$$+ \gamma_5 \cdot 선물환포지션,\ 외환건전성부담금동시시행여부_t$$
$$+ \gamma_6 \cdot 외국인채권순유입/GDP_{t-1} + \epsilon_{t3}$$

$$단기차입순유입/GDP_t = \delta_0 + \delta_1 \cdot 환율변동성_t + \delta_2 \cdot VIX_t$$
$$+ \delta_3 \cdot 한미10년물금리차(차분)_{t-1}$$
$$+ \delta_4 \cdot 선물환포지션단독시행여부_t$$
$$+ \delta_5 \cdot 선물환포지션,\ 외환건전성부담금동시시행여부_t$$
$$+ \delta_6 \cdot 단기차입순유입/GDP_{t-1} + \epsilon_{t4}$$

$$장기차입순유입/GDP_t = \theta_0 + \theta_1 \cdot 환율변동성_t + \theta_2 \cdot VIX_t$$
$$+ \theta_3 \cdot 한미10년물금리차(차분)_{t-1}$$
$$+ \theta_4 \cdot 선물환포지션단독시행여부_t$$
$$+ \theta_5 \cdot 선물환포지션,\ 외환건전성부담금동시시행여부_t$$
$$+ \theta_6 \cdot 단기차입순유입/GDP_{t-1} + \epsilon_{t5}$$

연립방정식 모형을 설정하는 데 있어서 과소식별(under identified)되어 유동형 계수로 표현할 수 없을 위험을 피하기 위해 각 식마다 전기 변수를 비롯한 서로 다른 독립변수를 삽입하였다. 이에 따라 상기의 연립방정식 모형들은 과대식별(over identified)에 해당되어 계수 추정이 가능하다. 또한 거시건전성 제도가 환율변동성에 끼치는 효과가 단기차입에 있다는 가정 하에 환율변동성 식에는 거시건전성 정책 시행 여부 더미를 삽입하지 않았다.

가설이 맞다면 연립방정식 모형A와 B 모두에서 선물환포지션 한도 규제나 외환건전성 부담금 부과와 같은 거시건전성 정책 더미가 단기차입에 대해 음(-)의 영향이(장기차입에 대해 양(+)의 영향이) 관찰될 것으로 예상된다. 연립방정식모형A와 B 모두에서 과거 및 현재의 단기차입 순유입

변수가 환율변동성에 양(+)의 영향을(장기차입은 음(-)의 영향을) 끼치는 것으로 관찰될 것이다.

연립방정식 B의 내생변수로는 환율변동성과 각종 외국인의 자금유출입을 포함하였다. 본 연구에서 분석하고자 하는 장단기차입과 환율변동성과의 관계만을 포함할 경우 실제 환율변동성에 끼치는 중요한 요인을 생략해버릴 위험이 있다. 외국인 자금의 경우 장기차입을 제외한 대부분의 자금 유출입변동성이 내국인보다 매우 큰 편이며, 외국인의 각종 자금유출입 변수를 고려하였을 때에도 여전히 차입구조 변화가 환율변동성에 영향을 끼치는지 확인할 수 있다면 결론의 정합성이 높아질 것이다.

외생변수로 사용한 각종 변수들은 내생변수에 직접적으로 영향을 끼칠 수 있는 요소들을 선정하였다. 글로벌 리스크 척도를 나타내는 미국주가 내재변동성 지수(VIX)의 경우 동기(同期) 수치를 사용하였으며, 주식자금 유출입에 영향을 주는 주가변화율과 채권자금 유출입에 영향을 주는 금리차 변화의 경우 전기(前期) 수치를 사용하여 내생성을 제거하였다.

더미변수는 구조형 벡터자기회귀모형과 동일하게 선물환포지션 한도 규제만을 시행했던 시기와 외환건전성 부담금 제도를 동시에 병행했던 시기로 설정하였다. 앞선 가설이 옳다면 선물환 포지션 한도 규제 더미변수와 외환건전성 부담금 부과를 병행한 더미변수는 단기차입에 대해 음(-)의 영향이, 장기차입에 대해 양(+)의 영향이 관찰될 것이며, 단기차입은 환율변동성에 대해 양(+)의 영향이, 장기차입은 음(-)의 영향이 관찰되어야 할 것이다.

다만 해당 연립방정식 모형을 설정하는 데 있어서 글로벌 유동성 또한 주요 변수로 고려하였으나 이를 삽입하지는 않았는바, 이는 글로벌 유동성이라는 개념에 대해서 학계 내 통일된 정의가 있지 않아 글로벌 유동성을 측정하는 지표들이 다양한데다, 글로벌 유동성이 경제·금융시장에 미치는 효과에 대한 다양한 논의가 현재진행형이므로 정책의 효과에 중점을 두는 본 연구에서 반영하기에는 다소 무리가 있는 것으로 판단했다. 글로벌 유동성에 대한 연구가 활성화되면서 향후 해당 변수를 고려한 분석 또한 필요할 것으로 생각한다.

5. 자료 및 특징

실증분석에서 사용되는 환율과 대외차입은 한국은행과 Bloomberg에서 제공하는 자료이며 분석기간은 월별로 2001년 1월부터 2015년 12월까지다. 환율변동성은 명목 일일환율 변화율의 월별 표준편차를 계산하여 사용하였고 대외차입은 소비자물가 상승률로 조정한 실질변수이다. 실질 대외차입으로 전환한 이유는 우선 경제철학 또는 경제학파들(고전학파, 케인즈학파, 통화주의학파 등) 간에 일정한 합의가 이뤄진 경제이론을 채택하기 위해서다. 경제관에 따라 경제정책의 단기효과가 상이하므로 모형 식별을 위한 최적의 단기조건(short-term restrictions)이 무엇이냐에 대한 논쟁을 초래하는 경우가 많다. 이러한 논쟁을 피하기 위해 경제학파 간에 일정한 합의가 이뤄진 장기균형이론에 기초한 것이다. 두 번째는 장기균형이론 중에서도 Blanchard and Quah(1989)의 장기조건(long-

그림 IV-1 실질단기차입금

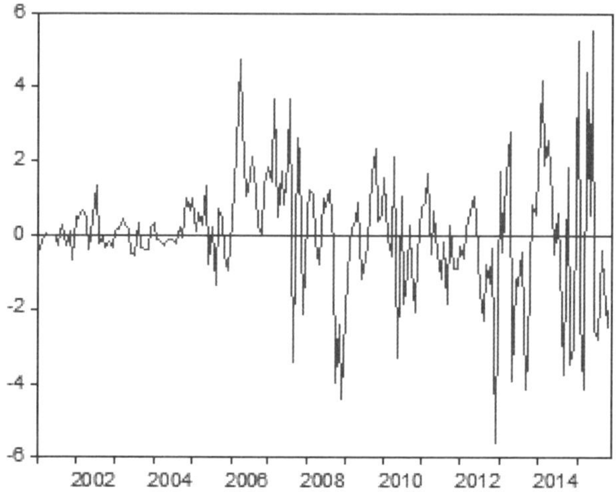

그림 IV-2 실질장기차입금

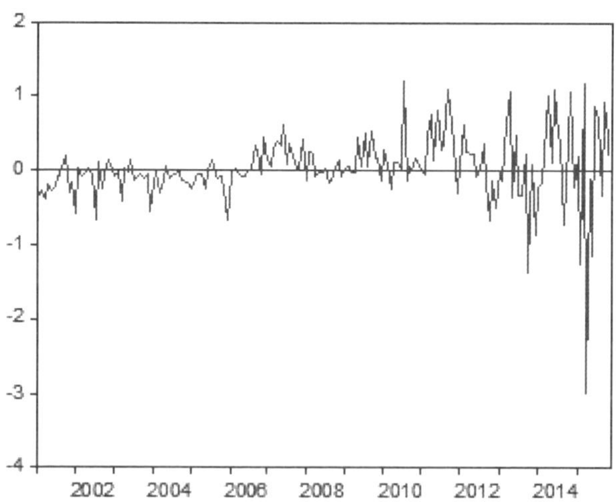

그림 IV-3 환율변동성

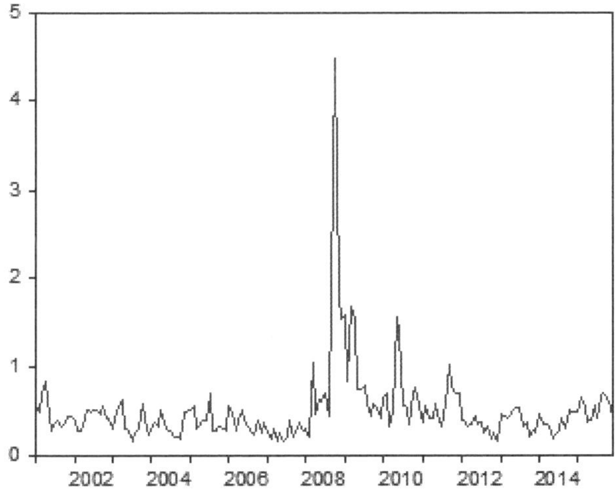

run restrictions)을 부여하기 위해서이다. 장기에는 명목충격(nominal shocks)이 실질변수(real variables)에 아무런 영향을 주지 않는 것으로 알려져 있기 때문이다.

ADF, PP 등과 같은 통상의 단위근 검정절차를 시행한 결과 귀무가설 (H_0: 단위근 존재)이 기각되어 모든 시계열자료가 안정시계열로 판정되었다. 따라서 원계열 자료를 그대로 사용하였다. 동 지표들은 〈표 IV-1〉에 수록하였다.

〈표 IV-2〉는 장단기 차입금과 환율변동성 지표의 기초통계량이다. 분석기간 중 평균 차입금은 양(+)이고 왜도는 음(-)의 값을 갖는다. 이는 차입금에 큰 변화가 있는 경우, 그 급격한 변화는 유입보다는 유출 쪽에서

표 IV-1 단위근 검정

	ADF 검정 (p값)	PP 검정 (p값)
실질단기차입금	-11.47 (0.00)	-11.64 (0.00)
실질장기차입금	-6.44 (0.00)	-13.80 (0.00)
환율변동성	-6.47 (0.00)	-6.46 (0.00)

표 IV-2 분석자료의 기초통계량

	평균	표준편차	중위치	왜도	첨도	JB(prob)
단기차입	0.058	1.735	0.133	-0.093	4.562	18.57(0.00)
장기차입	0.033	0.455	0.001	-1.424	13.62	908.1(0.00)
환율변동성	0.521	0.418	0.429	5.587	47.57	15836(0.00)

발생했다는 방증이다. 초과첨도도 존재하여 정규분포보다 두터운 꼬리분포를 갖는다. Jarque and Bera(JB) 검정도 이를 증명한다.

환율변동성은 평균적으로 0.52이고 왜도는 5.59로 양(+)의 값을, 첨도는 47.57로 초과첨도가 있어 차입금 자료와 유사하게 정규분포의 특징을 갖지 않는 것으로 판단된다.

연립방정식에서는 외국인 포트폴리오 자금을 주식과 채권으로 구분하여 사용하였다. 실제 데이터는 유량 개념의 한국은행 경제통계시스템상의 국제수지 수치를 해당 시점의 우리나라 GDP로 나눈 비율을 이용하였다. 글로벌 리스크 지표를 대변하는 VIX의 경우는 Bloomberg를 통해 자료를 추출하였으며, 월별 평균치로 가공하였다. 국내 주가지수 변화율의 경우 Bloomberg에서 추출한 KOSPI 지수를 근간으로 하였으며 전월 대비 변화율을 계산하여 이용하였다. 한-미 10년물 금리차의 경우는

Bloomberg에서 조회하였다. 이들 대다수 자료는 단위근 검정 결과 안정 시계열 자료인 것으로 판정된 가운데 한-미 10년물 금리차 변수는 1차 차분 안정시계열로 나타났다.

V. 실증분석 결과

외생적인 정책변수를 고려한 구조형 벡터자기회귀모형의 추정치들을 얻기 위해서는 먼저 적정시차 p를 결정해야 한다. 널리 사용되는 아케이케 정보기준, 베이지안 기준, Hannan and Quinn 기준 등을 적용한 결과 단기차입을 내생변수로 설정한 VARX모형의 시차는 $p=1$이 적정한 것으로 나타났고 장기차입을 내생변수로 넣은 VARX모형은 $p=2$가 최적 시차인 것으로 판명되었다.

선물환포지션 한도 규제와 외환건전성 부담금 도입 등 거시건전성 정책 더미 변수는 현시점에서 모두 통계적으로 유의미한 값을 보여 외생적 정책변수에는 시차가 없는 모형($s=0$)을 최종적으로 선택하였다.

단기차입의 경우 최종 선택된 VARX(1,0)모형

$$\begin{bmatrix} y_{1t} \\ y_{2t} \end{bmatrix} = \begin{bmatrix} a_{1,11} & a_{1,12} \\ a_{1,21} & a_{1,22} \end{bmatrix} \begin{bmatrix} y_{1t-1} \\ y_{2t-1} \end{bmatrix} + \begin{bmatrix} f_{0,11} \\ f_{0,21} \end{bmatrix} \begin{bmatrix} x_t \end{bmatrix} + \begin{bmatrix} u_{1t} \\ u_{2t} \end{bmatrix}$$

장기차입의 경우 최종 선택된 VARX(2,0)모형

$$\begin{bmatrix} y_{1t} \\ y_{2t} \end{bmatrix} = \begin{bmatrix} a_{1,11} & a_{1,12} \\ a_{1,21} & a_{1,22} \end{bmatrix} \begin{bmatrix} y_{1t-1} \\ y_{2t-1} \end{bmatrix} + \begin{bmatrix} a_{2,11} & a_{2,12} \\ a_{2,21} & a_{2,22} \end{bmatrix} \begin{bmatrix} y_{1t-2} \\ y_{2t-2} \end{bmatrix} + \begin{bmatrix} f_{0,11} \\ f_{0,21} \end{bmatrix} \begin{bmatrix} x_t \end{bmatrix} + \begin{bmatrix} u_{1t} \\ u_{2t} \end{bmatrix}$$

1. 외환부문 거시건전성 정책의 대외차입 효과

구조형 벡터자기회귀모형에서 유도되는 장기충격행렬(D)의 추정 결과는 〈표 V-1〉에 수록하였다. 〈표 V-1a〉는 y_{1t}가 단기차입인 모형이고 〈표 V-1b〉는 y_{1t}가 장기차입인 경우이다. 단기차입 모형은 외생적 정책변수를 선물환포지션 한도 규제 더미변수로 설정했든 외환건전성 부담금 부과와 병행한 더미변수로 설정했든 간에 모든 추정치가 통계적으로 유의미한 값을 가지므로 모형의 설정 오류가 크지 않은 것으로 판단된다. 장기차입 모형의 경우도 선물환포지션 한도 규제를 적용한 모형에서 d_{21}의 값만 유의성이 떨어진다는 점을 제외한다면 대다수 추정치가 통계적으로 유의미한 값이므로 본 연구에서 제시한 모형이 유용한 것으로 생각된다.

〈표 V-1〉에 의하면 실질충격이 발생하게 될 경우 대외차입은 순유입(d_{11})된다. 특히 실질충격의 단기차입 증대 효과가 장기차입보다 뚜렷한 것으로 나타났다. 실질충격의 단기차입 민감도는 1.524로 장기차입 민감도 0.423보다 크다. 실질충격이 환율변동성에 미치는 영향(d_{21})은 다소 상이하였다. 단기차입을 내생변수로 설정한 모형에서는 실질충격의 환율변동성 축소 효과(선물환포지션 한도 규제인 경우 -0.179, 외환건전성 부담금 병행인 경우 -0.193)가 뚜렷하게 나타난 반면 장기차입을 내생변수로 설정한 모형에서는 실질충격이 오히려 환율변동성을 심화(선물환포지션 한도 규제인 경우 +0.042, 외환건전성 부담금 병행인 경우 +0.051)시키는 것으로 나타났다. 반면 명목충격은 환율변동성을 증가(d_{22})시키는 것으로 확인되었다. 명목충격의 환율변동성 민감도는 y_{1t}

표 V-1	장기충격행렬(D)의 추정 결과

(a) y_{1t}가 단기차입인 경우

	선물환포지션 한도 규제		외환건전성 부담금 병행	
	추정치	t-값	추정치	t-값
d_{11}	1.524	15.76	1.466	15.19
d_{21}	-0.179	-7.81	-0.193	-8.57
d_{22}	0.280	18.97	0.270	18.97
로그우도함수 값	-405.43		-402.22	

(b) y_{1t}가 장기차입인 경우

	선물환포지션 한도 규제		외환건전성 부담금 병행	
	추정치	t-값	추정치	t-값
d_{11}	0.423	18.79	0.425	18.67
d_{21}	0.042	1.727	0.051	2.05
d_{22}	0.332	18.97	0.331	18.97
로그우도함수 값	160.44		-161.86	

가 단기차입인 경우 0.280과 0.270으로, y_{1t}가 장기차입인 경우 0.332과 0.331로 모두 양의 값이다.

이제 외생적인 정책변수를 고려한 구조형 벡터자기회귀모형에서 얻어진 충격반응함수의 누적치를 이용하여 거시건전성 정책의 장단기 차입 효과를 살펴보자. 먼저, 거시건전성 정책의 단기차입 억제 효과는 정책당국의 의도대로 뚜렷하게 나타났다. 〈그림 V-1〉을 보면 선물환포지션 한도 규제만을 도입한 시점에서는 통계적인 유의성[24]이 다소 떨어지지만

24 충격반응함수 그림에서 상하 점선의 밴드 안에 영의 값이 포함되어 있으면 통계적으로 유

단기차입이 줄어드는 효과가 있었고 선물환포지션 한도 규제와 함께 외환건전성 부담금 부과를 병행하면서 단기차입 억제 효과가 통계적으로도 유의한 것으로 드러났다. 파급효과 측면에서도 거시건전성 정책의 병행이 선물환포지션 한도 규제를 단독으로 시행했을 때보다 단기차입을 크게 억제한 효과가 있는 것으로 나타났다. 이러한 분석은 앞서 시행한 기술적 분석 결과와도 일치한다.

둘째, 거시건전성 정책의 대외차입 구조의 장기화에도 상당부문 기여한 것으로 분석되었다. 〈그림 V-2〉에서 보듯이 선물환포지션 한도 규제 시행이 장기차입을 선도했으며 추후에 발표된 외환건전성 부담금 부과 제도의 병행도 일정부분 기여한 것으로 보인다. 다만 전자의 정책 효과는 통계적으로 유의미한 값을 갖는 데 비해 후자는 통계적인 유의성이 다소 떨어진다.

셋째 거시건전성 정책의 환율변동성 축소 효과는 제한적이다. 〈그림 V-3〉과 〈그림 V-4〉에서 보듯이 장·단기 차입 여부에 관계없이 선물환포지션 한도 규제 도입과 외환건전성 부담금 부과 제도 병행이 환율변동성을 낮춘 것으로 보이지만 상하 점선의 밴드 내에 영을 포함하므로 통계적인 유의성은 떨어진다. 이러한 분석결과는 환율변동성이 큰 폭으로 감소하진 않았다는 기술적 분석 결과와 일치하는 것으로 보인다.

실증분석 결과를 종합해 보면 선물환포지션 한도 규제와 외환건전

의하지 않다고 해석되며 밴드 안에 영의 값을 내포하지 않으면 통계적인 유의성이 있다고 말한다.

그림 V-1 거시건전성 정책의 단기차입 효과

(a) 선물환포지션 한도 규제 도입

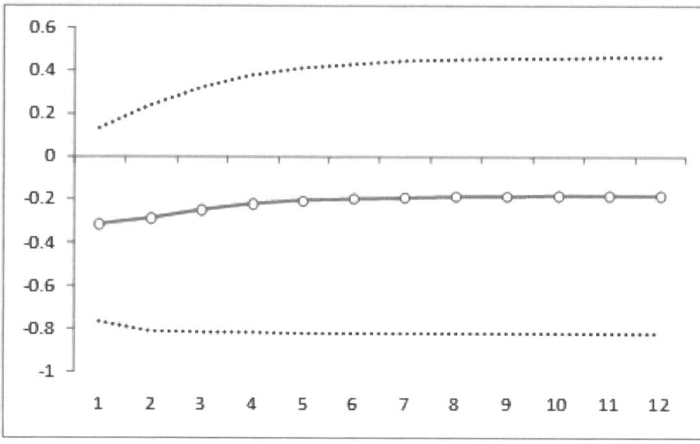

(b) 선물환포지션 한도 규제 및 외환건전성 부담금 부과 제도 병행

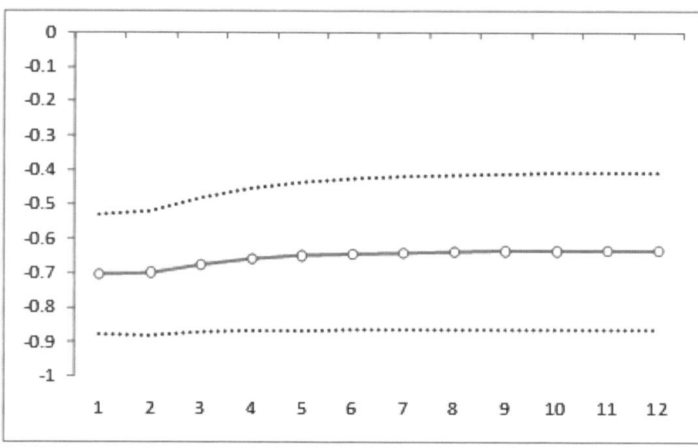

주: 상하 점선은 부스트랩(boostrap method) 시뮬레이션을 천 번 사용해서 얻은 1표준 편차 신뢰구간(confidence intervals)이다.

그림 V-2 거시건전성 정책의 장기차입 효과

(a) 선물환포지션 한도 규제 도입

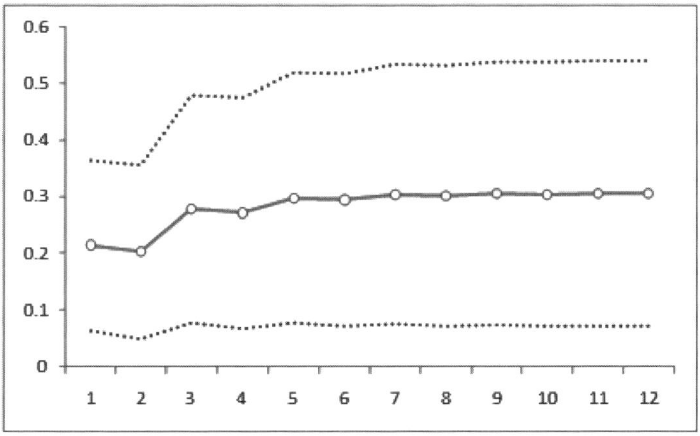

(b) 선물환포지션 한도 규제 및 외환건전성 부담금 부과 제도 병행

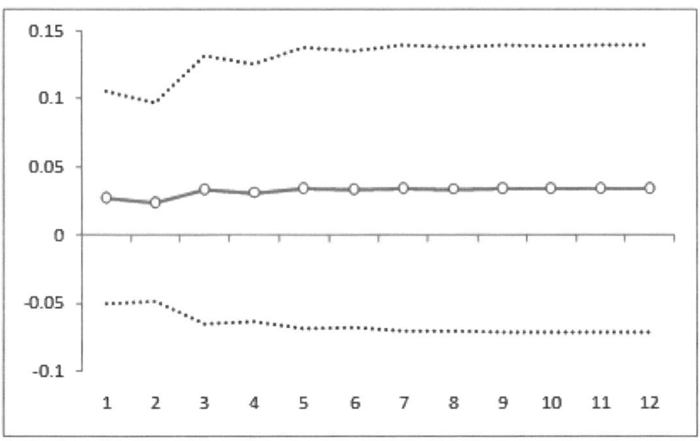

주: 상하 점선은 부스트랩(boostrap method) 시뮬레이션을 천 번 사용해서 얻은 1표준 편차 신뢰구간(confidence intervals)이다.

그림 V-3 거시건전성 정책의 환율변동성 효과: y_{1t}가 단기차입인 경우

(a) 선물환포지션 한도 규제 도입

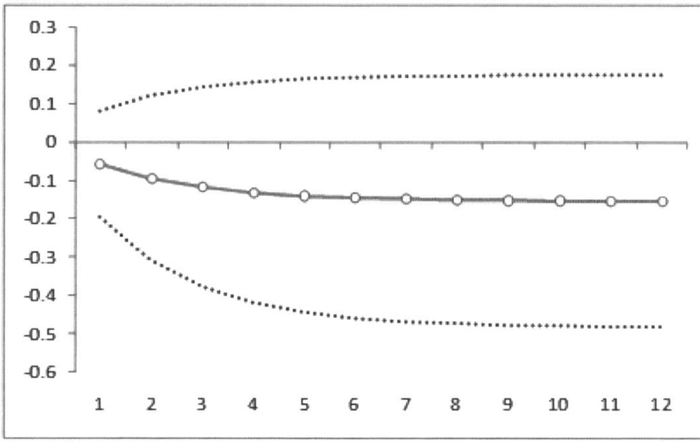

(b) 선물환포지션 한도 규제 및 외환건전성 부담금 부과 제도 병행

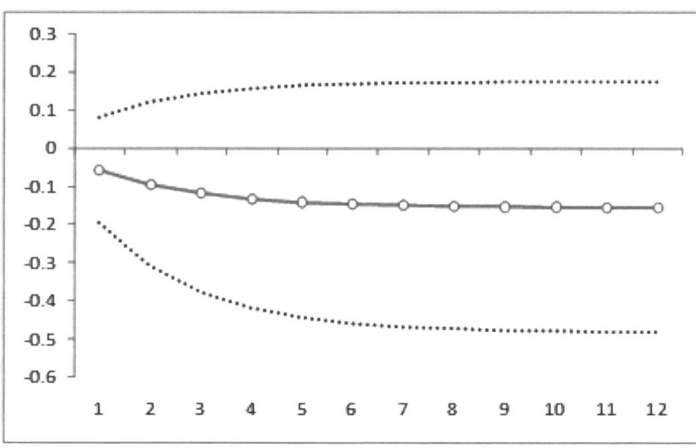

주: 상하 점선은 부스트랩(boostrap method) 시뮬레이션을 천 번 사용해서 얻은 1표준 편차 신뢰구간(confidence intervals)이다.

그림 V-4 거시건전성 정책의 환율변동성 효과: y_{1t}가 장기차입인 경우

(a) 선물환포지션 한도 규제 도입

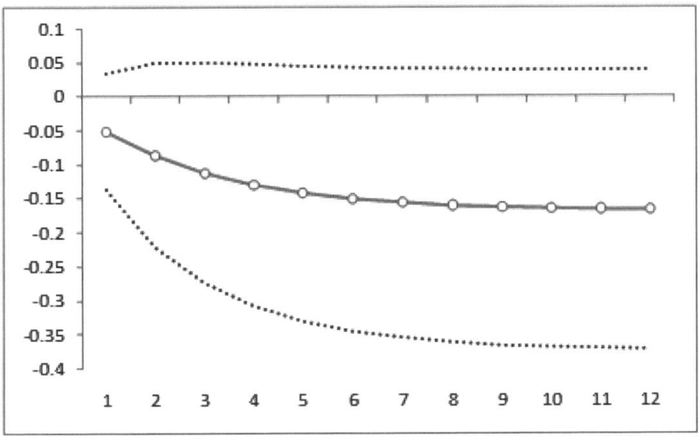

(b) 선물환포지션 한도 규제 및 외환건전성 부담금 부과 제도 병행

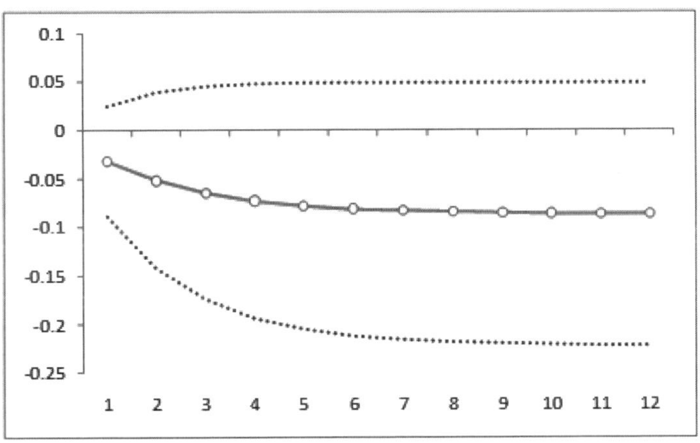

주: 상하 점선은 부스트랩(boostrap method) 시뮬레이션을 천 번 사용해서 얻은 1표준 편차 신뢰구간(confidence intervals)이다.

성 부담금 부과 등 거시건전성 정책이 은행의 차입 구조를 장기화하고 단기차입을 억제하는 정책당국의 본연의 목표는 달성한 것으로 확인되었다. 다만 거시건전성 정책도입으로 환율변동성을 낮추었는지에 대해서는 통계적 유의성이 뒷받침되지 않아 해석에 세심한 주의가 필요하다.

2. 장단기 차입금 변화의 환율변동성 효과

거시건전성 정책으로 발생한 장기차입금 유입이 환율변동성을 확대시켰는지를 살펴보자. 거시건전성 정책의 환율변동성 확대 효과는 〈그림 V-5〉에 도시하였다. 그림에서 보듯이 대외차입 구조가 장기화되면서 유입된 장기차입금이 환율변동성 확대로 이어지지 않은 것으로 나타났다. 충격반응함수의 값이 양(+)이므로 장기차입이 환율변동성을 심화시켰다고 볼 수도 있으나, 0이 상하 점선의 밴드 안에 있어 통계적으로는 장기차입과 환율변동성 간에 유의미한 관계가 존재한다고 보기는 어렵다.

거시건전성 정책으로 인해 줄어든 단기차입금이 환율변동성을 축소시켰는지도 간단히 살펴보았다. 이들 효과는 〈그림 V-6〉에 도시하였다. 그림에서 보듯이 단기차입 억제로 인한 환율변동성 축소 효과는 매우 뚜렷하였다. 상하 점선의 밴드 안에 영이 포함되지 않아 이 결과는 통계적으로도 유의미하다.

그림 V-5 장기차입의 환율변동성 효과

(a) 선물환포지션 한도 규제 도입 모형

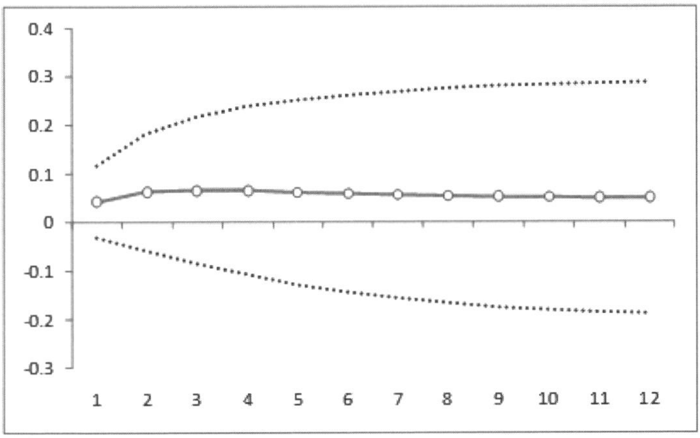

(b) 선물환포지션 한도 규제 및 외환건전성 부담금 부과 제도 병행 모형

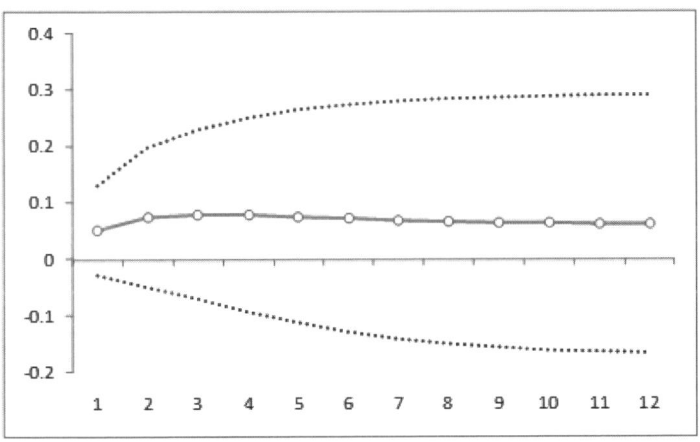

주: 상하 점선은 부스트랩(boostrap method) 시뮬레이션을 천 번 사용해서 얻은 1표준 편차 신뢰구간(confidence intervals)이다.

그림 V-6 단기차입의 환율변동성 효과

(a) 선물환포지션 한도 규제 도입 모형

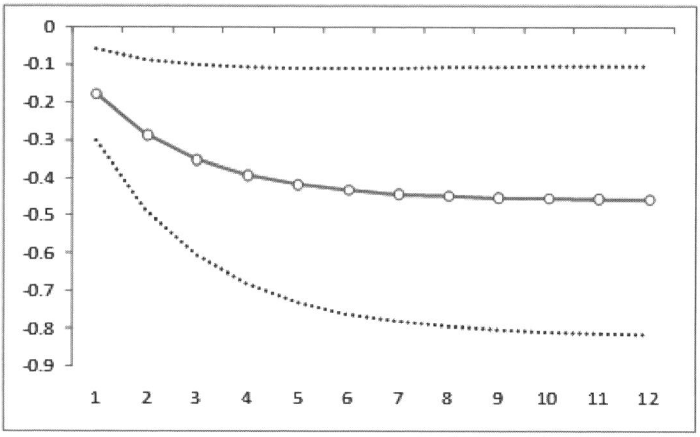

(b) 선물환포지션 한도 규제 및 외환건전성 부담금 부과 제도 병행 모형

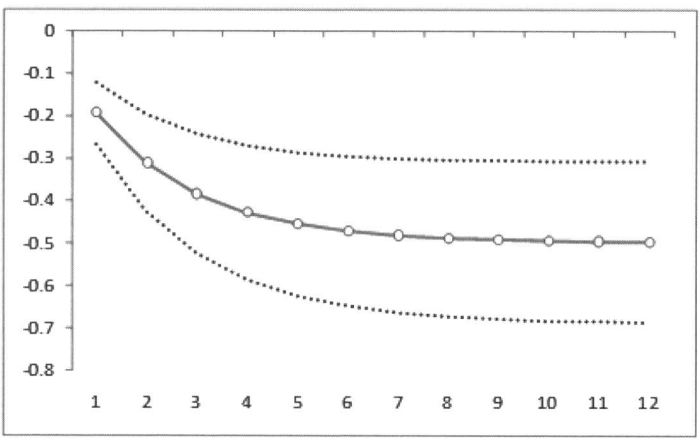

주: 상하 점선은 부스트랩(boostrap method) 시뮬레이션을 천 번 사용해서 얻은 1표준 편차 신뢰구간(confidence intervals)이다.

3. 강건성 분석

1) Component GARCH 모형을 통한 환율변동성 검정

선물환포지션 한도 규제나 외환건전성 부담금 부과와 같은 거시건전성 정책이 환율변동성을 낮추는 효과가 있었는지를 확인하기 위해 component GARCH모형을 이용하였다. 추정 결과는 〈표 V-2〉에 수록하였다. 외생적 정책변수를 제외한 component GARCH모형의 추정치들이 대부분 통계적으로 유의미한 값을 보여 본 연구에서 제안한 모형이 유용한 것으로 판단된다.

선물환포지션 한도 규제의 독자 시행과 외환건전성 부담금 부과 제도와의 병행 시행 모두 환율변동성을 일시적으로 억제하는 효과가 있었던

표 V-2 component GARCH모형의 추정 결과

	선물환포지션 한도 규제		외환건전성 부담금 병행	
	추정치	t-값	추정치	t-값
w	3.877	6.170	5.184	5.279
ρ	0.838	9.453	0.587	3.290
ϕ	0.143	3.011	0.340	5.504
$\lambda_{0, Long}$	0.790	0.971	-	-
$\lambda_{3, Long}$	-	-	1.461	1.307
α_1	0.337	0.823	-0.039	-1.348
β_1	-0.484	-1.631	0.778	-7.703
$\lambda_{0, Short}$	-8.045	-3.966	-	-
$\lambda_{3, Short}$	-	-	-9.612	-3.565
로그우도함수 값	-388.06		-375.88	

것으로 분석되었다. 〈표 V-2〉의 두 번째와 세 번째 열에서 보듯이 선물환포지션 한도 규제의 환율변동성 축소 효과는 $\lambda_{0,Long}$, $\lambda_{0,Short}$로 파악된다. $\lambda_{0,Long}$은 지속적인 효과가 있는 것으로 해석하고 $\lambda_{0,Short}$은 일시적인 효과가 있는 것으로 해석한다. $\lambda_{0,Short}$의 값만이 통계적으로 유의미한 음(-)의 값을 갖는 것으로 나타나 선물환포지션 한도 규제의 환율변동성 억제 효과는 일시적으로만 있는 것으로 요약된다. 선물환포지션 한도 규제의 환율변동성 억제 효과는 통계적으로 유의성이 없는 것으로 나타났다.

〈표 V-2〉의 네 번째와 다섯 번째 열은 외환건전성 부담금 부과 제도 병행이 환율변동성에 미치는 영향이다. 외환건전성 부담금 부과 제도 병행도 환율변동성을 일시적으로 낮추는 효과만 있는 것으로 드러났다. 외환부문 거시건전성 정책의 환율안정화 정책은 지속적이라기보다 일시적인 효과에 그칠 가능성이 높다. 이는 구조형 벡터자기회귀모형의 분석 결과와도 일정부분 일치한다. 구조형 벡터자기회귀모형에서 정책의 환율변동성 축소 효과가 통계적으로 유의성이 낮은 것은 그 효과가 일시적이었기 때문으로 추론된다.

한편 선물환포지션 한도 규제의 환율변동성 효과와 외환건전성 부담금 부과 병행의 환율변동성 효과의 차이가 있다면 포지션 규제는 환율변동성을 즉각적으로 낮추는 데 비해 외환건전성 부담금 병행은 3개월 이전부터 환율변동성 억제 효과가 있다는 점이다.

2) 연립방정식 모형을 통한 보완

연립방정식모형을 통한 거시건전성 정책의 경제적 효과도 유사하게 확인되었다. 〈표 V-3〉은 내생변수로 환율변동성과 단기차입을 반영한 모형(연립방정식모형A)에서 각 변수가 단기차입에 끼친 영향을 요약한 것이고 〈표 V-4〉는 내생변수 전부를 반영한 모형(연립방정식모형B)에서 얻은 각 변수의 단기차입에 미친 영향을 요약한 것이다.

선물환포지션 한도 규제가 단기차입을 줄이는 효과는 존재하지만 통계적으로 유의미하지 않은 것으로 나타났다. 이에 반면 선물환포지션 한도 규제와 함께 외환건전성 부담금 부과 제도가 동시에 시행된 경우는 단기차입 축소 효과가 통계적으로 유의미한 것으로 확인되었다. 즉 정책 병용이 단기차입 축소 효과를 증대시킨 것으로 해석될 수 있다. 또한 환율변동성이 단기차입에 미치는 음(-)의 영향이 유의한 것으로 나타났다. 한편 투자자의 위험회피성향 또는 금융시장 불안 정도를 나타내는 VIX 지수가

표 V-3 연립방정식모형A - 단기차입 순유입/GDP에 영향을 주는 변수

변수	시차	계수	표준오차	t-값
환율변동성	-	-2.295	1.097	-2.090**
한미 10년물 금리차(차분)	-	-0.001	0.005	-0.190
VIX	-	0.000	0.000	0.160
선물환 포지션 단독 시행	-	-0.006	0.004	-1.470
선물환포지션+외환건전성부담금	-	-0.005	0.002	-2.250**
단기차입 순유입/GDP	-	0.205	0.073	2.820***
상수항	-	0.013	0.004	3.220***

추정대상	관측치	변수	RMSE	R-square	F-통계량	p-값
단기차입	178	6	0.013	0.315	12.820	0.000

주: *, **, ***는 각각 10%, 5%, 1% 유의수준에서 통계적으로 유의미한 값을 의미

표 V-4 연립방정식모형B – 단기차입 순유입/GDP에 영향을 주는 변수

변수	시차	계수	표준오차	t-값
환율변동성	–	-2.315	1.058	-2.190**
한미 10년물 금리차(차분)	–	-0.001	0.005	-0.200
VIX	–	0.000	0.000	0.190
선물환 포지션 단독 시행	–	-0.006	0.004	-1.470
선물환포지션+외환건전성부담금	–	-0.005	0.002	-2.250**
단기차입 순유입/GDP	–	0.205	0.073	2.820***
상수항	–	0.013	0.004	3.250***

추정대상	관측치	변수	RMSE	R-square	F-통계량	p-값
단기차입	178	6	0.013	0.314	12.860	0.000

주: *, **, ***는 각각 10%, 5%, 1% 유의수준에서 통계적으로 유의미한 값을 의미

단기차입에 미친 영향은 통계적으로 유의하지 않은 것으로 분석되었다.

〈표 V-5〉는 연립방정식 모형 B의 분석 결과로서 각 변수가 장기차입에 미친 영향을 요약한 것이다. 선물환포지션 한도 규제가 차입 구조 장기화에 기여한 것으로 확인되었다. 즉 선물환포지션 한도 규제의 장기차입에 미친 양(+)의 영향은 통계적으로 유의미하다는 가설을 지지하였다. 다만 그 민감도가 단기차입에 미치는 음(-)의 영향보다 낮은 것으로 분석되었다.

한편 외환건전성 부담금 한도 규제 동시 시행의 장기차입 증대 효과가 유의하지 않은 바, 이는 제도 시행 초반에 장기차입이 주로 확대되었으며 연립방정식 모형의 제약 등으로 인해 유의성이 낮아졌기 때문으로 보인다. 환율변동성이 장기차입에 미치는 양(+)의 영향은 10% 유의수준에서

표 V-5	연립방정식모형B - 장기차입 순유입/GDP에 영향을 주는 변수			
변수	시차	계수	표준오차	t-값
환율변동성	-	0.564	0.307	1.840**
한미 10년물 금리차(차분)	-	0.000	0.001	0.170
VIX	-	0.000	0.000	-1.400
선물환 포지션 단독 시행	-	0.003	0.001	2.400
선물환포지션+외환건전성부담금	-	0.001	0.001	1.260**
장기차입 순유입/GDP	1	0.356	0.079	4.480***
상수항	-	0.000	0.001	-0.150

추정대상	관측치	변수	RMSE	R-square	F-통계량	p-값
단기차입	178	6	0.0033	0.063	7.400	0.000

주: *, **, ***는 각각 10%, 5%, 1% 유의수준에서 통계적으로 유의미한 값을 의미

유의미한 값을 갖는 것으로 나타났다.

〈표 V-6〉은 연립방정식 모형A의 분석 결과로서 각 변수가 환율변동성에 끼친 영향을 요약한 것이고 〈표 V-7〉은 연립방정식 모형B의 분석 결과로서 각 변수가 환율변동성에 끼친 영향을 요약한 것이다.

연립방정식모형A와 B 모두에서 전기의 단기차입 유입이 환율변동성에 미치는 양(+)의 영향이 유의하였지만, 동기(同期)의 단기차입 유입의 영향은 통계적 유의성이 낮아 단기차입의 환율변동성에 대한 효과가 제한적이다. 장기차입의 환율변동성 효과도 통계적으로 유의미한 값을 갖지 않는 것으로 확인되었다. 연립방정식 모형의 경우 내생성을 제거하기 위해 1단계(First Stage)에서 각 내생변수의 예측치를 산출하여 이를 2단계(Second Stage)에서 본래 수치 대신 사용하여 동시성을 분석하기 때문

표 V-6 연립방정식모형A – 환율변동성에 영향을 주는 변수

변수	시차	계수	표준오차	t-값
단기차입 순유입/GDP	–	-0.088	0.068	-1.300
한미 10년물 금리차(차분)	–	-0.001	0.001	-1.460
VIX	–	0.000	0.000	5.130***
환율변동성	1	0.242	0.088	2.750***
단기차입 순유입/GDP	1	0.046	0.020	2.310**
상수항	–	-0.001	0.001	-0.590

추정대상	관측치	변수	RMSE	R-square	F-통계량	p-값
환율변동성	178	5	0.003	0.571	43.890	0.000

주: *, **, ***는 각각 10%, 5%, 1% 유의수준에서 통계적으로 유의미한 값을 의미

표 V-7 연립방정식모형B – 환율변동성에 영향을 주는 변수

변수	시차	계수	표준오차	t-값
외국인 주식순유입/GDP	–	-0.001	0.059	-0.010
외국인 채권순유입/GDP	–	-0.019	0.082	-0.230
단기차입 순유입/GDP	–	-0.134	0.088	-1.520
장기차입 순유입/GDP	–	-0.113	0.170	-0.660
VIX	–	0.000	0.000	3.690***
한미 10년물 금리차(차분)	–	-0.001	0.001	-1.100
환율변동성	1	0.228	0.094	2.420**
단기차입 순유입/GDP	1	0.061	0.027	2.300**
상수항	–	0.000	0.001	-0.080

추정대상	관측치	변수	RMSE	R-square	F-통계량	p-값
단기차입	178	8	0.003	0.528	24.660	0.000

주: *, **, ***는 각각 10%, 5%, 1% 유의수준에서 통계적으로 유의미한 값을 의미

에, 예측치 도출 과정에서 실제의 극단치들이 평활화되므로 이에 따라 단기차입 변화에 따른 환율변동성 변화의 동시적 효과를 확인할 수 없었던 것으로 추측된다.

한편 현재 연립방정식모형 내에서 환율변동성은 투자자의 위험회피성향 또는 금융시장 불안 정도를 나타내는 VIX 지수에 크게 의존적인 것으로 분석되었다.

참고로 연립방정식 모형 B에서 각 변수가 외국인 주식 순유입과 외국인 채권 순유입에 미친 영향을 부록 〈표 V-8〉과 〈표 V-9〉에 수록하였다.

VI. 결 론

본 연구에서는 선물환포지션 한도 규제 및 외환건전성 부담금 제도 도입이 대외차입 구조와 환율변동성에 미치는 효과를 분석하였고 이를 위해 외생적인 정책변수를 감안한 구조형 벡터자기회귀모형을 이용하였다. 분석 결과의 신뢰성을 확인하기 위해 component GARCH모형과 연립방정식모형으로 강건성 검정(robustness test)도 함께 시행하였다.

실증분석 결과를 요약하면 다음과 같다. 첫째 자본유출입 변동성 완화 정책(선물환포지션, 외환건전성 부담금)의 단기차입 축소 효과가 뚜렷한 것으로 나타났으며, 선물환포지션 규제는 단독 시행될 때보다 외환건전성 부담금 부과 제도와 병용될 때 그 효과가 증대되는 것으로 분석되었다. 거시건전성 정책이 대외차입 구조를 장기화시키는 데에도 상당 부분 기여한 것으로 보이며 이 때도 정책 병용이 효과를 더욱 증대시키는 것으로 드러났다.

둘째 거시건전성 정책의 환율변동성 축소 효과는 제한적으로 나타났다. 장단기 차입 여부에 관계없이 선물환포지션 한도 규제 도입과 외환건전성 부담금 부과 제도 병행이 환율변동성을 낮춘 것으로 보이지만 통계적인 유의성은 떨어졌다.

셋째 거시건전성 정책으로 발생한 장기차입금 유입이 환율변동성을 확대시켰는지를 살펴본 바, 장기차입금의 환율변동성 확대 효과는 통계적으로 유의하지 않은 것으로 나타났다. 즉 통계적으로는 장기차입이 환율변동성 확대로 연결될 소지가 크지 않다는 것이다. 반대로 거시건전성 정책으로 인해 줄어든 단기차입금이 환율변동성을 축소시켰는지도 살펴보았는데 단기차입 억제로 인한 환율변동성 축소 효과는 뚜렷한 것으로 나타났다.

이상의 실증분석 결과를 종합해 보면 선물환포지션 한도 규제와 외환건전성 부담금 부과 등 거시건전성 정책이 은행의 차입 구조를 장기화하고 단기차입을 억제하는 정책당국의 본연의 목표는 달성된 것으로 확인되었다. 다만 거시건전성 정책도입으로 환율변동성을 낮추었는지에 대해서는 통계적인 유의성이 뒷받침되지 않아 해석에 세심한 주의가 필요하다.

강건성 검정을 통해서도 구조형 벡터자기회귀모형에서 얻은 결과와 일치하는 결과를 얻었다. component GARCH모형 결과에 따르면, 선물환포지션 한도 규제의 독자 시행과 외환건전성 부담금 부과 제도와의 병행시행 모두 환율변동성 억제 효과가 일시적으로만 있었던 것으로 요약된다. 외환건전성 부담금 부과 제도 병행도 환율변동성을 일시적으로 낮추는 효과만 있어 거시건전성 정책의 환율안정화 정책은 지속적이라기보다 일시적인 효과에 그칠 가능성이 높다. 이는 구조형 벡터자기회귀모형의 분석 결과와도 일정부분 일치한다. 구조형 벡터자기회귀모형에서 거시건전성 정책의 환율변동성 축소 효과가 통계적으로 유의성이 낮은 것은 그 효과가 일시적이었기 때문으로 추론된다.

연립방정식모형 결과에 의하면 선물환포지션 한도 규제가 단기차입을 줄이는 효과는 통계적으로 유의미하지 않았지만 선물환포지션 한도 규제와 함께 외환건전성 부담금 부과 제도가 동시에 시행된 경우는 단기차입 축소 효과가 통계적으로 유의미한 것으로 확인되었다. 즉 정책 병용이 단기차입 축소 효과를 증대시킨 것으로 해석된다. 또한 선물환포지션 한도 규제의 장기차입에 미친 양(+)의 영향은 통계적으로 유의미하여 선물환포지션 한도 규제가 차입 구조 장기화에 기여한 것으로 확인되었다.

본 연구를 통해 다음과 같은 시사점을 추론할 수 있다. 대외차입 구조를 장기화하고 단기차입을 억제하는 데 거시건전성 정책이 효과적이었다는 점이다. 특히 선물환포지션 한도 규제가 단독으로 시행된 것보다 외화건전성 부담금 부과 제도와 병용된 것이 단기차입 경로를 통해 정책의 효과를 더욱 증대시킨 것으로 나타났다.

본 연구는 거시건전성 정책의 경제적 유용성 분석이 제한적이었던 상황에서 외생적인 정책변수 도입으로 대외차입 축소 등 자본유출입 변동성 완화 효과를 분석하였다는 점에서 의의가 있다. 이러한 정책평가를 통해 향후 금융시장 변동성을 완화시킬 수 있는 또 다른 정책수단을 개발하는 과정에서 도움이 될 수 있기를 기대한다.

참고 문헌

국내 문헌

강삼모, “자본 유출입의 상호작용과 자본 자유화”, 「금융동향」 제 21권 2호, 2007, pp.117-139

금융감독원, 「거시건전성 감독 현황 및 과제」, 2012

기획재정부, 금융위원회, 한국은행, 「국제금융시장 불안 장기화에 따른 우리경제 위험요인 해소를 위한 정책적 대응 방안」, 2009.2.26

기획재정부·금융위원회·한국은행·금융감독원, 「자본유출입 변동 완화 방안」, 2010.6.14

______, 「거시건전성 부담금 도입 방안」, 2010.12.19

______, 「외환건전성부담금 제도개편 방안」, 2015.2.6

______, 「외환건전성 제도 개편 방안」, 2016.6.16

김기원, “자본유출입, 외화유동성 위기와 외환건전성규제”, 「연세법학연구」 제 4권 1호, 2012, pp.155-182

김기흥·신범철, “한국에서 장단기자본의 유출입이 금융경제변수에 미치는 영향, 1980-2000”, 「무역학회지」 제 27권 2호, 한국무역학회,

2002, pp.353-385

김기흥, “한국에서 자본흐름의 결정요인과 자본흐름이 경제성장에 미치는 영향 분석”, 「공공정책연구」 제 11호, 한국공공정책학회, 2002, pp.3-33

김동환, “외국인 채권투자 이자소득세 과세 영향 점검”, 하이투자증권, 2010.10

김소영·양두용·오준범, “자본통제와 거시건전성 조치가 자본유출입에 미치는 영향: 자본자유화 지수 추정을 중심으로”, 「한국경제의 분석」, 제 20권 3호, 한국금융연구원, 2014, pp.57-109

김영린, “금융자유화와 자본자유화가 규제금리 , 시장금리 및 자본유출입에 미치는 경향”, 「금융동향」 제 5권 2호, 한국금융연구원, 1991, pp.155-212

김인규·조용범·조성민, “거시건전성 논의 추이와 과제”, 「BOK Monthly Bulletin」, 2011.4

김정한, “미국의 양적완화 축소 언급과 신흥국의 자본 유출입 변화 가능성”, 「주간금융브리프」 제 22권 28호, 한국금융연구원, 2013, pp.10-11

______, “자유로운 자본유출입의 효과와 자본통제의 필요성 검토”, 「주간금융브리프」 제 19권 17호, 한국금융연구원, 2010, pp.3-7

김정한·박해식·장원창·차백인, “자본이동과 환율변동 : 분석 및 예측”, 「기타보고서」, 한국금융연구원, 2001, pp.90-117

김홍기·오근엽, “세계 자본이동의 흐름”, 「산업경제」 제 10권, 경상대학교 사회과학연구원, 1999, pp39-70

김홍범·배준석, “바람직한 거시건전성 정책체계의 모색”, 「경제학 공동학술대회」, 한국금융학회, 2016

김희호, “자본이동 규제와 외환 리스크 프리미엄”, 「국제경제연구」 제 7권, 한국국제경제학회, 2001, pp.15-53

박복영·오승환·양다영, “신흥국으로의 자본유입 증가와 단기자본 규제”, 「오늘의 세계경제」, 대외경제정책연구원, 2010, pp.1-2

박성욱·장민, “우리나라 외환시장 변동성 요인 분석”, 「금융 VIP 시리즈」 2011-18, 한국금융연구원, 2011.9, pp.11-18

박성욱, “해외자본 유출입 변동성 완화를 위한 대응 방안”, 「KIF 금융리포트」 2013권 2호, 한국금융연구원, 2013, pp.19-34

______, “자본이동관리에 대한 국제기준으로서의 OECD 자본 자유화 규약의 가능성과 한계”, 「주간금융브리프」 21권 8호, 한국금융연구원, 2012, pp.3-7

______, “자본유출입 규제에 대한 최근 논의와 정책제언”, 「주간금융브리프」 20권 1호, 한국금융연구원, 2011, pp.24-25

박용민·권경호, “조선업체 환 헤지가 외환부문에 미치는 영향”, 「조사통계월보」 2월호, 한국은행, 2010.2.

박재하, “최근 글로벌 자금흐름 및 외화자금의 국내 유출입 추이와 시사점”, 「주간금융브리프」 제 25권 33호, 한국금융연구원, 2016, pp8-9

박해식, “주요국의 추가 양적완화에 따른 자본유출입 확대에 대비해야”, 「주간금융브리프」 21권 41호, 한국금융연구원, 2012, pp.10-11

서영경·성광진·김동우, “원/달러 환율변동성이 큰 배경과 시사점”, 「한국은행 경제브리프」, 한국은행, 2011.1.

성태윤, “원/달러 변동성 증대의 결정요인 분석”, 「금융연구 working paper」 2011권 3호, 한국금융연구원, 2011.4, pp.1215-1241

송치영·김근영, “해외자본 유출입의 경기순응성과 파급경로”, 「한국경제연구」 제28권 4호, 2010, pp.5-38

신용상, “금리 변화와 외국자본 유출입”, 「주간금융브리프」 17권 22호, 한국금융연구원, 2008, pp.3-9

이규복, “최근 자본수지 동향과 정책과제”, 「주간금융브리프」 16권 47호, 한국금융연구원, 2007, pp.3-7

이승호, “한국 외환시장의 변동성:원인과 대응”, 「자본시장연구원 2013년 한국경제의 변동성: 원인과 대응전략 릴레이 정책세미나」, 자본시장연구원, 2013.8.

이원형, “자본이동과 금융불안정성의 변동성 전이효과 분석과 시사점”, 「경제연구」 제 26권 1호, 한양대학교 경제연구소, 2005, pp.151-178

이윤석, “주요국 자본유출입의 변동성 비교와 시사점”, 「주간금융브리프」 19권 11호, 한국금융연구원, 2010, pp.12-13

______, “국제금융시장 불안재연과 자본유출입 규제 필요성 검토”, 「주간금융브리프」 19권 22호, 한국금융연구원, 2010, pp.3-7

이인형, “아시아 지역의 자본 유출입 동향과 분석”, 「Capital Market Perspective」 5권 1호, 한국자본시장연구원, 2013, pp.58-68

이태규, “자본규제 논의의 동향과 정책적 시사점”, 「한국경제연구보고」, 한국경제연구원, 2010

유지성·이원형, “자본유입의 변동성과 금융불안정성”, 「동서연구」 제 15

권 1호, 연세대학교 동서문제연구원, 2003, pp.93-135
양준모, “자본자유화 이후 해외 충격의 파급효과 분석”, 「응용경제」 제 14권 1호, 한국응용경제학회, 2012, pp.27-60
장범식·이준희·서영숙, “외은지점의 외화단기차입과 주식시장 및 외환시장의 변동성에 관한 연구 : 장외상품과의 관계를 중심으로”, 「선물연구」 23권 1호, 한국증권학회, 2015, pp.125-153
정원동, “신흥국으로의 자본이동 원인과 대응”, 「Bulls Review」 제8호, 한국금융투자협회, 2011, pp.38-42
정재식, “외국인 자본유출입 특징과 국내금융시장의 파급효과”, 「시장경제연구」 제 41집 2호, 서강대학교 시장경제연구소, 2012, pp.41-74
조영제, “한국의 거시건전성 협력체계 및 정보공유현황”, 금융감독원 발표자료, 2012
채희율, “시스템 리스크와 금융정책과제”, 「금융연구 Working Paper」 10-2, 2010, pp.50-53
최공필, “자본유출입 확대하에서의 경제안정화”, 「금융동향」 제 8권 23호, 1999, pp.2-9
최경욱, “자본이동과 환율간의 관계분석”, 「시장경제연구」 제 43집 3호, 2014, pp.1-35
최봉호, “우리나라 자본유출입 결정요인의 영향 추정”, 「무역통상학회지」 제 11권 2호, 한국무역통상학회, 2005, pp.91-111
최창호, “자본이동 관련 거시건전성정책의 파급효과 분석”, 「한국은행 경제연구」 2012-17, 한국은행, 2012.12.

한국금융연구원, “신흥국들의 자본유출입 차별화와 정책대응 방향”, 「주간금융브리프」 제 23권 11호, 한국금융연구원, 2014, pp.20-21

한국은행, 「선물환포지션 한도 제도 세부방안 실시」, 2010.7.11

________, 「금융안정 보고서」 제 18호, 2011.10

홍동수·홍승기, “거시건전성정책 및 자본통제의 유효성에 대한 실증분석”, 「국제경제연구」 제 21권 2호, 한국국제경제학회, 2015, pp.29-53

해외 문헌

Baba, Chikako and Annamaria Kokenyne, EffectIIIeness of Capital Controls in Selected Emerging Markets in the 2000s, 「IMF Working Papers」 No. 11/281, 2011.

Bank for International Settlements, 「Recent Innovations in International Banking」, 1986

Bernanke, Ben S, Alternative Explanations of the Money-Income Correlation, 「Carnegie-Rochester Conference Series on Public Policy」, 1986, Amsterdam: North-Holland

Blanchard, Olivier Jean and Danny Quah, The Dynamic Effects of Aggregate Demand and Supply Disturbance, 「The American Economic Review」, Vol 79, 1989, pp. 655-673

Cady, John and J. Gonzalesz-Garcia, Exchange rate volatility and reserves transparency, 「IMF Staff Paper」, Vol. 54, 2007, pp.741-754

De Gregorio, Jose, Sebastian Edwards, and Rodrigo O. Valdes(2000), Controls on Capital Flows: Do They Work?, 「Journal of Development Economics」, Vol. 63, No. 1, pp 59-83

Devereux, Michael and Charles Engel, Exchange rate pass-through, exchange rate volatility, and exchange rate disconnect, 「Journal of Monetary Economics」, Vol. 49, 2002, pp.913-940

Devereux, Michael and Philip Lane, Understanding bilateral exchange rate volatility, 「Journal of International Economics」, Vol. 60, 2003, pp.109-132

Hahm, Joo-Ho, Frederic S. Mishkin, Hyun Song Shin, Kwanho Shin, Macro-prodeuntial Policies in Open Emerging Economies, 「NBER Working Paper」 No. 17780, 2012

Kim, Soyoung and Nouriel Roubini, Exchange Rate Anomalies in the Industrial Countries: A Solution with a Structural VAR Approach, 「Journal of Monetary Economics」 Vol. 45, 2000, pp.561-586

Kim, Soyoung, International Transmission of U.S. Monetary Policy Shocks: Evidence from VARs, 「Journal of Monetary Economics」 Vol. 48, 2001, pp.339-372

Korinek, A., Foreign Currency Debt, Risk Premia and Macroeconomic

Volatility, 「European Economic Review」, Vol. 55, Issue 3, 2011, pp.371-385

Lutkepohl, Helmut, New Introduction to Multiple Time Series Anaysis. Springer. 2005

Piet Clement, The term "macroprudential": origins and evolution, 「BIS Quarterly Review」, March, 2010

Sims, Chris, Are Forecasting Models Usable for Policy Analysis?, 「Quarterly Review of the Federal Reserve Bank of Minneapolis」, 1986, pp.2-16

Zhang and Zoli, Leaning Against the Wind: Macroprudential Policy in Asia, 「IMF Working Papers」 No. 14/22, 2014.

표 V-8 연립방정식모형B – 외국인 주식순유입/GDP에 영향을 주는 변수

변수	시차	계수	표준오차	t-값
환율변동성	-	1.324	0.768	1.720*
KOSPI 월별 주가변화율	-	-0.614	0.312	-1.970**
VIX	-	-0.001	0.000	-1.980**
선물환 포지션 단독 시행	-	0.002	0.003	0.550
선물환포지션+외환건전성부담금	-	-0.001	0.002	-0.720
외국인 주식순유입/GDP	1	0.493	0.089	5.570***
상수항	-	0.005	0.003	1.890

추정대상	관측치	변수	RMSE	R-square	F-통계량	p-값
단기차입	178	6	0.010	0.002	6.100	0.000

표 V-9 연립방정식모형B – 외국인 채권순유입/GDP에 영향을 주는 변수

변수	시차	계수	표준오차	t-값
환율변동성	-	0.582	0.508	1.150
KOSPI 월별 주가변화율	-	0.005	0.002	2.140**
VIX	-	0.000	0.000	-1.250
선물환 포지션 단독 시행	-	0.001	0.002	0.620
선물환포지션+외환건전성부담금	-	-0.001	0.001	-1.140
외국인 주식순유입/GDP	1	0.503	0.076	6.610***
상수항	-	0.003	0.002	1.830*

추정대상	관측치	변수	RMSE	R-square	F-통계량	p-값
단기차입	178	6	0.003	0.063	7.400	0.000

Ph.D. Dissertation

An Analysis of the Effects of the Macro-prudential Policies in the Foreign Exchange Sector on the Borrowing Structure and the Exchange Rate Volatility Control in Korea

Kim, Ikjoo
Department of Economics
Graduate School
Kyonggi University

Abstract

This paper presents an empirical assessment of the effects of the macro-prudential measures in the foreign exchange sector introduced in Korea. Korea has imposed a ceiling on bank's forex derivative positions in 2010 and a levy on bank's non-deposit forex liabilities in 2011. This study assesses the economic impacts of the ceiling and the levy by estimating the SVARX model, the component GARCH model and the simultaneous equation model.

The empirical results of the SVARX model, first of all,

suggest that the macro-prudential measures have contributed to reducing short-term borrowings in Korea. Moreover, these effects turned out to be stronger when both measures were implemented together compared to the period when only the leverage cap was introduced.

Second, the macro-prudential policies have served to prolong the maturity structure of the external borrowings. The leverage cap has induced longterm borrowings and then the macro prudential stability levy has also contributed to it.

Third, the macro-prudential policies have some effects on mitigating the exchange rate volatility, irrespective of the leverage cap and the stability levy, though these results have weak statistical significance.

The effects of these policies on the volatility of the exchange rate are also analysed by using the component GARCH model. This paper finds that the effects on volatility reduction revealed in the GARCH model have only been temporary, not permanent.

To check the robustness of this study, a simultaneous model was used to confirm that these policies have the same effects as the result shown in the SVARX model. The simultaneous model shows that these policies have helped to improve the liabilities structure, but they have not played an important role in reducing the foreign exchange volatility.

In conclusion, the macro-prudential policies in the foreign exchange sector adopted in Korea have served to reduce short-term liabilities and prolong the term-structure of liabilities, and these effects were stronger when both measures were implemented together.

But a careful attention is needed in judging the impacts of these policies on the volatility of the foreign exchange rate due to their insufficient statistical support.

Key words: Macro-prudential Policies in Korea, Leverage cap on banks' foreign exchange derivative positions, Macro-prudential stability levy, Short-term borrowing, Exchange rate volatility control